国家・公共の福祉・基本権

ヨーゼフ・イーゼンゼー［著］
Josef Isensee
田中啓之・西村裕一・藤川直樹［訳］

弘文堂

目次

序――解題とともに

本書は、ヨーゼフ・イーゼンゼー（一九三七年～）による「公共の福祉」に関する新旧の代表的な論攷を中心として、その前提となる論攷のほか、氏のもう一つの素顔である租税・財政法に関する派生的な論攷を加えるかたちで、一冊にまとめた共編訳書である。つまりドイツ語の原著をそのまま訳出したものでなく、主題に即した論攷を共編者の判断により選択および配列した上で、各論攷を各自の責任において訳出したものである。周知の通り、「公共の福祉」は氏の生涯にわたる研究主題の一つであり、それに関する論攷は数多い。そのため、本書の選択は、それ自体として批判の対象となり得るものである。

本書に収録した論攷は、以下の通りである。

第一章　基本権と民主制――基本法における公共体の双極的正統性

Josef Isensee, Grundrechte und Demokratie – Die polare Legitimation im grundgesetzlichen Gemeinwesen, Bonner Akademische Reden 53 (1981); Neudruck, Der Staat 20 (1981), S. 161-176. Nachgedruckt, in: ders., Recht als Grenze - Grenze des Rechts, Bonn 2009, S. 13-32.

第二章　立憲国家における公共の福祉

Josef Isensee, Gemeinwohl im Verfassungsstaat, in: ders./Paul Kirchhof (Hrsg.), Handbuch des Staatsrechts der Bundesrepublik Deutschlands, 3. Aufl. Heidelberg 2006, §71, S. 3-79.〔ただし訳出は62頁まで〕

第三章　自由民主制における公共の福祉――立憲国家の前‐民主制的基礎

Josef Isensee, Das Gemeinwohl der freiheitlichen Demokratie, in: Gemeinwohl und öffentliches Amt: Vordemokratische Fundamente des Verfassungsstaates, Wiesbaden 2014, S. 17-99.

第四章　基本法上の租税国家における公共の福祉と市民精神

Josef Isensee, Gemeinwohl und Bürgersinn im Steuerstaat des Grundgesetzes: Gemeinnützigkeit als Bewährungsprobe des Steuerrechts vor der Verfassung, in: Festschrift für Günter Dürig, München 1990, S. 33-65.

これに対し、本書で収録できなかった論攷として、以下のものがある。

Josef Isensee, Das Dilenmma der Freiheit im Grundrechtsstaat – Grundrechte zwischen Privatwillkür und Gemeinwohlerwartung, in: Karl-Hermann Kästner/Knut Wolfgang Nörr/Klaus Schlaich (Hrsg.), Festschrift für Martin Heckel, Tübingen 1999, S. 739-773. Nachgedruckt, in: ders., Staat und Verfassung, Heidelberg 2018, S. 139-170.

Josef Isensee, Das Amt als Medium des Gemeinwohls in der freiheitlichen Demokratie, in: Gunnar Folke Schuppert/Friedhelm Neidhardt (Hrsg.), Gemeinwohl – Auf der Suche nach Substanz, S. 241-270.

Josef Isensee, Konkretisierung des Gemeinwohls in der freiheitlichen Demokratie, in: Hans Herbert von Armin/Karl-Peter Sommermann (Hrsg.), Gemeinwohlgefärdung und Gemeinwohlsicherung, Berlin 2004, S. 95-117. Nachgedruckt in: ders., Staat und Verfassung, Heidelberg 2018, S. 33-52.

Josef Isensee, Salus publica – suprema lex? Das Problem des Gemeinwohls in der freiheitlichen

Demokratie, Paderborn u.a. 2006.

Josef Isensee, Was heißt Gemeinwohl? Zu Begriff, Idee und praktischer Relevanz, in: Hans-Jürgen Papier/Timo Meynhardt (Hrsg.), Freiheit und Gemeinwohl – Ewige Gegensätze oder zwei Seiten einer Medaille?, Berlin 2016, S. 37-52.

このうち、第一章として収録した論攷は、もともとボン大学における学術講話として公表されたものであり、その後、専門学術誌への再録を経て、氏の世紀を跨ぐ論文集（二〇〇九年）では劈頭に飾られているという事実からもうかがい知れる通り、氏の憲法学体系にとって基幹をなすものである。これは、基本権と民主制を立憲国家における双極的な正統化原理として位置付けることで、本書の主題である公共の福祉の実現のあり方についても、民主的政治過程を経た高権的な決定に委ねられている領域のほか、基本権主体による自発的な給付を期待されている領域があることを理論的に基礎付けるという意義がある。

これを踏まえて、第二章では、『国法学ハンドブーフ』初版（一九八八年）においては「立憲国家における公共の福祉と国家任務」という題名で公表され、その後同第三版（二〇〇六年）に至り内容の分割と整理が図られたこの後者の論攷を収録している。これは、氏の「公共の福祉」論の全容を最も包括的かつ体系的なかたちで展開したものであるが、ドイツ再統一前における思想的な緊張状態を鋭敏に反映した結果として、今日の観点では古色蒼然とした議論を含むばかりか、特に一九九〇年代以降の政治学によりもたらされた研究成果の恩恵にも十分に浴することができていない。

そのため、第三章では、氏が二〇一〇年夏学期アイヒステテット＝インゴルシュタット・カトリック大学歴史社会学部における連続講演のための原稿として用意し、その後『公共の福祉と公職』という題名で出版した書物のうち、前半部分を収録することとした。ヨーロッパ精神世界を形成してきた豊穣な歴史的水脈を丹念に辿り、その精髄を現在の法学体系へと昇華させる氏の自由闊達な筆致がここには典型的なかたちで示されている。

以上と時期的に前後することとなるが、第四章で収録した論攷は、かつて法人格の付与と結び付けられていた公益性（Gemeinnützigkeit）という概念が現在においても実定的な意義を持つ、いわゆる公益税制の正当性とその限界について、公共の福祉という法理念により論証することを内容とする。氏は、もともと国法（憲法）・行政法のほか租税法でも教授資格を取得しており、ボン大学では、一九七七年夏学期から二〇〇〇年夏学期まで断続的に「租税法入門」「租税法総論」「所得税法」「租税法演習」などの諸科目を担当した（vgl. *Rainer Hüttemann/Christian Waldhoff* (Hrsg.), Steuerrecht an der Universität Bonn, Berlin 2008, S. 28ff.）。そのため、租税・財政法に関する論攷も現在に至るまで定期的に公表しており、特に一九八八年には、連邦財務省学術審議会委員として公益税制に関する浩瀚な意見書を共同で提出している（Gutachten der Unabhängigen Sachverständigenkommission zur Prüfung des Gemeinnützigkeits- und Spendenrechts, Bonn, 24. März 1988）。今日のドイツでは公益税制を「公共の福祉」論により正当化することが一般的であるところ、その範型は氏により大きく形成されたものである。

I　ヨーゼフ・イーゼンゼーの人物

ヨーゼフ・イーゼンゼーは、我が国でも周知の通り、一九七〇年代以降におけるドイツ公法学を代表する研究者の一人であり、元連邦憲法裁判所判事かつハイデルベルク大学名誉教授パウル・キルヒホフとともに、『国法学ハンドブーフ』の共編著者としても重要な役割を果たしている（日本語での紹介として、栗城壽夫「ヨーゼフ・イーゼンゼーの憲法理論」ヨーゼフ・イーゼンゼー（ドイツ憲法判例研究会編）『保護義務としての基本権』（信山社、二〇〇三年）五〇七頁、嶋崎健太郎「編訳者あとがき」同五四三頁など。氏の直弟子による紹介として、*Matthias Jestaedt*, Josef Isensee zum 75.

Geburtstag, AöR 137 (2012), S. 489-493。氏の二〇〇七年までの業績一覧として、Schriftenverzeichnis von Josef Isensee, in: Otto Depenheuer u.a. (Hrsg.), Staat im Wort. Festschrift für Josef Isensee, Heidelberg 2007, S. 1161-1185。論文集として、*Josef Isensee*, Recht als Grenze - Grenze des Rechts, Bonn 2009; *ders.*, Staat und Verfassung: Gesammelte Abhandlungen zur Staats- und Verfassungstheorie, Heidelberg 2018)。この間、連邦憲法裁判所判事へのたび重なる就任要請を固辞し続けてきたという事実は、氏の生来の学究的な気質を物語るものである（Vgl. *Jestaedt*, S. 492.）。

イーゼンゼーについては、我が国でも多くの印象論が語られている（ドイツでの評言として、etwa *Michael Stolleis*, Geschichte des Öffentlichen Rechts in Deutschland, 4. Band 1945-1990, München 2012, S. 422）。しかし、ここでは、さしあたり氏が、エルンスト＝ヴォルフガンク・ベッケンフェルデなどと同じく――カトリック教徒にして――いわゆるシュミット学派の系譜に連なる代表的な論者であることについて確認しておけば足りよう（Vgl. etwa *Jestaedt*, S. 491f.）。我が国でも周知の通り、例えば氏は、狭義の国家と社会の二分論という古典的な世界観を規範的な前提として、基本権の原型を防禦権という消極的な地位として理解するという態度を堅持しながら、ホッブズの再解釈を通じて国家の「基本権保護義務」を導くなど、国家と社会の分断から生じ得る諸問題について、スメント学派にいう統合理論とは異なる解決のあり方を一貫して模索してきた（その端緒は、博士論文『補完性原理と憲法――国家と社会の関係の規整原理に関する研究』（一九六八年。第二版二〇〇一年）において明瞭である。なお、スメントに対する距離を顕著に示すものとして、*Josef Isensee*, Integration als Konzept, in: Blätter für deutsche und internationale Politik 2010, S. 79-91）。このような理論的営為の総体は、表見的には「矛盾」を孕んでいると評価されることもある。これは、必ずしも理由がないものでない。氏の議論は、実定的な憲法解釈学（Vefassungsdogmatik）を志向するものでありながら、同時にそれとその背後にあり時にその限界を超える前実定的な憲法理論（Verfassungstheorie）との境界を常に意識するものでもあるからである（Vgl. *Jestaedt*, S. 491f.）。そのため、公共の福祉論においても、基本権主体の自由は憲法解釈学として絶対的な前提であるからこそ、その行使に対するあらゆる期待は憲法理論として峻別されるべきこととなる。

II　ドイツにおける公共の福祉論

1　ナチス期の反省

「公益は、私益に優先する」(Gemeinnutz geht vor Eigennutz) という国家社会主義の標語は、ヴァイマール体制の理想を破滅に導いた過去の忌まわしい記憶である (vgl. *Michael Stolleis*, Gemeinwohlformeln im nationalsozialistischen Recht, Berlin 1974)。しかし、当為と事実、政治と法を峻別するドイツ公法学の思考様式によれば、公益 (öffentliches Interesse) または公共の福祉 (両概念は学術用語として意味論上区別されるべきだという提案もあるが、例えばヘーベルレによれば、連邦憲法裁判所ではほとんど同義に用いられているという) という概念は、政治に属するものとして法学の世界から放擲されるべきものであった (Vgl. etwa *Hans Kelsen*, Vom Wesen und Wert der Demokratie, 2. Aufl. Tübingen 1929)。そのため、第二次世界大戦後、実定法に対する普遍的な原理による規範的拘束の必要性が痛感され、実証主義に対する批判と自然法思想の復権が新たな潮流となり、カトリック社会教義の影響により公共の福祉という概念が連邦諸州の憲法へと採用されるに至っても、法学の世界ではむしろその無内容化が企図され、それを法的概念として馴致する方向は長期にわたり忌避されることとなる。同主題につき分割統治時代に提出されたある卓越した博士論文 (*Günter Dürig*, Die konstanten Voraussetzungen des Begriffs „Öffentliches Interesse", Diss. München 1949) が、その個人主義的な前提にもかかわらず、決して公刊されることなく大学図書館に秘蔵されたままであったという事実は、当時の時代背景を示唆するものである。もちろん周知の通り、一九五〇年代には、スメントにより「公共性」(Öffentlichkeit) という概念の復権が企図される (Insb. *Rudolf Smend*, Zum Problem des Öffentlichen und der

Öffentlichkeit, in: Gedächtnisschrift für Walter Jellinek, München 1955, S. 11-20）。しかし、これは、形式主義と実証主義に対する批判的立場から、民主制と公共性、出版の自由と世論、教会の公共的使命、社会的諸力の公共的責任などという基本法に伏在する諸問題について新たな視角を拓き得るものでありながら、当初国家教会法においてのみ受容され、国法学における反響は限定的であったという（Vgl. *Michael Stolleis*, Verwaltungsarchiv 65 (1974), S. 1-30 [S. 5f.]）。

2　法概念としての復権

これに対し、戦後長期にわたる「アデナウアーの時代」により回復された内政の安定は、まず政治学において、統治形式の「公共性／開放性」または「透明性」を志向する議論の潮流をもたらしたところ（Insb. *Jürgen Habermas*, Strukturwandel der Öffentlichkeit, Neuwied 1962）、これにより公共の福祉という伝統的な概念が単なる手続的帰結として実証主義または絶対主義などにおけると同じく「空虚な定式」へと解消されてしまうことについては次第に漠然とした不安も抱かれることとなった。そのため、法学の分野で、一九六〇年代後半以降、「公共性」という概念のルネサンスとともに、公共の福祉または公益という概念についても理論的な検討が相次いだことは決して偶然でないという（Insb. *Carl Hermann Ule* (Hrsg.), Wohl der Allgemeinheit und öffentliche Interessen, Berlin u.a. 1969; hierzu vgl. *Stolleis*, S. 6ff.）。

その中でも特筆すべき業績は、ペーター・ヘーベルレの教授資格論文『法的問題としての公益』（初版一九七〇年。増補版二〇〇六年）である。同論文は、戦後ドイツにおける基本法体制についてある規範的な理解を前提とした上で、議会法律などにより示されてきた公益概念のトポスとしての諸相について、その全容を類型論の手法により実証的に解明した上で、適宜必要な現代的修正を図るものであり、シュトルアイスの書評により「公益に係る憶測によらず資料に基づいた法理論について、初めて語ることができる」（*Stolleis*, ARSP 1974, S. 300ff. [S. 302]）

と評されるなど、公法学の手続的理解という学術的な潮流に棹差しながら、それに解消されない同概念の諸機能についても明らかにすることで、その先駆的かつ資料的な意義とともに理論的にも概ね好意的な評価を受けることとなる。ただし、同論文は、公共の福祉と国家の独占的な結合関係を解消し、公共の福祉と権利または公益と私益という先験的な対立構造を否定するなどいわゆる多元主義的な理論を基調とするものであることは明らかであるところ、類型論に伴う避け難い代償として、公益または公共の福祉という概念について統一的かつ体系的な像を明確なかたちで結ぶものでないこともおそらく事実であった（Vgl. *Stolleis*, S. 17f., 26）。

3　公共の福祉のルネサンス

いずれにせよ、このように形成された、公共の福祉という概念の再評価とそれに対する慎重な懐疑論を孕む意識的な言説空間は、法学という一つのディシプリンにより限界を画されることなく、そればかりか、非実践的観照としての学術的営為を超えて、具体的な現実政治にまで広がりを見せることとなる。これは、むしろ「新しい中道」または「第三の道」など中道左派の陣営において顕著であり、例えばゲルハルト・シュレーダー首相は、就任直後の一九九八年一二月、金属産業労働組合（IGメタル）を前にした演説において、「現政権の任務は、諸団体からの個別的な要求を加算し平準化することでなく、社会的に公正かつ経済的に強固なあり方で、ドイツにおける公共の福祉を作り上げることである。これは指導理念であり、利益団体、ゲマインデまたは連邦諸州からの要求でない」と述べたという。

これと相前後するかたちで、政治学など社会系諸学において、「公共の福祉のルネサンス」と呼ばれる現象が開花することとなる（Vgl. etwa *Claus Offe*, Wessen Wohl ist das Gemeinwohl?, in: Klaus Günther/Lutz Wingert (Hrsg.), Die Öffentlichkeit der Vernunft und die Vernunft der Öffentlichkeit. Festschrift für Jürgen Habermas, Frankfurt/M 2001, S. 459-481）。その直接の契機がどの時点に求められるべきであるか、それは論者により見解が分かれている。また、

その背景には、公共の福祉と歴史的な起源を同じくする外国諸語を巡る議論からの通時的または共時的な影響関係も当然あろう（ドイツで明示的に引証されている文献として例えば、*Peter N. Miller*, Defining the Common Good: Empire, Religion and Philosophy in Eighteenth-Century Britain, Cambridge 1994; *Matthew S. Kempshall*, The common good in late medieval political thought, Oxford 1999）。いずれにせよ、ドイツでは、一九九八年、ベルリン＝ブランデンブルク学術協会により「公共の福祉と公共精神」に関する研究会が組織され、二〇〇一年から同一の書名で全四巻の研究書が公刊される（*Herfried Münkler u.a.* (Hrsg.), Gemeinwohl und Gemeinsinn, 4. Bd. Berlin 2001/2002）など、世紀の転換期を一つの境界として学術的な議論の局面も大きな変容を遂げることとなる。これは同時に、二〇世紀後半以降西洋精神世界における指導概念の地位を確立した正義論からの回帰現象として理解することもできるものである（Vgl. *Herfried Münkler/Harald Bluhm*, Einleitung: Gemeinwohl und Gemeinsinn als politisch-soziale Leitbegriffe, in: Gemeinwohl und Gemeinsinn, 1. Bd. Berlin 2001, S. 9-30 [S. 15ff.]）。

もちろん現在、自由民主的な政治体制における公共の福祉とは、規範的な理念であり、その実体的な内容は、決して先験的なものでなく、その多様な諸構想があるに過ぎないという理解それ自体は、ほとんど異論がない。そのため、例えば、公共の福祉の国家主義的な独占という観念は、もはや完全に過去のものとなっている。他方、それは決して空虚な定式でもなく、概念史上常に政治的共同体の正統性との連関で議論されてきたものである（Vgl. *Ernst-Wolfgang Böckenförde*, Gemeinwohlvorstellungen bei Klassikern der Rechts- und Staatsphilosophie, in: Gemeinwohl und Gemeinsinn, 3. Bd. Berlin 2002, S. 43-65）。そのため、その純粋な手続的理解も、立憲国家という相においては成立し得ないものである（Vgl. etwa *Eberhard Schmidt-Aßmann*, „Gemeinwohl im Prozess“, in: Gedächtnisschrift für Winfried Brugger, Tübingen 2013, S. 411-427）。にも拘らず、公共の福祉という主題を巡る議論の現状については、批判的な観察もある（Insb. *Stolleis*, Geschichte, S. 392f.）。これが果たして、公共の福祉という理念の規整力に対する理論的な懐疑に由来するものであるか、その過去の罪責に対する経験的な警戒に由来するものであるか、判断は分かれるところであろう。いずれにせよ、現在の公共の福祉論は、当事者の自己認識によれば、（ナショナリズムの再台頭や社会の分断という）実践知としての法学が前提とする背景的事実の変容に応接すべく展開されているものであり、そこでは同時に、公共の福祉が観念される公共体それ自体を画定することが、重要な主題として浮上していることは理解しておくべきであろう（Vgl. zuletzt *Corinne Michaela Flick* (Hrsg.), Das Gemeinwohl im 21. Jahrhundert, Göttingen 2018）。

4　本書の位置付け

以上の通り素描してきたドイツ法学の文脈におけるイーゼンゼーの公共の福祉論それ自体について、さらなる評価を試みることは、本稿の課題を超えている。もちろん、本書の中核である論攷（本書第二章）は、『国法学ハンドブーフ』の一項目として執筆されたものであり、その性質上同時代におけるドイツ法学の水準を示すことが企図されている（Vgl. *Stolleis*, Geschichte, S. 532f.）。事実、同論攷は、彼地における公共の福祉論の現在について、その一つの標準を示すものとして引証されることが通常である。しかし、仮に議論の整理に尽きるものであるとしても、あらゆる言語的な行為は、話者の認識を介して主観的な刻印を免れないものである。そのため、その本格的な評価を試みるならば、それはその主観的な要素を析出した上で、それとドイツ法学および氏の全体的な憲法学体系との布置連関を定める作業を含まざるを得ない。これは、早くともドイツでの氏に対する評価が安定を迎えてから行われるべきであろう。

なお、本書はもともと、本稿筆者（田中）がボン大学での在外研究中、受入教員であったライナー・ヒュッテマン教授（租税法・民法・会社法）との会話において、ドイツ租税法学とドイツ公法学との一つの接点として、公益税制と公共の福祉論の関係について示唆を受け、その仲介によりイーゼンゼー教授と議論を交わす機会を得たことに端を発するものである。周知の通り、公共の福祉という概念または言葉は、現在の我が国における憲法改正議論における主要な争点の一つでありながら、学術的な検討としては、第四回日本公法学会（一九五〇年）の主題とされて以後、少なくともドイツと比して相対的に散発的な議論が行われてきたに止まるように思われる。そのため、彼地における議論の概要と水準について翻訳というかたちで広く日本語でも参照できるようにすることには一定の意義があると判断して、信頼できる共訳者とともに開始されたのが本書の企画である。

このような経緯からも、また例えば氏の直弟子であるマティアス・イェシュテット教授が現在彼地におけるケルゼン研究の第一人者であることからも理解できる通り、本書の企画に従事することは、氏の議論に対する何らかの態度表明を示すものでない。もとより日独両国における実定的な法体系の差異に鑑みれば、氏の議論の全てについて賛同することはおよそ不可能である。しかし、少なくとも本書の翻訳により示された彼地の議論は、ヨーロッパ精神史という滔々とした水脈に連なるものとしてそれとの意識的な連関において再構成が図られているものであり、このような知的態度とその具体的な実践のあり方は、我が国における議論の現状を反省する上でも十分な参照に値すべきものであろう。

共訳者を代表して
田中　啓之

第一章

基本権と民主制——基本法における公共体の双極的正統性

Grundrechte und Demokratie:
Die polare Legitimation im grundgesetzlichen Gemeinwesen

基本法ほどに政治的期待が課せられた憲法は他にない。ナショナル・アイデンティティを喪失し、それと国家との関係に不調をきたしたドイツ人は、自らの精神的統一性と共生の基礎を憲法に求めている。誰しも憲法の保護のもとで自らの私的権利の安全を信じている。基本法は社会的利害闘争と政治的討論の武器である。基本法はプラグマティストには論拠を、ユートピア主義者には標語を与える。基本法は政治的主張を認証し、倫理的諸原理を裁可することに用いられている。社会的変革を始めようとする者、社会保障水準を始めようとする者、国家的支配を拡大し、縮小し、あるいは廃止しようとする者は、基本法を引き合いに出す。かつてドイツ人は涙ぐましく合法性を要求する民族だといわれた。今では憲法を要求する社会と呼び得るであろう。つまり憲法による正統化への渇望である。

1

正統化とは、ある存在・当為・意思が法的承認に値するための根拠を創り出すことをいう。憲法は国家法秩序の正統性の最高次元をなす。もっとも、正統性の問いは実定法を上限として終結しなければならないものではない。それはさらに進んで、憲法それ自体がどこからその正統性を引き出すのかということも問い得る。ここに存する〔根拠を延々と辿る〕無限進行〔progressus in infinitum〕の危険は、主題を限定することによって避けられるだろう。以下では基本法が果たす右の正統性のみを問題とする。

正統性の問いは国家権力の任務や限界を把握するものではない。従って、その問いに対する答えは法治国家の制約システムや社会国家条項、あるいはその他の憲法上の指示には見出されない。正統性の問いはそもそも内容ではなく権能、すなわち国家の法秩序内部において〔根拠が〕それを越えてもはや問われる必要もなく問われ得ないような究極的で無内容的な行為根拠としての権能に関わる。基本法によって与えられた究極的権能は基本権と民主制に存している。

2

基本法上の公共体において正統性は、一人ひとりの人間の自由と国民の意思という二つの淵源から流出している。個人的自由の憲法的形式はリベラルな基本権であり、国民の意思のそれは民主制である。

個人的自由は端的に始源的なものである。リベラルな自然法の言葉では「自然的なもの」であり、基本法の言葉では「全ての人類共同体の基礎」である。それは国家に先立って与えられている。しかしそれは国家に〔義務として〕課せられてもいる。すなわち国家はこの自由を保護し、尊重しなければならない。国家は自由の法的・社会的な発展条件を保障する。その現在のかたちと現実の環境における自由は野生的な自然的発生物ではなく、かなりの程度で国家の法文化の所産である。

これに対して、国民の意思はア・プリオリに法の人工創造物である。国民それ自体が一つの法的単位である。全ての国家権力がそこから発するところの民主制の主体は、法的に輪郭を与えられた国家構成員の結合体である。いかなる要件の下で国家結合体の構成員資格が取得されるかは、法律によって定められる。もちろんその際、その法律は実際的にも同質的な共同体の形成と実効的な統合を期待させるような現実的事情を斟酌する。だが、それにも拘らず基本法は、自然発生的な有機体としての国民や倫理的・歴史的・文化的統一体としての国民といった希望的観念のように、不安定で輪郭のはっきりしない不確実な基礎の上に民主制を建設しているわけではない。国民に関する一義的な法的定義がなければ、国民の意思は法的効力のある国家権力の規定根拠や指導原理にはなり得ないであろう。〔国民が法的に定義されていなければ〕国民の意思とは実践的帰結を欠いた国家理論的な理想、あるいは何が国民の意思であるかを〔独裁的に〕書き記す権力エリートの操作題目以外の何ものでもないであろう。国民が自らの意思を形成し、行使するためには、法的組織と法的手続を必要とする。国民の意思は多数決原理による選挙と投票によって成立し、代表・委任・任命によって媒介され、法律の制定および法律の執行において表明される。民主的正統性は、国民という淵源から遠ざかるほど豊かに分岐する法的諸経路からなる一つの精巧なシステムを貫いて流れている。正統性の流れは、選挙において自らの意思を表明する国民から発し、議会を通じて政府へ、そして政府を通じて行政や裁判権へと流れていく。それは正統性の淵源から国家権力の具体的表出へと至る広く長い道筋であり、この具体的表出が課税処分、建築許可、あるいは「国民の名において」公示される裁判所の判決のように個人の権利に接触する。しかし当該措置が適法なものとして妥当するためには、民主的派生連関は維持されねばならないし、正統性の流れは寸断されてはならない。なぜならば、民主制において全て国家権力の発動は国民に帰せられ得るのでなければならないからである。

それ故に、民主的正統性は立法に限定されない。民主制において例外なく「全て」国家権力は国民に発する。行政もまた同様である。この一元的な民主的正統性は民主的共和制の本質的標識であり、それはドイツにおいてそれに先行した国制、すなわち民主的に正統化された立法と君主制的に正統化された行政権との二元主義的性格を帯びた立憲的＝議会制的君主制と区別される。もっとも、議会が民主制を独占しているのだという観念は、憲法的時代錯誤として現在の国家思想に依然として亡霊のように徘徊しているのだが。

派生連関が広大になり、正統性の鎖が長くなればなるほど、民主的正統性を必要とする国家権力の担い手はますます密に法的に拘束される。能動市民は選挙法の枠内において選挙による決定の自由を有する。決定の自由は立法権については憲法によって拘束された裁量へと圧縮され、この裁量はさらに全国民に対する責任という憲法倫理上の要請の下にある。法律を執行する二つの権力、すなわち行政と司法は、法律と法とに拘束される。最も厳格な法的限定は行政に向けられる。行政官職は大臣を頂点とする指示階統に整序されている。大臣は、行政各部とは異なり、議会に対して政治的責任を負う。大臣は国民代表の信頼に支えられており、それによって彼は行政と民主制の淵源との正統性連関を創り出す。つまり階統《ヒエラルヒー》は民主制の装置として機能する。

しかし、この法的に創設され、法的に拘束された国民意思のシステムのどこに、国民の主権が残っているであろうか。主権――それは最高次の無拘束的決定権力と理解される――が国民に帰するのは、国民が自らに自らの憲法を与える場合においてである。しかし憲法制定権力という意味での主権も、歴史的に経験され、また経験され得る国家現実というよりも、国家理論上の原理である。主権の原初的形式は憲法制定という行為において消滅する。主権者たる国民は自らに与えた憲法に自らを拘束する。主権者たる国民がこの自己拘束を払いのけ得るとすれば、それは革命によってのみ可能であろう。しかし憲法律への拘束が維持される限り、国民の意思は憲法によって馴致された形式においてのみ存在するのである。

3

個人的人間の地位は、民主制的な憲法的観点から考察されるか、リベラルな基本権的観点から考察されるかによって異なる。

民主制の観点において、個人は国民の統合的要素である。個人に対しては、政治的決定権力が配分された手続に対する自由で平等な参加の道が開かれている。民主的自由とは、国家結合体における市民の共同決定である。自己決定は、個別の市民にではなく、全体としての〔国家〕結合体に帰属する。これに対して、基本権は個としての個人に自己決定を保障する。良心の自由、意見表明の自由、あるいは両親の教育権に体現されているようなリベラルな自由は、国家結合体の構成員であることによって取得されるものではなく、組織によって媒介されるものではない。それは人間が人（Person）であることに基づいている。

個人的自由は票決の対象とはなり得ない存在である。個人的自由は多数決原理に服しない。もし個人的自由が民主化されてしまうならば、つまり国家が個人的自由を集合体に引渡しその多数派の処分に委ねることを個人に強要するならば――個人が補償として集合的な票決権を与えられる場合であっても――個人的自由はその性質を失ってしまうことになろう。共同決定は自己決定を補填しない。平等主義的な共同所有は個人的自己所有を補償しない。それ故に、国立学校における父母代表は個別の父母の高度に人格的な教育権それ自体を剥奪してはならないし、多数決によって失わせてはならない。教育制度において、制度化された父母の共同決定権の創設に向けた法政策的試みが、現在嵌まり込んでしまっているジレンマの原因は、ここに存する。

個人的自由と集合的権力を調和させようとする哲学的努力は、社会契約の理論を生み出した。それは、個人が自らの自然的な前国家的自由を契約によって創設された政治的共同体に供出し、自らをその共同体に留保なく組み込み、服従し、しかしその補償として共同体意思の形成に参加する権利を獲得する、という虚構であった。社会契約という構成は、ルソーによってその究極的帰結へと推し進められ、全体主義的民主制による自由の廃止を正当化する理論となった。これに対して、一八世紀の初期人権宣言は、自然的諸権利を「譲り渡すことのできない」ものと定義した。かかる譲り渡しの禁止は民主制国家に対しても妥当する。基本法が人権は「譲り渡すことのできない」ものであるという留保を新たにしているのは、このリベラルな伝統に与するということを告白するものである。

非現実的な民主制理論は、リベラルな自由と民主的自由との相違を無視し、端的な自由、あらゆる支配の廃絶、統治者と被統治者の同一性を約束する。約束が果たされなければ不可避的に生じることになる幻滅を巧みに躱す術も、急進民主制イデオロギーは心得ている。つまりユートピア主義者が頓挫すると、ルソーに学んだ詭弁家が救世主として姿を現すのである。ルソーは驚くべき不死身の論証範型を完成させていた。まず個人の自由が約束され、次いでそれが集合体の自由と交換される。つまりリベラルな自由概念が民主的なそれによって置き換えられる。最後に個人の自由には、民主的全体性に解消せよと言い渡されるのである。個人的自由が抵抗すれば、「真の」自由に向けた強制としての共同体独裁が始まる。「リーベルタース」は急進民主制における監獄を意味する。崇高なるルソー主義的民主制幻想に対して、リベラルな民主制の率直な憲法的真理は次のようなものである。民主制は政治的支配の一つのシステムである。国家権力は民主制という旗印の下で廃絶されるのではなく、国民に帰属し、国民によって正統化される。国家権力は国民から発するが、個人の対立項をなすものであり、基本権的自由の最も強力な保障であり、その最も危険な対手である。

民主的公共体における何百万人もの中の一人としての市民に共同決定が帰属することは、彼にとって民主的支配行為が他者による決定として映り得ることを妨げない。民主的共同決定によって法律に対する服従が不要になるわけではない。個人は民主制の市民であるだけではなく、民主制の臣民でもある。人格的自由は民主制において自ずと生じるものではない。国民による支配が自らを法治国家として把握し、リベラルな基本権に屈し、そして票決し得ないものの領域を尊重することによって初めて、それは「自由な」国家形式となる。

4

基本権は私的なものの空間を保護する。しかしそれらは個人に対して公的なコミュニケーションと活動の空間、文化と学問、経済と政治へのアクセスをも保障する。

それでは、基本権は最終的に、民主制の淵源をなすあの集合体に流れ込むのだろうか。「社会」と「国民」は同じものなのだろうか。実際、この二つの概念は、現在、通俗的用法においては互換的になっている。しかし国法上、それらは変換可能ではない。社会は国民のように法的に把握可能な行為能力を有する結合体ではない。「社会」とは、基本権享有能力ある全ての法主体の総体、および基本権によって正統化された彼らの活動が公的に展開される空間について用いられるところの、国家理論上の符牒である。社会は国家権力の源泉ではなく、その活動領域である。国民は平等主義的概念であり、社会は多元主義的概念である。社会の公開性と流動性は組織から自由である。そのことは社会に秩序形成力がないということを意味するわけではない。だが、その秩序は多数決から生じるのではなく、自由な合意、相互の影響、そして私的自治による一致から生じるのである。

基本的に、何人も二つの国《ライヒ》の市民である。すなわち、一方において彼は、彼が均しき者たちの中の均しき者として属する国民という国の市民であり、他方において彼は、彼が自らの個性、つまり彼の性格と役割、需要と選好という宿命的ないし自ら選び取った特性を発揮するところの社会という国の市民である。社会は現実の不平等の現場である。端的に不平等なものは代表に適しない。実際、国民の代表が存在するようには、社会それ自体の代表は存在しない。――これに対し、代表能力があるのは社会内部の同質的な個別集団であり、こうした集団は基本権を基礎として団体代表を作り出す。しかし、いかなる団体も――いかに声高く公共の福祉に向けた自らの努力が主張されるとしても――自らの構成員以上に何かを代表したり、「社会」を代弁したりする憲法上の正統性を有していない。――立法者はまた、公法上の放送機構の委員会のような行政委員会に様々な団体の代表者を集めることによって、「社会」の代表を人工的に創り出してはいない。そのような委員会は、まさにその委員会を構成する諸団体以上の何ものも代表しない。

国民と社会の区別の一つの実際的帰結は、滞在や職業活動によってドイツ社会に編入されている外国人がドイツの基本権を広く享有するということである。しかし、外国人には国政選挙権や地方選挙権は与えられていない。外国人は自らが属するわけではない国民の代表者について決する権利を有しない。民主制は他者による決定を禁ずるのである。

5

基本権と民主制の保障とともに社会と国家との区別も自ずと生じる。この区別は憲法の正統性の淵源の相違から生じる。前者は後者に対し、原因に対する結果の関係にある。しかしながら「社会」は基本権の作用する平面の全てを指すものではない。基本権はプライヴァシー、すなわち自由の非-社会的で非-公的な発展の保護領域をも、というよりむしろ、まずはそれを生み出すものである。

従って、「基本権-民主制」と「社会-国家」という二つの概念対は変換可能ではない。これらはまた異なる質を有している。第一の概念対のみが真に憲法的な価値を有しており、第二のそれは憲法認識の解釈論的補助手段である。国家と社会との区別はドイツにおけるリベラルな国家理論の一種の連続項をなしており、民主的憲法の時代を超えて、法治国家の哲学的基礎を据えたドイツ観念論の時代に遡る。歴史の歩みに伴って、この公理には既に死し、あるいは死すべき多くの要素がこびりついている。それでもこの公理それ自体は、その生命力と新しい憲法状況への適応能力を保った。しかし、国家と社会との区別に今日与えられる意義や相互の限界、相互の配分を規定するのは現に妥当するところの憲法なのである。

6

基本権の正統性の流れがそれを通じて社会の空間に流れ込むところの最も重要な基本法の条文は「基本権はその本質において適用可能である限り、国内法人にも妥当する」というものである。この一見すると周辺的な、法技術的であるに過ぎない規範は、自然人を越えて基本権の効力を法人に拡大することによって、基本権に新たな次元を開いている。「自然的」人権は組織の自由権へと転換している。基本法はこの刷新によって個人主義的な人権伝統の呪縛から自らを解放しているのである。

この拡大は、それが基本権の「本質」に沿ったものである限りという留保の下にある。しかし基本権の本質とは何か。この問いは生得的尊厳と始源的自由の担い手としての人間個人に立ち戻る。人間個人が団体的ないし分業的組織において自らの基本権を実現する限り、この組織体は——それが技術的意味における法人であるか部分的権利能力を有するに過ぎないかに関わりなく——組織体を創り出し、それを道具として利用する者の基本権の一角を担う。組織体はそれ自体が、基本権享有能力の派生的形式に成長している。基本権を国家に拡大することは、端的に基本権の本質に反する。国家は基本権の名宛人であり、その担い手ではない。国家は基本権的自由を享有するのではなく、それを尊重し保障しなければならない。法治国家の活動は必然的に法的に拘束され、法的に限定されている。法治国家は私人の基本権的自由から隔離されている。法治国家に与えられる形成権と形成裁量は民主的淵源、すなわち国民の意思から流れ出る。

憲法の基本的二者択一がこのことによって特徴付けられている。すなわち基本権的正統性と民主的正統性である。基本法上の公共体の全ての活動力の発動は一方または他方の領域に分類されなければならない。第三項は存在しない〔tertium non datur〕。

私企業、団体制度、プレスは基本権の領域に属する。――政党もまた基本権的基礎を有している。政党は自らの構成員によって自己を正統化するのであり、それが国民の意思形成に不可欠の媒介者としての役割を果たすものであるとしても、国民の全体からではない。基本法が（その他の団体に対するのとは異なって）政党の内部構造は「民主的諸原則」に適合すべしと明示に義務付けているのは、政党の私的自治を前提としてのことである。つまり政党は国家組織の民主的構造と軌を一にしなければならないが、政党は真に民主的であるわけではない。――労働組合も「全ての人と全ての職業に」保障された団結の自由によって基本権的に正統化されている。労働組合それ自体、確かに「民主的」であると自己理解している（「民主制の決定的統合ファクター」）。しかし、そこで「民主的」というのは、憲法上の正統性の意味におけるそれではなく、政治的修辞としての広い民主制理解で言われているのである。――教会は憲法によって公法上の社団として承認されており、その制度的特殊性において他の団体類型には見られない立ち入った評価を与えられている。しかしだからといって、教会は基本権的自由と民主的国家権力を超越して浮遊しているわけではない。かつて国家と教会は制度的に結び付いていた。今やこの結合は切断され、この分離は憲法によって保障されている。国家教会法は社団的形態の基本権としての信教の自由の表出である。

つまり憲法的境界線は、公法的法主体と私法的法主体の間を走ってはいない。教会が公法上の社団であるからといって、教会は基本権的正統性を失わない。他方、国家が私法上の社団や組合を設立し、それらに自らの任務を委ねたからといって、国家は私人と同様の基本権的自由を獲得しない。国家は私企業の皮を被っても自らの法治国家的負荷を免れることはできない。この境界線は一つの法主体を貫いて走ることもあり得る。大学は教育機関である限りでは国家的領域に属するが、研究と教授の場、つまり制度化された基本権の実質である限りでは基本権の領域に属する。放送は一方では国家の営造物であるが、他方ではコミュニケーションの自由という基本権の受託者である。国家は公法上の営造物組織の中に基本権が行使される舞台を設ける。放送プログラムは正統性理念から言えば国家的一般性の民主的所産ではなく、代表者を通じてこの営造物の管理に関与する社会的集団の基本権的所産である。

この区別は法実務上の本質的諸帰結をもたらす。連邦と州、そして法的に独立した行政主体や公法上・私法上の諸制度を擁する豊かな衛星体系には、民主的正統性を確保することが求められる。それらはあらゆる活動について法律の基礎を必要とする。官庁は法律によって認められた権能の枠内においてのみ行為し得る。侵害と給付の授権は常に権能限定的である。このことはゲマインデ、職能会議、金庫、大学のように、メンバーシップであることによって固有の特別な民主的正統性を獲得する公法上の社団にすら当て嵌まる。これらの社団は確かに自律的である。しかしこの自律は法律によって輪郭付けられた活動範囲の中で働くものであり、〔而して〕この活動範囲は他律的に設定され、それ自体は自律に服しない。それ故に、いかなる自治主体も一般政治的な無限定的委任権を有するものではなく、常に権能創設的かつ権能限定的な委任権を有するに過ぎない。

これに対し、基本権によって正統化された団体は、自らの活動範囲を自ら定義する。私企業は行うべき業務を自ら確定する。労働組合や教会は、政治的諸問題に対する発言の是非および態様を自ら判断する。政治参加は団体内部では——団体の構成員と機関との関係において——問題であり得るが、憲法上は許容されている。ゲマインデの機関には許されていない行為が政党に許されているのはなぜか、経済的利益団体が職能会議よりも機動的なのはなぜか、自由な学生組織が一般政治的委任権を主張することができるのに対して、公法上の強制加入制の学生組合がそうではないのは何故か、ということは正統性の相違によって説明される。

私的自治は基本権的自由の当然の要素であり、国家による自由侵害だけが正当化を必要とする。これに対し、行政が法律の根拠を必要とし、行政府の指示階統に組み込まれていることは、民主制の常態である。行政の被拘束性ではなく、その免脱こそ理由付けられなければならない。大臣の指示の及ばない空間は、民主制の異常である。行政府の機関に対する独立の決定権力の配分、行政主体の法的独立化、大臣指示権からの解放、議会に対する大臣責任の免除、そして議会の統制権能の縮減は、憲法上の正当化の必要を発生させる。特に自治体独自の財政高権、すなわち「中間的財政権」の形成には正当化が必要である。

国家監督という行政法の制度は、その実体が民主制の領域（例えば地方自治や社会保障自治）に属するのか、それとも基本権の領域（例えば私的保険や銀行制度）に属するのかによって、その意味を異にする。前者の場合には国家行為の統一性が担保され、後者の場合には私的行為の自由が制約される。国家内部的な社団監督は、行政をもっぱら公益に方向付けることを保障する。国家外部的な経済監督は、企業が最低限の公益に配慮することを要求する。社団監督は国家組織内部における法的独立性を民主的全体によって補填し、正統化することに貢献する。しかし経済監督は、それによって侵害される基本権に対して正当化されなければならない。

7

国家不在の自足的な社会という旧い自由主義的理想は、基本権という社会的次元には再生されていない。その反対に、基本法は立法者に対して経済政策的・社会政策的な形成の余地を広く開いている。それどころか基本法は、社会国家目的規定において、社会内的正義を創り出すための一種の保障人的地位すら立法者に与えている。しかし基本権（保護）国家の社会的正義が意味するのは、社会的現実において万人が基本権的自由を実際に手にすることができることである。立法者が社会的目標を達成するために今日しばしば採る一つの手段は、収入・財産・決定権の再配分であり、憲法的に見れば基本権の実質の新規配分である。

この文脈で本質的なのは、立法者が突き当たるのは憲法的真空ではなく、基本権の自律によって広く充満され、形成された空間だということである。法律が存立するためには、関連する基本権に即した測定がなされなければならない。基本権の規範力はそれぞれ異なる。連邦憲法裁判所の眼鏡を通して見れば、所有権保障や職業選択の自由は法律による介入・平準化・再配分にかなり譲歩的であるが、団結の自由や、新聞の傾向性の基礎となるプレスの自由などの精神的基本権は抵抗的である。立法による平準化の試みに対する抵抗力をますます示しているのは教会の自律であり、それは病院やその他の慈善社会活動の領域において今日漸く可視的になった多元主義の堡塁である。

8

とはいえ、基本権の差異化可能性と民主的法律の平等化可能性とが個別的にどのように限界付けられるべきかということは、ここでの問題ではない。問われるべきはむしろ、この二つの正統化要素が相互にどのように関わるかということである。

この二つの正統化要素は対等の憲法的ランクを有している。それらは相互に関係するにも拘らず、互いに独立である。それらは互いにとって支柱であると同時に敵対者であり、補完であると同時に危険分子である。いずれも他方のために犠牲にされたり、あるいは従属させられたりしてはならない。双極性が支配しており、その双極性において基本権的自由と国民による支配は自由な公共体を構成しているのである。現在の人権熱狂の中、古典的な自由権と「民主制を求める人権」とを単純に合算しようとする向きが擡頭しており、そこには、この双方の和は人類に相応しい秩序と等価に違いないという素朴な期待がある。このような種類の人権の野合は憲法の根本的緊張を矮小化し、意識の外に排除してしまう。この緊張関係の個別の局面をさらに詳しく考察しよう。

9
民主制原理には、支配を緩和し限定する傾向、つまり自由を保護する傾向が備わっている。「下からの」支配の創設、民主的委任の時限性と定期更新の必要、権力の透明性、批判と統制による正統化、反対派の制度的必要性、少数派保護、被治者の信頼と同意に対する統治者の依存、統治の手段としての対話と妥協、そして市民との近さがそれである。

もっとも、市民との近さという民主制の統治公準は、基本権との関係では両義的である。それは自由の領域に対する法治国家的安全距離をなくしてしまったり、民主制が誤って全体的規制や過干渉な幸福の強要、多数派の嗜好による生活の既製品化、すなわち既にトックヴィルによって警告された例の多数派の専制――民主制以前の専制のように「暴力的かつ限定的」ではなく「緩和かつ無限定的」であり、人間を苦しめることなしに尊厳剥奪を遂行するであろう――に陥ってしまったりするならば、基本権を危険に晒すものともなり得よう。民主制のこの根本的危険性が払拭されるのは、基本権がプライヴァシーを保障し、それによって人間が国家市民に解消することが妨げられる限りでのことである。

10
基本権はプライヴァシーのマグナ・カルタである。

このように断言することは、今日では勇気を必要とすることではない。至る所で私人の新たなセンシビリティが広がっている。「データ保護」は一歩先の要求のための標語に過ぎず、その実現は基本権に求められている。つまり官庁による情報収集や過剰な届出事項に対する保護、コンピュータを通じてかつてない規模でなされる支配知の濫用に対する保護、あるいは個人が彼の生活関係――「社会的必要」――を明るみに出すことを給付条件とする遍在的な社会国家の過干渉に対する保護、そして社会の同調圧力に対する個人の保護がそれである。連邦共和国の政治的雰囲気が常に今日のように基本権保障に好意的であったわけではない。文化革命の時代には、私的な基本権の実質を公的目的の犠牲に供し、自由権を民主制に対する奉仕のための単なる憲法上の動員命令として妥当させようという企てが罷り通った。示威行動の自由は最高の基本権に発展し、他の全ての基本権——職業に関する権利や家族に関する権利、私的な意見表明の自由や私的な運動の自由——はその前に跪いて道を譲らねばならないと考えられた。

かような公的なものの肥大と私的なものの萎縮は国法学のある学派によって法学的に準備されていた。それは、基本権は政治的統合の媒体であるという一面的解釈、「全体の枠内における国家市民的職業権および身分権」（スメント）への基本権の様式化、そして基本権を自分自身の利益の保証書としか考えない「虚弱なブルジョワ」に対する傲慢かつ嘲弄的な「誇りある市民」の演出においてなされた。ここではドイツ市民の非政治的存在形式、「権力によって保護された内面性」（トーマス・マン）に対する民主的拒絶は余りに峻厳であった。あり得る全ての世界中の最善を目指す奮起が惨めな現実の中で終わりを迎えたとき、自らの小さな庭を耕すことに幸福を見出した（ヴォルテールの小説の主人公）カンディードのような慎ましい生活様式を退けたのは余りに高慢であった。荒廃した土地を平和のうちに再び耕すことができるという農夫の幸福は、全体的政治化によって破滅したドイツ人にに基本法がもたらしたもののなかでも価値の低いものではなかったのである。

純粋に政治的な自由の原理に対するアンチテーゼは、既に一九世紀初頭、自由主義的国家理論の古典であるバンジャマン・コンスタンにより、彼のフランス系スイスの同郷人ルソーとの対決において定立された。彼は次のように論じる。ルソーが説いたような全体的民主制の自由は、一望可能なポリスにおける意思形成に個別の市民が直接に参加することができ、個人的に経験可能な生きた参加の自由が——陶片裁判に対する服従に至るまで——私的独立を犠牲にしても釣り合い得た古典古代の共和制には適している。しかし現在の大規模国家において、この政治的協働は個人にとっては精彩を失って抽象的仮定になってしまっている。それ故に、現代に相応しい自由は人格的独立を平和裡に享受することに存する。この独立こそ近代人の第一の必要であり、それ故に彼らに政治的自由のために犠牲になることを要求してはならない。しかし、民主的参加の自由はコンスタンにとって歴史的に過去のものになったわけではない。「人格的自由は……現代の現実的自由である。政治的自由はその保護を保障する。政治的自由はそれ故に不可欠である」。

11

公的なものの過剰は、私的なものの一面化という反対の誤りに反転されてはならない。個人が自らの内面性に引き籠るだけでは、彼の基本権的自由は実現されたとはいえない。基本権は政治化の強要に対する保護を提供するが、しかし基本権はまた万人に対して政治生活への参加の機会を開いてもいるのである。

私的なものの空間を超えたあらゆる基本権的活動は、公共体の繁栄のための給付というアリストテレス的伝統に対応する広い意味において「政治的」であり得る。職業活動や隣人のための慈善活動は政治的であり、また意見表明や情報、学問や芸術、宗教や世界観の領域における基本権的自由の活性化もおよそ政治的である。基本権的コミュニケーションにおいて世論が形成・変遷し、倫理的・美的文化が成長し、学問業績が生み出され、宗教は生きる。ヘーゲルの概念言語に翻訳すれば、基本権主体の自由から公共体の客観精神が生じる。この客観精神は執行権力を用いないが、しかしいかなる国家制度も長期にわたってそれに反抗し続けることはできないのであり、こうした客観精神が自由な民主制における統治者の目標と限界を定めるのである。客観精神は政治的形成の可能性を決定する。どれほど「非政治的」な基本権行使であっても、この客観精神の構成に貢献し、それ故に最終的には国家の意思形成に対する影響力を獲得する。それは間接的に政治的に作用する。――ここで「政治的」というのは今日普通に用いられる狭い意味においてである。

さらに基本権には、国家生活に直接的に参加し、自らの理念と利益を公共の福祉の正当な決定を巡る討議に提供することを全市民に求める招待状も含まれている。議会での多数決や合意可能な現実的な法律の制定が可能になるためには、まず相反する諸観念の記述と議論、衡量と調整が必要である。民主制国家は社会の空間に由来する政治的刺激を必要としている。政治的利害の事前解明や政治プログラムに関する事前合意において社会的勢力によって提供される労務は、民主制国家の拠り所である。議会はかなりの部分において、政党や団体、市民運動やマスメディアが活動する議会前の空間から生命力を得ている。民主的代表制は政治的基本権文化との共生において生存しているのである。

基本法における公共体の二つの正統性の淵源、つまり基本権と民主制から、政治的エネルギーが流れ出す。そこで自由な民主制は次の二つの憲法上のシステムを統合する。すなわち、

- 民主的手続および制度を備えた、法的に秩序付けられた公式の代表制、そして、
- 基本権の全面的活発化に存する開かれた非公式の国民投票制、すなわち全ての市民および社会的勢力の「日々の国民投票」。

12

民主的立憲国家は、社会的利害競争の結果を単に追認するだけでは、公共の福祉に対する自らの法的・道徳的義務を果たしたとはいえない。公共の福祉にとって重要な多くの利益は、社会的競争においては実現され得ない。もしも国家がそれらを引き受けることがなければ、それらは失われてしまうであろう。

国家機関が公共体に対する特別の責任を果たし得るためには、国家機関は社会に対する法的独立性を必要とする。代表制はこの必要性を考慮するものであり、それによって国家の決定が社会的勢力の要求よりもより賢明で

かつより公平になされることが可能とされている。社会的勢力は、ややもすれば、自らの特殊利益を全体利益として示し、自らの集団に都合の良い構想を立法者に強要し、そして法律を通じて全社会を自分たちに従わせようとしがちである。政治的修辞には、社会の一集団に従属した国家、国家体制から非国家的組織に変容した主権、非民主的権力構造の外壁としてしか役に立たない議会主義といった恐怖像が亡霊のように現れる。そうした像として例えば次のようなものがある。

- ウルトラモンターンな〔アルプスを越えたローマ教皇庁からの〕遠隔操作式の聖職者国家という旧リベラルの予言
- 資本の履行補助者としての国家というマルクス主義の息の長い予言
- 労働組合国家という新自由主義の予言

この種の危険は、社会がまだ多元的で、社会的勢力が多様性・競合・対立を通じて相互に掣肘を加える、つまり社会内部的な一種の権力分立が存続する限り、大きくはない。社会のある集団が国家に自らの意思を強要し得る道具を手に入れることがないように、法秩序は予防措置を講じている。この予防措置には租税ボイコットの禁止や政治ストライキの禁止が含まれる。民主的立憲国家の自己主張にとっての最も重要な前提は、市民の平和維持義務および社会的対立における物理的暴力の禁止に対応するところの、国家による暴力の独占である。

13　社会からの強要という外的危険より払い難いのは、代表民主制を取り巻く内的危険、すなわち職務遂行が公職者それぞれの職務とは無縁な個人的目的、彼らの政党政治への参加、労働組合その他国家外部の束縛によって規定されてしまうという危険である。国家作用のかような私化が行われるならば、職務は職禄に、服務義務は自己奉仕権に反転してしまう。

基本権的自由は国家権力の行使を含まない。その反対に、国家権力の行使は厳格な基本権的拘束に服する。民主的正統性は、公共の受託者としての議員と大臣、官吏と裁判官に帰属する。従って、議員の民主的基礎は、彼がその候補者として選出されたところの政党ではない。政党は、民主制に対して仲介サーヴィス（政党はその引き換えにただでさえ高い仲介手数料を得ている）を提供しているに過ぎない。正統性の淵源はまた、選挙結果を決定した多数派有権者ではなく、多数決原理は国民の意思がどのように形成されるかという手続を定めるに過ぎない。全体としての国民が正統性の淵源である。この全体性において多数派と少数派の区別は揚棄されている。国民には政治的敵も含まれる。そこで民主的正統性は国家権力の淵源を意味するだけでなく、国家権力の目的、すなわち国民による統治および国民のための統治をも意味する。公共体は人民の物である〔Res publica res populi〕。統治者がもし自らとは政治的に遠い住民集団を等閑に附し、抑圧し、搾取するために自らの権力を用いるならば、統治者は民主的服従請求権を失ってしまう。

民主制は職務の担い手に対し、自己利益や集団利益、私的野心の放棄を要求する。憲法および服務法は、職務組織の様々な領域について、民主的に与えられた国家権力が不偏不党に純粋に公共の福祉との連関において行使されることの保障を狙いとする規律を設けている。もっとも、制定法はここでは不格好かつ欠缺あるものに留まる。基本権によって正統化されたプライヴァシーや政党に対する忠誠から、共和国への奉仕へと上手く移行するためには、生きた職務倫理が必要なのである。実際、民主制は公職者に一定程度の道徳的緊張と自己克服を要求している。大臣職に就任した政党政治家が、ドイツ国民の福祉のために自らの力を捧げ、何人にも（従って彼の政治的支持者以外にも）正義を行うと誓う職務宣誓を行ったならば、その政治家は政党メンタリティと政党の競争戦術を二の次にしなければならない。

国法上の問題は、この時点においても、政党その他の社会的勢力との職務外での基本権的に正統な結合は消滅しない、ということに存する。基本権的自由と民主的委任との緊張は、国家の最高官職の保持者についてこれまで一度も解決していないし、決して解決することはない。自由な立憲国家が素晴らしき冒険に成功するためには、この緊張に耐え抜かなければならない。

（藤川直樹　訳）

第二章　立憲国家における公共の福祉〈訳註ⅰ〉

Gemeinwohl im Verfassungsstaat

第一節　正しい国家行為という前憲法的理念

1　諸々の国家目標の中で最も一般的なもの

公共の福祉という理念は、国家共同体の意味や政治的行為の目的を巡る問いと同じくらい古い。国家権力が道徳的正当化、法的拘束および政治的責任の対象として把握されるや否や、公共の福祉という理念は不可逆的に国家実践や国家理論の視野へと入ってくる。その理念は、プラトン以来、国家哲学や政治倫理学の古典的な主題であり[1]、ヨーロッパ史のあらゆる時代と現在のあらゆる国家において輝いている。それはあり得る全ての国制に先行する。公共善〔bonum commune〕は、公共体の安寧が最高の法たるべし〔Salus rei publicae suprema lex esto〕という、政治倫理学やあり得る全ての国法上の綱領における基本原理を形成する[2]。

公共の福祉は、公共体の善き状態や全構成員の繁栄という理念、すなわち、善にして幸福な生活〔bene beateque vivere〕という理念を体現する。国家倫理学が国家的および政治的行為に提示する最も一般的な指導像〔Leitbild〕、すなわち国家性の正統化根拠はそこにある。公共の福祉は、(国内の安全、社会的正義、環境保護のような)内容が限定された特殊な国家目標や、(国防、学校、警察、社会保険のような)行動範囲と関係付けられた具体的な国家任務とは区別される[3]。「公共の最善〔allgemeines Beste〕」は、特定の内容によって定義されたり、特定の活動領域によって限定されたりするものではない。それは確かにある一つの目標を際立たせはするが、しかし、目下の国家諸目標の背後にあってそれらを統一する目標である。それは、あらゆる正統な国家諸目標の総体であり、諸目標の目標である。にも拘らずそれは、制度化された国家性の軌道に汲み尽くされるものではない。その地平線は、全体としての公共体である。ここにおいて、公共の福祉は、国家や社会で活動している多様な公益を一つの目標統一体へと統合する。

公共の福祉という理念は――正義というよく似た理念と同様に――、抽象的であるため却って把握するのが困難である。そこには偉大さ〔Größe〕とジレンマが同時に存在する。その内容は完結的な定義から逃れており、概念上の外観は不可避的により高次の抽象性を備えている。けれども、具体的な言明を大幅に抑えることによって、普遍性が可能になり、受容が容易になり、宣伝効果が生み出される。公共の福祉という概念は様々な国家形式や国制に自らを開いており、（その概念が特殊な形態を採る）立憲国家や近代の政治的構造モデルである近代国家に縛られているわけではない。類似した意味において、非国家的諸団体の「公共の福祉」についてさえ語ることもできる。公共の福祉という理念は、個人主義と普遍主義との国家理論上の区別や、民主制と独裁制との国法上の区別よりも上位にある。それは、起源によれば「保守的」でも「進歩的」でもなく、最終的にはそれを巡って政治的な闘争が展開するという点で、相争う諸党派を結び付ける共通のものを形成している。それは、国家生活の統合プロセスが方向付けられる精神的な目標である。公共の福祉というしるしにおいて、国家団体〔Staatsverband〕は目標統一体および正統化統一体として認識され解釈される。公共の福祉という理念によって、国家の職務が正統化される。

公共の福祉とその類義語（Wohl der Allgemeinheit, das allgemeine Beste, das öffentliche Wohl, Gemeinnutz 等）は、政治修辞学の語彙にも属する。(4) 言語使用において、言葉は輪郭を得ることも失うこともあり得るし、意味を受け入れることも取り替えることもあり得る。人を魅了するものは言葉と結び付いた国家倫理学上の要求にあり、危険なものは言葉の領域の不確定性と広さにある。概念の漠然さが言語戦略上の操作を可能にする。意味論のプロテウスは、権力を巡る闘争における当事者の利己心を公共の利益として描いたり、道徳的評価や政治的合意を詐取したりするために利用され得る。ヨハン・ヤーコブ・モーザーは一八世紀に、領邦君主がこの種のトポスを紋切り型に援用することを、「国家の万能薬〔Universal-Staats-Medicin〕」として嘲笑した。(5) ドストエフスキーは彼の小説の登場人物であるイヴァン・カラマーゾフに、「人々は公共の福祉という利益によってあらゆる悪行を正当化する」と言わせた。力強い主張を証明するための豊富な資料は、歴史とりわけ二〇世紀の歴史の中に見出される。ここには、古代キリスト教の伝統における国家倫理学上の概念を奪取および占拠して、その〔＝古代キリスト教伝統の〕目的に代わって正統に搾取する多くの事例がある。カール・シュミットは一九四三年に、当時の権力者に目を向けて、「公共善を語る者は騙そうとしている」と述べている。(6) ドイツ人にとってトラウマとなった経験が、かかる概念を取り扱うに際して、次のような戸惑いを呼び起こした。すなわち、概念を歴史的に濫用したために生じたルサンチマン、権威主義体制への親近感が生じ得ることへの憂慮、国家行為の道徳的な正統化に対する反感、慢性的な国家恐怖症〔Poleophobie〕(訳註ii)、イデオロギーへの反射的な懐疑、である。(7) 法実証主義は、その含意を見極めることができないという疑念のために、国家哲学によって担われた歴史的に有力な一般概念から距離をとった。分析哲学は、そもそもその概念が何らかの含意を込めているのか、その時々の文脈によって中身を取り替えることはないのか、および、結局のところ空虚定式〔Leerformel〕であることが、すなわち公共の福祉が陳腐な決まり文句であることが明らかにされないのかを、疑った。(8)

こうして、ある種の公共の福祉恐怖症が国家に関する諸学を襲うことに様々な状況が寄与し、その結果、この理念の没落が確認されなければならなかった。(9) 実際のところ、ドイツ国法学は長い間、この古典的な主題を疎かにしてきた。しかし今や、それは再び議事日程へと戻ったのである。国家に関する諸学は、憲法に適合するよう時代に合わせた新しいやり方で取り扱うべく、それに向きあった。(10) 知的な無邪気さが回復し、(11) 公共の福祉に関する学説はルネサンスを経験した。(12)

公共の福祉という理念は、全住民や国家世界〔Staatenwelt〕という多元体〔Pluriversum〕における立場を通じて、歴史や将来の展望を通じて、現実の生活条件や需要および資源を通じて、文化や法構造を通じて、とりわけ憲法を通じて、自身が適用される個々の国家団体において初めて具体的な形姿をとる。果たして、これらは国法上の研究にとって本質的な基盤を形成する。にも拘らず、一般的ではあるが未だ法学的には詳述されていない理念の内容、前提および意味についての前理解をまず最初に確かめることが適切である。というのも、かかる理念それ自体は、いわば外から立憲国家に持ち込まれたものではあるが、しかし内から憲法に基づいて答えられるべき問いを形成するからである。

2　公共の福祉の前理解――内容・意味・妥当態様

公共の福祉は、公共体――より精確には、そこで一体化した諸々の人間集団――の善き生の指導像である。それは、あらゆる次元、すなわち身体的および精神的、物質的および理念的、公的および私的、政治的および法的、経済的および文化的といった次元における生活の全体に適用される。国家組織は、公共の福祉の諸条件を保障するために必要な安全装置であり、それ自体は目的ではなく手段である。

公共の福祉は、生活それ自体ではなく、幸福な生活にとっての尺度である。公共体の事実状態は有利な状況の下では公共の福祉に適合するかもしれないが、しかし公共の福祉と一致しているわけではない。というのも、公共の福祉は経験的な項ではなく、倫理的な尺度だからである。それゆえ、それは単なる社会的な諸勢力の平行四辺形における経験的な合成ではない。それと同様に、社会の諸目標に関する現実の社会的合意と一致するわけでもない。というのも、公共の福祉は支配的な意見ではなくその指導像だからである。

公共の福祉は、公共体の生活との関係、自身の複雑性および需要や課題の変遷において、完結的にも最終的にも定義され得ない。公共の福祉は事物的にも時間的にも開かれている。ただし、理性や経験にとって明らかであり、諸規範において貯蔵されているところの、空間や時間を超えて妥当する善き生の諸条件は存在する。

自由に浮遊する公共の福祉が存在しているわけではなく、特定の公共体の公共の福祉が存在しているに過ぎない。公共の福祉は、公共体から内容と妥当性を獲得し、土地柄や人情、歴史的起源や地政学的状況、必要や需要によって刻印付けられる。ヘーゲルの言葉によれば、「国家の実体的な福祉は、特定の利害関係や状況の下にあるとともに、独自の対外事情と特殊な条約関係の下にある、特殊な国家としての福祉である。それゆえ、統治は特殊な知恵であり、普遍的な摂理ではない」[13][訳註iii]。

公共の福祉という理念は、公共体の存立、すなわち公共体が現実的にも法的にも構成されていることを前提とする。その理念は、国家の決定権限の調整や配分、並びに、権力の構造、獲得および保持者たる地位については何も語らない。その主題は、権力を巡る闘争ではなく、その正当な行使である。その限りでその理念は非政治的である。[14]その理念は国家形式には無関心であり、あらゆる国家形式においてその諸条件に応じて実現され得る。〔とはいえ〕あらゆる国家形式において、その実現は確実に保障されているわけではなく、危険に曝されている。その理念は民主的な選挙制度や政党間競争にさえも無関心であるが、その指令力は多数派支配が定着した時に息を吹き返す。

公共の福祉は、国家組織を設置した目的や、国家組織が仕えているあらゆる諸目標にとっての目標を、最も抽象的に体現している。すなわち、公共の福祉とは国家目的であると同時に国家目標である。[15]それら双方の観点の下で、市民がそのために尽くし、犠牲を捧げ、自らの利益を取り下げるものが公共の福祉である。他方で公共の福祉は、国家団体が自らの構成員に給付を提供したり、構成員から給付を要求したりするための正統化権原を形成する。公共の福祉において、あらゆるものが理念的には一致する。しかし実際には、公共の福祉は、国家組織が見てとるような「正しく理解された」全体の利益と、団体における配分を最大化し給付を最小化しようと努め、そうして自身の特殊な利益（部分利益）を押し通す個々の市民の視点との間で衝突に至り得る。公共善〔bonum commune〕は部分的な善〔bonum paticulare〕との区別に基づいて定義される。そこから緊張関係が生じるが、しかし必ずしも対立が生じるとは限らない。というのも、理念的には、主観的な個別化から解き放たれ、客観的なるもの・一般的なるものというレベルへと高められ、そこで維持され保障されるというヘーゲル流の重層的な意味において、個々の構成員の部分利益は公共の福祉において「止揚される」からである。

公共の福祉は、全体と団体の機関との関係における、すなわち一般大衆と指導部との間ないし被治者と治者との間における、正統性に関わる意義をも有する。国家諸機関は自らの行為を、もっぱら公共の福祉へと方向付けなければならない。国家諸機関が行使する権力は、自分の利益のためにではなく、構成員全体のために信託的に引き受けなければならない預かり物である。公共の福祉という光の下で、権力は公職〔Amt〕へと変化することによって、法的および倫理的な義務へと変化する。

公共の福祉は、国家行為を指導し正当化し批判するための基準を提供する。公共の福祉は、恒常的な正当化強制の下に国家行為を置く。公共の福祉は、国家行為に限界を設ける。公共の福祉に仕えないものは許容されない。

公共の福祉は憲法とは一致しない。すなわち、統制的原理〔regulatives Prinzip〕としての公共の福祉は現実の模写ではなく指導像であるため、事実的憲法〔reale Verfassung〕とは一致しない。しかし公共の福祉は、規範的憲法〔normative Verfassung〕とも一致しない。なぜなら規範的憲法は、国家生活の法的な枠組みを与えるだけであるのに対し、公共の福祉は枠組みと内容とを等しく包含するからである。規範的憲法は、国家の正当な秩序に関する断片的な草案を形成するに過ぎない。しかし公共善は、草案の結実を目指し、その成就を期待する。それは、法的な諸制度を超えて、そこで構想されている諸々の可能性が有意義に実現することに目を向けている。公共の福祉は、職業の自由の基本権としての保障においてだけではなく労働と完全雇用において、所有権保障においてではなく豊かさにおいて、芸術の自由においてではなく文化において、社会国家条項においてではなく正義に適った人間の尊厳ある生存条件があらゆる人にとっての社会的現実であることにおいて、実現する。公共の福祉という理念は、ヘーゲルが見抜いたように、「抽象的な自由としての権利と、これを充足させる特殊な内容たる福祉との対立が止揚される」(訳註iv)という点において、国家の理念と重なり合う。(17)

公共の福祉という理念は、結果に狙いを定めているのであって、単なる努力に狙いを定めているわけではない。その理念にとって、公益に資するような諸規範の実現を要求する国家の手続は、必要ではあるけれども十分ではない（「インプット志向的観点」）。公益に資するような諸規範それ自体は、その理念に必要とされてはいるが、それでさえまだ十分ではない（「アウトプット志向的観点」）。むしろその理念も本質的には、公共体の生活における諸規範の諸作用に狙いを定めている（「結果志向的観点」）[(18)]。かくして公共の福祉という理念は、国家の実行可能性と責任の範囲をはるかに超えて放射される。その理念の実現は、総じて人間の意のままにはならない諸状況に依存する。「善き生」の確立は、運命や僥倖に関わる事柄でさえある。

公共の福祉は相対的な項である。公共の福祉〔salus publica〕は、市民に対しては彼ら自身の利益の障壁として振舞うのに対し、対外的には、すなわち他国および超国家的ないし国際的な諸組織に対しては国家の利己心として現れる。国家は自己を主張して、ここに一体化している諸々の人間集団の諸利益を実効的に妥当させなければならない。ただし、国家の利己心は、今日ではますます超国家的な連帯義務へと束ねられて、超国家的共同体の公共の福祉へと方向付けられている。その上、ますます国民国家は、例えば人類共通の自然遺産や文化遺産の保護における、超国家的な任務の受託者としての役割を演じている。国民国家は、人権という普遍的な理念に義務付けられている。

公共の福祉のプロトタイプとなる引照項は、国家という公共体である。それにも拘らず、必要な修正を加えれば、原理それ自体はそれ以外の諸団体にも適用可能である。構成員たる地位に基づいて設立されたあらゆる組織は、「善き生」という指導像へと方向付けられるが、それは、そのために組織を手配しその組織が実現を試みている目的であり、そこにおいて構成員が統一され組織が連帯してそれを保証する目的である。その限りで、ＥＵや国連といった超国家的および国際的な諸国家団体の公共の福祉のような、団体の公共の福祉について語ることができる。これらの団体は、加盟諸国家に対してそのつど、優越的な全体の利益を主張する。分権化された国家組織の内部でも、自治団体の公共善と国家のそれ、支分国の公共善と国家全体のそれとは区別されなければならない。

公共の福祉は、公共体の善き生を形成しているあらゆる目標や、それ〔＝公共体の善き生〕が依存しているあらゆる利益が統一体として観念され、共同体に関係するあらゆる規範が合流するところの、諸規則の規則たる統制的理念〔regulative Idee〕である。統制的理念は、指示基準〔Direktive〕や批判的是正基準〔Korrektiv〕として、実定法に先行して存在している。にも拘らずこのことは、統制的理念の内容が予め確定しているということや、実際の諸問題を解決するためには十分に深くその理念に沈静しさえすればよいということを意味しない。課題は所与のものに過ぎないとしても、その解決策は自由な公共体の決定方法に基づいて見つけ出されなければならない。

公共の福祉は、法律上の効果が開かれた最適化要請〔Optimierungsgebot〕である。[19] それは、特定の措置ないし規制によっては、完全にも最終的にも実現され得ない。その消極的な意味は、生活世界においては積極的な意味よりも明晰に認識できる。行為ないし状態が一般に有害であることを確認することは、所与の状況の下でどのような解決が最適であるかを見つけ出すことよりも容易である。

理念としての公共の福祉は、実定法の構成要素ではなくその与件であるが、それにも拘らず実定法を必要としている。その理念は生来、倫理的な性質を有している。その〔＝理念の〕要請は、国家の規範命令を通してのみ法的拘束力を獲得する。その理念は自らの抽象性のために、法律から判決に至る様々な段階における国家法による具体化を必要とする。

国家哲学と憲法政治は、数世紀にわたって、公共善を治者と被治者の不確実な道徳性から独立させること、人間を善くない性質や傾向においてもありのままに受け止めること、そして、「〔悟性を持っていさえすれば〕悪魔の民族にとってすら」[20]〔訳註v〕公共の福祉が役に立つような憲法を発展させることに尽力した。この努力は立憲国家の諸原理と諸制度、なかんずく権力分立と基本権を生み出した。道徳的なリスクはそれによって分散されて減少したが、しかし消滅したわけではない。公共の福祉のエートスへの必要は、止揚できずに残ったままである。

実定法は、国家生活にとって現実的かつ仮想的な意味を有するあらゆる面において、公共の福祉を汲み尽くしたり編纂したりすることはできない。そのような法典化は、まだ思考可能でさえない。というのも、理念はあらゆる法律に先行し、その解釈を嚮導し、解釈が解釈者の独断に帰すことや党派性に淫することを妨げるからである。実定法は、それを拘束力をもって解釈する者の前‐実定的な公職エートスを通してのみ実効性を有する。[21]

第二節　公共の福祉の主体および道具としての「国家」

1　分裂した国家概念

公共善は、昔から「国家の」福祉として理解されてきた。このような関連付けはありふれているように思われるが、国家という概念は多義的であるため、そこにはしばしば不一致が隠れている。ここでは、「国家」という同一の事柄における二つの観点が区別されなければならない。すなわち、一つは公共体（広義の国家）であり、もう一つは支配組織（狭義の国家）である。[22]（狭義の）国家と社会との区別は、公共体の包括的な理解において止揚される。狭義の国家概念は三要素説[23]の意味における国家権力に焦点を合わせているのに対し、広義の国家概念は国民を出発点としている。この広義の理解によって、公共の福祉の座が定まる。公共の福祉の担い手および名宛人は市民の全体、厳密に言うと、諸個人の合計としてのそれではなく、国家的な結合によって統合された「公衆〔Allgemeinheit〕」としてのそれである。ここにおいて、市民と支配とは結び付いている。それに対し、狭義の国家は支配組織であり、公共の福祉を実現するための道具であるが、しかしその保証人でもある。

二つの国家概念は、相争うものではあり得ない。[24]これは一つの事柄の二つの観点を示したものであり、それらを異なるように取り扱うことを可能にする。公共善に関する学説は、このような区分を必要とする。というのも、公共の福祉の必要条件を保障することは支配組織の任務である一方で、問題となっている福祉は国家において統一された市民の福祉だからである。それ〔＝支配組織の任務〕は、市民の安寧を可能にしそれを援助するように定められている。国家の支配は、それ自体のためにではなく、市民のためにある。公共の福祉は、自己目的による権力の行使に対する拒否を含む。これ〔＝国家の支配〕は、それ自体の外部にあって、国民の福祉に根拠付けられた正当化を必要とする。そこに、国家支配の倫理的正統化の源泉、その〔＝国家支配の〕具体的な諸目標や諸課題の基礎、行為の尺度、そして国家の支配が有効であり得る範囲の限界がある。市民の善き生を作り出すために必要かつ有益であるという理由でそしてその限りで、それ〔＝国家の支配〕は正統である。かかる目標に方向付けられておりそれに役立つという理由でそしてその限りで、国家の行為は正当化される。公共の福祉の担い手および道具へと国家概念が分裂していることは、法的義務の根拠付けおよび政治的責任の追及を可能にするための条件である。

2　公共の福祉の名宛人

（1）公共体〔res publica〕のエートス

公共の福祉のエートスは、古代ギリシャ・ローマへと遡る。アリストテレスは、時の権力者が公共的な利益と自身の利益のどちらに目を向けているかに応じて、善き国制と堕落した国制とを区別した[25]。キケロによれば、公共体〔res publica〕が存在しているか否かは、このような区別に依存する。正統な国家性を有する公共体は、公共の福祉を通して形成される。しかし、公共の福祉は国民に関わる事柄である（「それゆえ、公共体は人民のもの〔res populi〕である」）。国民とは、人間のあらゆる任意の集合体ではなく、法の共同承認（iuris consensus）や利益の共同性（utilitatis communio）に基づく人間の結合体のみを言う。公共体は、支配の担い手によってではなく、支配の目標によって設立される。公共体は信託を受けた奉仕、すなわち、国民のための支配である。これは、必ずしも国民による民主的な支配とさえも限らない。民主制は他の諸政体と同様に、権力への権能が国民の福祉から離れることや権力保持者の私利に帰すること、すなわち、政治秩序が公

共体でなくなることに対して抵抗力を持たない。(26)

公共体の伝統は、基本法の基礎に置かれているような、共和制〔Republik〕原理の実質的な理解においてなお生き続けている。公共の福祉のエートスは、世襲君主制の拒否という暫定的な意味に片がつけられて以来、共和制原理の不変の実質を形成している。(27) ただし、支配的な見解は頑迷にも、時代遅れの理解を捨てていない。(28) 国家権力を公共の福祉へと方向付けることはときおり一括りに民主制原理へと組み込まれることもあるが、(29) その際には、国家形式と国家目標との、および国家権力の担い手とエートスとの概念上の区別が、民主制を「人民の人民による人民のための支配(30)」と修辞学的かつ普遍的に定義するという誘惑の中に消えてゆく、という代償が支払われる。

公共体のエートスに対応するのは、公職の制度である。(31) 公職は、国家の公衆の代弁者である国家権能の保持者に委託されている限定された領域を形成する。公職の担い手は国家権力の一部の管理人に過ぎない。その持ち主は、国家の公衆すなわち国家において組織された市民であり、公職の担い手は彼らの信頼を必要とする。公職の担い手は市民に対する責任を担っており、市民に対して釈明しなければならない。国家支配への参画は、私力や私益および自己実現や主体性の放棄という禁欲を要求する。公職において力は義務へと、厳密に言うと、専心的、即物的、非党派的に公共の福祉に奉仕するという倫理的、部分的、かつ法的でもある義務へと変化する。公職の原理は、今日妥当している憲法の主題ではなく、その前提である。それは、そこから――幾重もの媒介を通じて――立憲国家が生じた、ヨーロッパにおける共和制の伝統に属する。(32)

(2)　国家の全体的視点

アリストテレスとともに始まった公共善の古典哲学は、そこにおいて彼らの存在規定が完全に実現されているところの、あらゆるポリス市民と部分団体の統合統一体として、国家を全体的に理解することに基づいている。(33) 完全社会〔societas perfecta et completa〕は本質的に、自らの外にあって自らを超える共同体を必要としない。なぜならそれは、自らの裡に構成員の需要を充足するためのあらゆる前提を含んでおり、それゆえ〔国民経済的な意味ではなく目的論的な意味において〕自足的だからである。「政治的な」共同体の公共善は、構成員の「善き生」である。しかし、「善い」とは幸福で有徳な生活である。国家目標に属するのは、第一に、身体的安全ないし市民的法秩序のような外面的な生活条件の保護である。方法と水準に関して言えば、そのような目的は立憲国家としての近代国家にも備わっているものである。けれども、目的合理的な統一体としての近代国家は原則的にこの領域に限定されたままであるのに対し、完全社会はより高みへ、すなわち人間の完全なる展開である道徳的な完成へと手を伸ばす。アリストテレスは、国家であるためにはそうでなければならないにも拘らず、国家を「単に場所を基準とした共同体、あるいはただ相互侵害に対する防御のためや物の交換〔Tauschverkehr〕を保護するための共同体ではない」と解した。実際、国家という存在に属するのはそれ以上のもの、すなわち、「完全で自足的な生を目的とする、家族や同族たちの下での善き生における共同体」である。[34][訳註vi]

キリスト教の時代において、アリストテレスの学説はトマス・アクィナスによって神学的に一段と高められた。すなわち、公共の福祉は来世の救済に向けられており、最終的には神の律法に基づいている、と。[35] トマスにおいては、教会にも完全社会の称号が授けられたが、ただしそれは超自然的な領域に適用された。国家は、〔単に世俗的では決してないとしても〕自然的な領域に追いやられることによって、その全体性において相対化された。[36] トマスは、精神的な領域と世俗的な領域とを区別することによって、あらゆる権力分立のうち、キリスト教とともに政治世界へとやってきた最初の権力分立を妥当させた。

ヘーゲルは、個人の自由という点において近代的な主体性の萌芽を有する完全社会という古典的な国家構想を更新し、分裂と統一の弁証法的な過程を通じて個人と市民社会が国家という全体へと帰着するような全体的な体系を描写したのであるが、その国家とは、制度と精神がともに、必要国家および悟性国家〔Not-und Verstandesstaat〕[訳註vii] として功利的に行動すること〔Nützlichkeitsveranstaltung〕を超えて道徳的な理念の実現へと高められたものである。[37] ヘーゲルによる近代の国家構造は、古典的なそれの次元に到達しかつそれを凌駕した。けれども彼は、そのことによって、全体として孤立していた。哲学的な理論であると同時に国法上の理論でもある立憲国家の理論は、市民の生存と自由への欲求のために組織された必要国家および悟性国家に限定される。公共の福祉という視座はそれとともに失われた。公共の福祉の道具としての国家は、公共の福祉の主体としての国家への展望を遮った。

より新しい憲法理論の中で一つの例外を形成するのが、憲法による区別と除外を超えて、社会生活の現実や文化連関である公共体として国家を把握するスメントの統合理論である。[38] ただし、この構想はほとんど内容空疎である。国家性が、統一体形成の持続的で開かれたプロセスへと間引かれているように見える。にも拘らず統合理論は、国家の全体的な視点を、少なくともその外面的な輪郭において保持している。それ〔＝統合理論〕は、公共の福祉という主題設定への道をも空けている。[39] 皮下で引き続き効力を有している前近代的な理論伝統が含んでいる豊かさは、時代と憲法に適合した今日的な公共体の理論が開拓されることをなお待ち望んでいる。

（3）領域相対的国家　支配的な見解によれば、立憲国家の時代において、国家性の地平は公共体の伝統よりも狭く定められているように見える。すなわちそれは、組織された決定統一体および行為統一体という、狭い制度的な理解における国家へと限定されている。実際のところ、立憲国家は公共体の生活全体をではなく、法的に把握された部分のみを覆っているに過ぎない。立憲国家は領域相対的な国家であって、[40] その可能な活動範囲は市民の自由のために諸々の基本権によって限定され、その行為の潜在能力は必然的に制約される。「基本法は、潜在的に全てを包括する国家権力を描いているのではなく、国家の目的を公共の福祉の維持へとより物質的に限定しており、その核心にあるのは自由と社会的正義である。諸々の自由権の保障は、基本法が国家を、それに基づいて国家が人々に信仰や思想といった最も内面的な領域にまで生活の形成を指示することが正統化されるような、救済計画の番人として理解しているわけではないことを表現している[41]」。

社会的法治国家としての憲法上の形姿において、立憲国家は諸個人と社会とを併せた基本権の担い手と対立する。ここでの国家は公共体の二つの極の一つなのであって、それらの統一体ではない。かかる微分的な観察方法は、ある種の憲法上の観点においては必要であるが、しかしそれが、立憲国家の諸制度がそのために存在する公共体という主題設定の消失に至ることは許されない。公共の福祉の理論は、公共の福祉が根付きまた反作用を及ぼす公共体の理論を不可避的に前提とする。

立憲国家の特殊な所与性になじむのは公共の福祉のより新しい解釈であり、それは、アリストテレス的・トマス的伝統に起源を有するにも拘らず、国家と社会の区別を受け入れ、諸個人や諸集団の諸利益に基づく国家の個人主義的な正統化を自らのものにしている。公共の福祉は今や、「諸集団にもその個々の構成員にも自己の完成をより十全かつ容易に達成することを可能にする、社会生活の諸条件の総体」として現れている。[42] このような新しい決定において、公共体の全体性から制度化された（狭義の）国家へという、古典的な視点に対する視座転換が生じる。事物的な射程は、諸目標の地平から目標達成の手段へと限定される。公共の福祉は、領域相対的国家としての立憲国家に与えられている、責任領域および（潜在的な）任務領域へと退却する。

目標を手段で置き換えることはできないために、概念の限定は欠缺を生み出す。今や、（手段としての）公共の福祉の背後に（目標としての）公共の福祉を名指す必要がある。[43] かかる根拠——もちろんそれだけではないが——は、目標相関的である古典的な公共の福祉理解に拘ると同時に、そこにおいて立憲国家が自らの決定や諸前提を必然的な部分統一体として、それもただ全くそのようなものとしてのみ認めるところの、国家生活の全体に向けた概念に拘ることを擁護する。公共の福祉に関する包括的な概念は、立憲国家のより狭い作用領域を画定するための、国家理論上かつ国法上の限定および区別の基礎を形成する。

（４）憲法による資格付け　キケロは国家の公共の福祉を人民のもの〔res populi〕と表現したが、これを今日の法的言語に翻訳することは困難をもたらす。即自的には、ラテン語の populus という言葉を表すのはドイツ語の Volk である。けれどもこの言葉は多義的であり、法的な意味連関に応じて異なった意味を受け入れる。[44] 民主制の正統化の源泉として国民を理解することと、公共の福祉の担い手や正統な行動の名宛人としての国民とは合致しなくてもかまわない。それにも拘らず、前者であれ後者であれ、定義の基礎は国籍である。[45] それ〔＝国籍〕は、長期にわたって付与された、原則として排他的な身分法上の紐帯を、その保持者と国家との間に結び付けるのである。保護と服従との関係は国籍に基づいている。個人は、たとえ世界のどこに滞在していたとしても、保護を与えられる。良くも悪くも、彼は自身が属する国民の運命共同体に束ねられている。しかしながらそのことから、公共の福祉がもっぱらドイツ国籍保持者に適用されるという帰結は出てこない。むしろ、ドイツの領土高権の支配下にあり、ドイツの基本権に依拠し、ドイツの国家権力の保護を必要としている限り、公共の福祉は外国人をも把握する。身分法上は、外国人は外国の国家団体に帰属する。けれども外国人は、例えば住所、職場あるいは財産の所在を通じて国内社会に取り込まれている程度において、国内の公共の福祉に関与している。それゆえ、公共の福祉の名宛人は社会[46]、すなわち、ドイツの国家権力が憲法上その利益を尊重し保護しなければならない、基本権の担い手の総体でもある。そこには、国籍保持者もただの滞在者も、そして自然人も法人も属する。このような共和制的な意味において、ベルリンにある国会議事堂の西表玄関に刻まれた「ドイツ国民のために」という前立憲的な碑文は理解し得る。それは、今日ではこの建物に入っているドイツ連邦議会に対する、ドイツ国民に奉仕することへの義務付けを宣言している。内容から言えば、この献詞は「国家の安寧が最高の法なり〔salus civitatis suprema lex〕」という古典的な格言に相当する。この印象的な文面は、「国民」と「社会」との概念上の区別や、ドイツ国籍保持者と在留外国人との法的な区別に先行する。碑文それ自体は、ナショナリスティックな不遜さも内向性も放ってはいない。国民国家を国民の福祉へと義務付けることは、国民国家が国家を超える課題を自らのものにすることや、普遍的な諸目標に開かれることを排除しない。世界市民的な視点は、公共の福祉に関する学説の古典的人物であるキケロにおいて早くも見出される。すなわちキケロによれば、人は同胞のことを思いやらねばならないが外国人にはその必要はないと言う者は、全人類を包括する共同体を廃棄し、慈悲、篤志、善意および正義を徹底的に排除し、神々に対して冒涜を働く者である。[47][訳註viii]

ホフマン・フォン・ファーラースレーベンが一八四一年に作詞した、今日のドイツ国歌である「ドイツ人の歌」の第三節[48]は、公共の福祉の簡潔で力強い詩的綱領になっている。公共の福祉は「統一と法と自由」、すなわち国民の内的団結、法の支配、自由の現実に由来する。しかしこれらは全て、既に存在しているものでも確固として保障されてきたものでもないように思われる。むしろそれらは、「皆が求める」諸目標である。「統一と法と自由」のトリアーデは、それだけでは公共の福祉ではなく、その「あかし」すなわち前提および保証であるに過ぎない。公共の福祉それ自体は、その輝きの中で祖国が栄えている幸福、つまり古典的伝統の善き生〔vita bona〕である。公共の福祉の名宛人は「祖国ドイツ」、すなわちドイツの国土と国民である。ドイツ人は、統一と法と自由とを求める共同の努力において国家へと辿り着く。道徳的な基礎は市民の連帯である。連帯は感情と行為の中で真価を発揮する――「兄弟のように心と手を携えて」。これこそまさに愛国心である。これ〔＝愛国心〕は「統一と法と自由」という国家価値および憲法価値から発火するものであり、現実離れしたポスト・ナショナルな憲法パトリオティズムという無味乾燥な構成とは何の関係もない[49]。逆にここでは、道徳的な諸価値に従うことによって、古典的な意味における愛国心である、繁栄している現実の祖国への愛が呼び起こされる。

「祖国ドイツ」という詩的な呪文は実態に適合している。というのも、公共の福祉の引照項には、民主制の国民概念――普通かつ平等な選挙権保有者の範囲としての国民――が要求するような精密な定義は不要だからである。公共の福祉という理念は、抽象的・一般的な優遇措置の射程を完結的に決定し得るためには余りにも不明確である。人的な射程は、国家間の結合や国家を超えた統合によって拡大する。それ故、この点において公共の福祉は拡散したままである。それに対して、公共の福祉は事物的な観点における区別、すなわち、市民の部分的諸利益や固有かつ特殊な諸利益と、公職の担い手による自身および恩顧者の利益取得への欲求との区別に狙いを定めたものである。実際のところ、ここでも境界を決定することはしばしば難しい。公共善の担い手がしばしば「公衆」と呼ばれるのは、偶然ではない。「公衆」の内部ではいかなる境界も認められないが、この概念は外部に対しては特殊性という概念から区別される。それは公共善という理念に相応しい。

3　内容上の区別

(1) 公共の福祉—部分の福祉

公共性には二つの観点がある。それは、公共の福祉が適用される人的な範囲、つまり公共体（主観的な公共性）とともに、「公共の最善（allgemeines Beste）」を形成している事物（客観的な公共性）をも表す。[50] 事物はそのつどの人的範囲に依存する。人的範囲の需要と能力から生じるのが公益であり、そこから再び公共の福祉の凝縮物が生じる。

客観的な観点において、公共の福祉は、公共体の構成員——個人であれ集団であれ——が有する特殊かつ固有の諸利益とは区別された、公共体全体に関わる事柄を意味する。公共の福祉に関するラテン語による古典の用語法においては、bonum particulare（bonum proprium）と区別された bonum commune や、res privata と区別された res publica に関わる問題である。[51] この区別は、公益と私益との区別に対応する。公共の福祉は公益の総体と規定され得るが、しかし、私益の裸の集積から生じるわけではない。むしろ公共の福祉は、固有かつ特殊な性質を有する。なぜならそれは、諸目標における公共体の統一や、その中で全ての市民を彼らの分散的な私益を超えて結び付ける「公共的な」利益を、体現するからである。「個人的なものと共同のものとは一致しない。およそ物事は各個人に固有のものの場合には一致せず、一致を見る場合は共同のものなのである」。[52](訳註ix)

もちろん、公共善という目標における公共体の統一は規範的な理念に過ぎない。政治的な実践において、公共の福祉が具体的な状況において何を要求するのか、公益は衝突する部分利益に対する優位を与えられるのか、調整は果たしてまたいかに達成されるべきなのかについては、広く議論の余地がある。けれども理念的に言えば、それは非両立ないし二律背反の項に関わる問題ではない。なぜなら、全体の福祉は部分の福祉を包含するからである。団体は構成員の利益を、そして構成員は団体の利益を、自らのものにしてもかまわない。私益は公益に変わることもあり得るし、[53]公益に従属することもあり得る。だから――憲法上は、公共の福祉のためにのみ認められる（基本法一四条三項一文）[訳註X]――公用収用は、一定の留保の下で、その活動が公共の福祉にとって直接的な利益をもたらすような私企業のために行うことさえ許されている。[54]公共善と部分的な善は相互に前提としあっているが、他方で、両者の間には自然な緊張が支配している。ここで背負わされている潜在的な衝突は、拘束力のある決定を行うために、そして必要であればそれを貫徹するために、国家という制度が用意されていることの必要性を明らかにしている。対立している個々の諸勢力を公共の福祉へと向かわせ、現実の秩序統一体（unitas ordinis）を確立するという任務に基づく国家権力のかような正当化は、近代が「誰が判断するのか〔quis iudicabit?〕」という問いの政治的な性格を認識し、主権的な決定統一体および平和統一体としての近代国家の創造によってそれを解決したのに先立って、既にトマスによって与えられていた。[55]

公共の福祉の決定、対立する諸利益の評価およびその調整に関する実際の諸規則は、実体的な国家倫理学の枠組みないし（国家倫理学上の最小限を確定する）憲法の枠組みにおいてのみ明らかになり得る。民主的法治国家の憲法において、この種の諸規則は、諸個人および社会的諸団体の諸利益の基本権による保護、市民が法的および社会的に発展するための諸条件の保証を包括する諸々の国家目標、公共の福祉のために市民に義務を負わせることを可能にするための法的諸条件、および、かかる可能性の限界において定められている。

公共の福祉は国家団体とその構成員との対内的な関係に適用される。公共の福祉は確かに国家の対外的な諸利益をも把握するが、にも拘わらずこの諸利益を団体内部の視座から評価する。しかし、国家が自身から見るとより大きな団体に（支分国が連邦国家に、国民国家が超国家的共同体に）属する場合、対内的には公共の福祉として現れている団体の利益は、対外的にはより包括的な全体利益と関係付けられることによって相対化された部分利益として現れる。公共の福祉のエートスは両義的である。それは、団体とその構成員との内的関係においては利他的に現れるのに対し、競合的ないし上位の諸権力との外的関係においては利己的に現れる。対内的には無私の奉仕を目指している国家団体は、対外的には私益の原理に従う。しかし国家が自身から見るとより高次の団体に属している限り、私益を手なずけてより高次の公共の福祉へと導くことができる。伝統的な国家倫理学は、公共の福祉を、本質的には市民と国家との関係に適用される政治的な国内道徳の問いであると理解していた。それは、対外的な事柄には手を付けずに、それを道徳には無関心である国家理性（「神聖な利己主義〔sacro egoismo〕」）に委ねた。それに対して今日では、外交が法的および倫理的な諸規則の一層密になった網に編み込まれている。超国家的および国際的な諸団体は、ますます国家の利己心を規制し、公共の福祉に関する国家を超えた諸利益へと国家を義務付けている。このように、公共善という理念は、内向的で自足的な国家性という時代錯誤の観念には拘束されない。すなわちそれは、世界市民的な視座によって、人類的な公共善の潜在能力よりも広く、国家を超えた統合に開かれている。(56)

(2)　無私―私益　公共の福祉と部分の福祉という概念対とは異なる水準で、無私と私益（利他主義と利己主義）という概念対が保たれている。二つの水準はとても密接に並んでいるために、これらの範疇は容易に混同され得るが、(57)しかしながら、それらは厳格に区別されなければならない。なぜなら、立憲国家における公共の福祉構想はこの区別に基づいているからである。公共の福祉と部分の福祉は目標に着目するのに対し、無私と私益は手段に着目する。一つ目の水準においては事物が問題になっているのに対し、二つ目の水準においては手続が問題になっている。すなわち、後者においては綱領が問題になっているのに対し、前者においては実行が問題になっている。

国家の職務管理者は無私益的かつ専心的に、公共の最善に仕える義務を負っている。服務法や職務倫理において、公共の福祉と無私とは必然的に相互に結び付けられている。けれども、少なくとも立憲国家においては、国家の活動に妥当するものが、所得を得るという意図を持っているにも拘らず、市場経済における職業生活への参加を通じて間接的に公共の福祉の促進に寄与しているような私人の行為にも、必然的に妥当するわけではない。

よりリベラルな期待によれば、公共の福祉は、主観的な動機からは独立した客観的な効果として、私人による利己的行為間の開かれた競争から間接的に生じる。基本法上の租税国家は、自身の立場から収益の一部を吸い上げるために、まさに市民の正統な経済的私益を当てにしている。それによって国家は、とりわけ十分な自己扶養を行う能力がない人たちへの社会給付のような公共の福祉にとって重要な任務に、資金を調達するための手段を得るのである。[58]

利己的な意図の欠如は、「公共の福祉を志向していること」を無条件に証明するわけではない。[59] なぜならそのためには、判断力、政治的賢慮、責任感、経験が必要だからである。しかしこのような諸性質は、使命感のある理想主義的な世界改良者の領域においてよりはむしろ、自分の家庭や職業上の生活領域のための活動的で「私益的な」配慮や、自身の政治的利益の保持において見出されるであろう。利益が現実に立脚していない場合、志操は容易に良識〔common sense〕から剥離する。「より高次の事柄」のために公共体の法法則〔Rechtsgesetz〕や生存の必要を安んじて無視しがちな政治的道徳主義は、しばしば急速にはびこる。[60]

基本法による団結の自由の妥当範囲において、公共の福祉にとって重要な労働条件および経済条件の規制は、協約当事者の自治に、すなわち部分利益の私益的な代表者たちに委ねられている。[61] その他の点では、公共の福祉の促進は善き意図の問題ではなく善き結果の問題であって、アダム・スミスが教えるように、この両者は必ずしも一致する必要はない。ときおり、「私的な悪」から最終的に「公共の利益」が生じ得ることがあるのは、（ミツバチの）寓話の世界においてだけではない。

現行の租税法は、私的団体が税法上の優遇措置を受けられる公益性という地位を獲得するための諸前提を決定する際に、国家哲学や憲法理論よりも、公共の福祉の産出に関する目標と手段との相違を明瞭に浮き彫りにする。公益性は、一方ではある重要な領域における公共性を客観的に証明可能な方法を用いて促進するという法律が指示する目的によって（租税通則法五二条）、他方では目的の実現における無私性によって（同五五条）、構成される。

租税優遇措置は、団体が公衆や隣人に奉仕するにあたって、それ自体としては正統な私益を任意に放棄することに対する調整を行う。租税法上の例外状態は、通常は無私ではないことによって納税義務が課される市民の給付が、市民の立場からは公共の福祉に関する事柄に有益であり得る、という原則を証明する。(62)

(3) 国家理性─正義─公共の福祉

公共の福祉は国家の存在理由〔raison d'être〕であるが、それは国家理性と同じものではない。(63)マキアヴェッリにおけるその精神的な起源に従えば、「国家理性〔Ragione di Stato〕」は狭義の国家、すなわち政治的支配の所持に向けられている。それにとって問題なのは、運命の女神〔Fortuna〕の気ぐれの下に置かれた、変転極まりない内政上および外交上の諸状況における権力の構築、獲得、維持および増大のための戦術的な要請である。国家理性は国家倫理学上の目標ではなく政治的な打算を、公共的な規範ではなく、必要な場合には道徳的および法的な命令を無視するような状況に制約された政治的なるものの賢慮を、形成する。国家理性という理念においては、宗教、倫理および法の諸規則からの独立とともに、公共善という理念の源である秩序と伝統からの独立を求める、ルネサンス以降に目覚めた政治的なるものによる要求が呼び起こされる。果たして権力を巡る闘争は、国内における諸政党の闘争であれ諸国家による外交上の闘争であれ、決して公共の福祉の問題ではない。国家に関して言えば、公共の福祉の原理が非政治的であることは明らかである。なぜなら、マックス・ヴェーバーによれば、政治とは「国家相互の間であれ、あるいは国家の内部で、すなわち国家に含まれた人間集団相互の間であれ、権力に関与し、権力配分に影響を及ぼそうとする努力(訳註xi)」であると解されるからである。(64)まさしく公共の福祉は、誰が統治するかではなくどのように統治がなされるべきかを述べるものに過ぎないために、古代以来、国家形式を巡る問いとは無関係であると見なされてきた。たとえ誰が統治しようとも、彼(女)は公職の義務へと束ねられる。古代ヨーロッパの伝統においては、公職の徳や市民の徳のみが国家の幸福を保証するという思想が生きていた。(65)ルネサンスにおいて、政治道徳が成果を保証することへの信念や運命の女神をないがしろにすることに対抗したのは、国家理性の教義であった。

公共の福祉という理念は、正しい法の指導像である正義という理念と似ている。これらの諸理念は、妥当様式や抽象度の高さにおいて相互に等しく、内容において相互に重なり合っている。公共体の善き生に必要なのは、正義に適った法秩序である。しかし、正義という理念は国家的なるものの領域を超える。それは、公的および私的な、あるいは拘束的および個別的なあらゆる法関係を把握する。他面、公共の福祉は法的なるものに埋没するものではなく、国家生活の規範的な枠条件を超えて、現実かつ全体としての国家生活それ自体に照準を当てる。公共善は、社会の物理的な生存、自然的かつ文明的な生活条件、経済的かつ文化的な発展——中世の用語法においては「善き生〔vita bona〕」と、一八世紀には「至福〔Glückseligkeit〕」と呼ばれ、フリードリヒ・マイネッケによって「民族共同体の身体的、道徳的および精神的健康[66]」と言い換えられた、諸目標の全体および統一体——を包含する。公共の福祉は行為者に、正義だけでなく賢明さをも要求する。そのどちらも古代・中世の理解における徳である。理念の世界においては、公共の福祉と正義との調和が支配している。〔しかし〕現実には、それらは互いに対抗し得る（「国家の利益が正義に見えないことに高潔な閣下は不信を抱くのです[67]」）。公共体の生存を保護するために法治国家という手段では不十分であるという極端な場合には、真正の矛盾にさえも引き裂かれ得るのであって、法治国家は「たとえ世界は滅ぶとも正義は行われしめよ〔Fiat iustitia, pereat mundus〕」という英雄的で簡潔な箴言の受け入れを望まない[68]。

第三節　実践理性の要請

1　所与の計画としての公共の福祉と、課せられた計画としての公共の福祉

アリストテレス的・トマス的伝統を有する国家学において、公共の福祉は、哲学的な認識にとっては明らかで

あると同時に政治的には意のままにならない、所与の秩序計画として現れる。公共善からは、治者と被治者に妥当すべき徳と義務の法典が導き出される。学説は、歴史を超えた国家の本質とその目的とに目を向けるのであって、空間的・時間的に制約された現実かつ実際の国家に目を向けるのではない。公共の福祉に対する認識が実際に移り変わることは、所与の公共の福祉が具体的な状況において何を要求するのかを解釈する所与の権威が用意されている限り、伝統の軌跡において問題にはならない。(69)

国家目標に関する伝統的な学説の前提である、認識に対して楽観的な主知主義が近代の思想によって打ち砕かれてからは、主意主義の萌芽の出番となる。すなわち、公共の福祉はもはや解釈者による認識の対象としてではなく、政治的な決断の対象として現れる。公共の福祉は、政治的行為の前にア・プリオリにあるのではなく、政治的行為からア・ポステリオリに生じる、政治的行為の産物である。すなわちそれは、国家（そこで組織された人間集団）が選び取る目標であり、国家が初めから献身する目的ではない。(70) 国家の全目標は、前近代的な表象におけるようにもはや所与のものではなく、課せられたものであると同時に、歴史、政治的課題の多様性および変転、政治的行為の自由に開かれている。公共の福祉の内容は、あらゆる時間と空間に対して固定されたものではない。公共の福祉は、コゼレックの意味における運動概念であることが分かる。(71) 総じて、国家学にとって意義を有していた公共の福祉の内容は、今やその内容を誰が決定するのかという問いへと席を譲っている。かくして、公共の福祉は本質的に、権限と手続に関する形式的でそれ故に内容空疎な問題として現れる。

けれども伝統との対立は、文献において一般に行われている対照的な対比ほどには、実際には険しくない。つまり、公共の福祉の内容を決めることが課されたとき、それと同時にその課題そのものは既に与えられているのである。それは主題であって解決ではないが、しかし主題はあり得る解決の余地を決定する。公共の福祉を求める問いは、回答の可能性を前もって決定し限定する。立憲国家はこの問いを回避できない。

2　理論的なジレンマ—実践的な不可欠性

公共善への理論的な取り組みは、個人主義と基本権デモクラシーの諸条件の下で果たしてまたいかにして多元的な特殊利益から公共の利益が発生し得るのか、[72] 公共の福祉には一般に内容上の同一性が備わっているのか、言葉が持つ広大な領域は任意の意味に開かれていないのかといった、無数のアポリアに遭遇する。アリストテレス的・トマス的に刻印付けられた公共の福祉に対する理解は、認識批判・科学批判・イデオロギー批判、形而上学および自然法からの離反、スコラ哲学およびヘーゲル主義に対する論争の渦に巻き込まれる。[73] 慎重かつ超越的な努力の果てにしばしば現れるのが、公共の福祉は空虚定式であるという判断である。[74] ここで表明されている不可知論は、もし首尾一貫させるならば、例えば「正義」および「人間の尊厳」、「自由」および「平等」、「民主制」「法治国家」および「社会的な」国家目標といった、抽象度が同様に高く意味が可変的であることが明白な諸概念に対しても向けられなければならないだろう。[75]

けれども、公共の福祉に対する不可知論は純粋な学問の水準でのみ繁栄する。理論のジレンマに直面しているのは、公共の福祉という概念（ないしその類義語）が不可欠であるところの、実践理性の要請である。国家による実践は、認識哲学および国家哲学上の難問というゴルディオスの結び目を切断し、公共の福祉という概念を論拠として用いる。政治、行政および司法は、既存の諸評価や諸規範の文脈における所与の決定状況のために、公共の福祉という概念の内容を解釈する。[76] 立法者や法適用者はそのつど、自身の管轄領域において、公共の福祉という理念を相手にしている。彼らは、公共の福祉の内容をそのつどの事情に従って具体的に決定するという任務を託されている。[77] それ故、国家生活のあらゆるアクターは、公共の福祉という理念の妥当性を前提としている。修辞的な強調や政治的な濫用の彼岸で、公共の福祉への訴えの背後には、国家の統一を諸々の国家目標において体現する公共の福祉という理念の必要性がある。

このように理解された公共の福祉は、実定法上の規範に基づいているのではなく、その妥当性はあらゆる実定化に先行している。しかし、前実定的な妥当性は、本質目標というアリストテレス的な存在論やプラトン的なイデア論における基礎付けを必要とはしない。国家実践および法実践の理解において描かれているように、公共の福祉は、プラトンの意味におけるイデアではなくカントの意味における理念、すなわち、客体に関する理論的な認識ではなく主体に関する必然性を言い表した実践理性の要請である。理念は、主観的であるにも拘らず無条件的な、真の理性の必然である。(78) 公共の福祉は、未だ実際には存在しておらず法秩序を確立していない諸利益の統一体や、経験や規範において未だ見出されていない完全な公共体を、それ自体として描写する。公共の福祉は、国家の正しい行為に関する思想を、問題を孕んだ特定の目標へと方向付ける統制的原理である。(79) 統制的原理は、実定法のバラバラな素材を意味のある構造へと分類することによって、法と倫理から解釈学へと領域を超越する。

公共の福祉という理念は、リベラルな民主制にとって理性の必然である。それ〔＝リベラルな民主制〕は目標や意味を死活的に必要とする。国家統一体は、その構成員が彼らの特殊かつ各自の利益を超えた公共の利益を認識し、抗争し競合している政治的な諸勢力が、彼らの努力が向けられており、かつ彼らの行為を正統化するところの共通の最終目標に関する理念において一致した時にのみ、存続することができる。共通の目標〔Sache〕という理念なしに、国家統一体が絶えず確立され、維持され、更新されなければならないような統合のプロセスは不可能である。(80)

公共の福祉は、そうあるべきだという公共体の表象を描くものであり、必ずしも現実と一致するとは限らない。公共の福祉は、国家生活の模範であって模写ではないが、それでもその基準となることは可能である。公共の福祉は政治的な希望や国家の活動性を解き放つことができる。理念は法形成の指針であってその対象ではない。それは、法秩序や国制の特定の状態に完全かつ最終的に埋没してしまうということはない。むしろそれは、正統化としてであれ、刺激としてであれ、七〇年代の初め以来の生態系上の諸問題(81)や、現在における、人口減少が産業社会やその古い保護体系の将来および国民の物理的な存続に対して投げかける問い、並びに、未知なる文化からの移民が社会とつながるために引き起こす問いのような、歴史的状況がもたらす新しい諸課題を受け入れる受容体としてであれ、政治的な権利の彼岸で、少なくとも潜在的には依然として作用している。[82] もちろんだからといって、政治的および経済的に有力なあらゆる利益が公共の福祉の一部であるわけではない。ある利益が公共の福祉に属するのは、それが有力であるからではなく、それが正統であるときである。その利益は、公共体による政治的および法的な評価を必要とする。かくして、個々の選好序列の裸の集積が公共の最善を形成するわけではない。[83]

理性は「自身の構想の限界」を知らないので、[84] 公共の福祉という構想は此岸では無限に広がることができる。けれども実践理性の要請は、空間的・時間的な所与の状態と行為条件において現実の国家団体に適用され、そのために、純粋なユートピアへと流れ去ることを制約され妨げられている。指導像は、時間を超えた諸準則を通じてではなく、国家行為が不可避的に援用しなければならず、かつ国家行為の余地を決定する歴史的な諸準則――その時々の状況の要請（マキアヴェッリの意味における必要〔necessità〕）、政治的需要、現行の諸規範――を通じて、内容を刻印される。歴史的・具体的な諸準則は、公共体のあるべき状態についての省察をも決定付ける。公共の福祉が法実践において意義を有するのは、普遍的な状況における理念型としての国家に関してではなく、歴史的な具体的状況における個々の国家に関してである。

第四節　憲法律[訳註xii]の規制主題としての公共の福祉

1　公共の福祉に関する一般的な宣言

バイエルン憲法は、法治国家、文化国家、社会国家であるバイエルンは「公共の福祉に奉仕する」という、簡潔な規定を含む。[85] 同様に、ラインラント=プファルツ憲法は、「人間の個人的自由と自立性を保護し、諸個人および国内諸共同体の安寧を公共の福祉の実現を通じて促進する」という任務を国家に割り当てている。[86] この憲法は、「公権力の権利と義務は、公共の福祉の自然法上の要請によって根拠付けられ、限界付けられる」と、国家権力を公共の福祉に基づいて定義する。[87] 他方でこの憲法は、あらゆる公民の基本義務として「肉体的および精神的な力を、公共の福祉に適合するように活用すること」を定める。[88] 複数の州憲法においては、経済活動は全国民の福祉と全国民の需要の充足に奉仕しなければならず、[89] 諸個人の経済的自由は公共の福祉の要請にその限界を有するというプログラム条項さえも見出される。[90]

バイエルン憲法における公共の福祉への信仰告白から司法上の意義を引き出し、バイエルン最高裁判所〔Bayerisches Oberstes Landesgericht〕を解散するための法律に対する抗弁として用いるという試みは、バイエルン憲法裁判所〔Bayerischer Verfassungsgerichtshof〕によって退けられた。すなわち、公共の福祉という概念の内容は、議会制民主制〔parlamentarische Demokratie〕においては最終的に立法者によって形成されるのであり、その限りでメタ法学的で政治的な由来を有する。憲法によって予め与えられた形成権能の枠内で公共の福祉に資するように裁判組織を定めることは、第一に立法者の責務〔Sache〕である。その際に立法者が、一義的に反証可能であるわけでも明らかに誤りがあるわけでもない実質的な考量を行っている限り、憲法裁判所もその考量を承認しなければならず、その考量を無視することは許されない。そして、立法者の評価と考量が明らかに誤っているわけではない以上、公共の福祉に関する憲法による委託に抵触するわけではない、と言うのである。[91]

基本法のヘレンキームゼー草案は、「国家が人間のためにあるのであって、人間が国家のためにあるのではない」という公共の福祉の個人主義的な定義とともに始まる。[92] ボン基本法の制定者は、明確に認識できる法的性格を持たない格言であるとして、この提案を自らのうちに取り込むことはしなかった。すなわち、それは「誤って理解されたヘーゲル」に対する根拠のない論難を含んでいる。国家が「補助的なもの」とけなされることによって、国家基本法が国家の侮辱とともに始まることは許されない。なぜなら国家も固有の尊厳の担い手だからだ、と言うのである。[93] 実際のところ、もしそのような規定があれば、原則的には裁判の対象となり得る法実践上の規定に限られ、法的な枠憲法〔Rahmenverfassung〕であるべきだという穏健な野心にのみ導かれた、基本法の様式には相応しくなかったであろう。[94] 公共の福祉を国家目標として一般的に宣言することが、直接の法的効力をもたらすことはできなかったであろう。それは、国民教理問答の教義（volkskatechetischer Lehrsatz）よりもわずかな規範しか持たない、高度に抽象的な綱領に留まったであろう。ただしそのような書き方は、自身の命題が操作可能かを問わない、多くの州憲法の教訓的で信仰告白的な書き方には合致したであろう。

連邦議会と連邦参議院の合同憲法委員会は、一九九三年に、基本法に「何人も同胞性と公共心を呼び覚まさなければならない」という内容を備えた二a条を加えようという提案を退けた。市民の徳への訴えが、個々人の意識や振舞い方を新しく方向付けるための信号として作用し、人間存在のコミュニケーション的・社会的な側面に対応する手はずになっていたのであろう。けれども、憲法政治の主導権は、倫理的な訴えは貫徹可能でも制裁可能でも裁判可能でもなく、それ故ひっくるめて、徳のカタログとしてではなく法的拘束力に狙いを定めている基本法における異物である、という抗議に屈した。すなわち、基本法は本質的に厳格な法的憲法として、国家権力の構成、配分および統制並びに請求可能な諸権利の基礎付けに限定される、と言うのである。[95]

2　超実定的な公共の福祉への準拠指示

基本法は、連邦大統領、連邦宰相および連邦大臣が行う就任宣誓の文面において、明文で公共の福祉を援用する。最高位の官職保持者は、その力を「ドイツ国民の福祉」のために捧げ、その利益を増進し、国民を損害から免れしめることを誓う。[96] 彼らの時々の職務は実定法上の命令の遵守には汲み尽くされず、むしろ国民の善き生の全体的な指導像へと方向付けられる。それは合法性以上のもの、すなわち、信託に基づく公共体への奉仕のエートスたる道徳性を要求する。宣誓が確認する諸々の義務は、実定的な憲法および法律を超越し、実定法の前にあり実定法が埋め込まれたエートスへと行き着く、倫理的なメタ憲法である。公共の福祉のエートスは、他方また、法的な要請や法学的な基礎付けの潜在的な源泉である。連邦憲法裁判所は「公共の福祉の促進は、特別税の立法者をも含む、あらゆる国家活動の必要不可欠な目標である」と、断固として宣言している。(97) 裁判所は、継続中の被選期間に与えられた諸課題が特に困難であるという理由で任期満了前に連邦議会を解散することを拒むに際して、公共の福祉に奉仕するという最上位の連邦機関への自明の義務付けを持ち出した。「連邦宰相、連邦政府および連邦議会が憲法上そのような諸任務に最善の力に基づいて立ち向かわなければならないことは、公共の福祉への義務付け、彼らに国家権力が委託されていること、そして最終的には国家性の意味から生じる」。(98) 初めから特定の階級の諸利益と同一視されているわけではない「全体の福祉」は、「あらゆる市民の福祉のおおよそ均等な促進や負担のおおよそ均等な配分」を求める彼らの努力において、「法治国家という形式における社会的民主制」の目的〔Telos〕として現れる。「法的に定められているか前提されている規則の体系」は、基本法上の秩序が「最終的には全ての人に要求できる方法で全体の福祉を実現できる」ことを保障する。(99) 基本法は法秩序内部の部分秩序にさえ過ぎず、そして法秩序は社会生活の全体秩序内部の部分秩序に過ぎないことが分かる。裁判所は、職能身分による自治に対して国家の地位を基礎付けた際に、不文の国家目標を援用した。すなわち、国家は「自らの立法権力を通じて、集団の諸利益に対する公共の福祉の番人であるという任務」を果たすのだ、と。(100)

3　基本権諸規範の公共の福祉への関連付け

「公共の福祉」は、基本法上の所有権の保障において二度言及されている。所有権の行使は、自明のものとして前提されている私益と並んで、「同時に公共の福祉に資するべきである」。(101) 他方で、公用収用は「公共の福祉のためにのみ」許される。(102) かかる定式は両義的であることが分かる。公共の福祉は、基本権行使の目標と基本権侵害の障害を演じている。一方でそれは所有者の自由を制限し、他方でそれは彼（女）の所有権を保障する。憲法律による公共の福祉への義務付けは、それ自体では未だ所有者を法的に拘束するものではなく、正式な法律による翻訳を必要とする。所有者にとって、公共の福祉はただ自身の良心への呼びかけを意味するのみである。これは憲法理論的に見ると、基本権行使への憲法上の期待に関わる問題である。[103] 国家はその履行を、簡単にはそして全面的には強制することができない。法的強制は、法律の留保に従うために、憲法の水準ではなおも開かれていて不確かな要請をはっきりと所有権の内容や制約として描き、過剰侵害禁止の基準に従い公共の福祉に基づいて自ら正当化されるところの、法律上の根拠を作り出した場合にそしてその限りでのみ許される。それに対して、公共の福祉は直接的な法的拘束力を有する公用収用の前提であり、そのために公用収用を行うことが許されている唯一の正統な目標である。国庫のためとか集団の利益のためといった動機は排除される。それ故、公共の福祉を要求することは基本権の保護に資する。[104] 区別された規範的意義は、国家権力の介入には正当化を必要とし制約された限度においてのみ許されるのに対し、個人の自由はア・プリオリに正統なものであり潜在的には無制約なものとして前提されているという、法治国家的な配分原理に適合する。[105] とりわけそれ〔＝国家権力の介入〕は、十分に明確な法律上の根拠を必要とする。公共の福祉という抽象的な概念は、公用収用の前提として立法者による具体化を必要とする。[106] 鉄道の民営化に伴い、連邦に残されたのは、路線網と輸送の供給に関して「公共の福祉、とりわけ交通の需要」に考慮するよう保障することであった。[107] 基本法はここで、保障を委託しているのである。[108]

公共の福祉に立ち返ることは、公共の福祉への明文による準拠指示を含んでいない憲法規定の解釈や適用にとっても必要となり得る。[109] 法治国家は、私人の権利に抵触するとき、一貫して正当化強制の下にある。しかし基本法は、あり得る正当化根拠の全体を編纂したものではない。基本法の規範の多くは、制御工学的に不完全である。基本法は、閉鎖的で自足的な体系を自身の裡に形成することはない。このことは、自由な職業遂行の権利のように、法律の留保の下にはあるものの、立法者が法律の留保を行使するための実体的な基準には言及しない基本権において、とりわけ明瞭に示されている。ここで連邦憲法裁判所は、法律の留保の行使において立法者を嚮導することが許されており、かつ、そのつどの基本権侵害の適合性、必要性および比例性を測定する基準として、「公共の福祉に係る理性的な諸根拠」を援用する。[110] 公共の福祉は、その内部で基本権適用が行われる目的手段連関という枠組みにおいて、介入目標の概念的な確定を初めて可能にする。次いで公共の福祉は、公共の福祉に関する具体的な観点、つまり賭けられている公益の決定を必要とするが、この決定は立法者に帰属する。そこで立法者は、危機的な生態系〔Naturhaushalt〕の保存が高度に公共の福祉に仕えると決定する。また立法者は、そうでなくとも文明の影響によって多様性が危機に晒されている動物界を、現在においてだけでなく将来世代のためにも維持し続けることに対する卓越した利益が、公共性を有すると決定する。さらに立法者は、この利益はとりわけ、保護された野生の動物を捕えたり殺したりすることの禁止を正当化すると決定する。[111] 公共の福祉に立ち返ることは、合理的な基本権適用の契機である。つまりそれは、基本権上の自由の相対化ではなく、基本権上の自由が相対化されて法律の留保が立法者への白紙委任に堕することに対する障害である。公共の福祉は基本権秩序において、個人の基本権に対する反対概念を形成しない。というのも、個人の基本権はその立場から見ると国家の善き秩序の一部であり、それ故に公共の福祉の不可欠の要素だからである。基本権制約を正当化し得る個人を超えた法益は、制約されるべき基本権によってともに刻印される。[112] ただし大部分の自由権において、介入を正当化するためには、バラバラで見渡すことのできないほど多くの「公共の福祉に係る理性的な諸根拠」から任意のものを一律に援用することでは十分ではない。むしろ、関連性のある根拠がことさらに挙げられなければならない。憲法は自ら既に、それが存在するときには信書の秘密や住居の自由の制約が許され得るような諸根拠を、予め与えている。[113] その上憲法は、自由な職業選択という利益に対する「特に重要な〔共同体の利益〕」や「極めて重要な共同体の利益」[114] におけるような、公共の福祉に係る諸要素を個人の諸利益との利益衡量へと持ち込む[116]重みを要求する。公共の福祉に依拠しているのは、緩やかな過渡的期間[115]〔schonender Übergang〕[訳註xiii] や法律の遡及効のような、裁判官法上の〔richterrechtlich〕構成である。

　留保のない基本権を制約し得るものとして連邦憲法裁判所が認めているのは、不文の公共の福祉それ自体ではなく、憲法律において明文で承認されている諸々の公益のみである。[117] とはいえしかし、宗教の自由や学問の自由のような基本権の実際の適用において、ときおり解釈上の無理を伴って、連邦裁判所が有意義な成果を手に入れようとバラバラの基本権規範と組織規範から制約を演繹するとき、それと同時に、制約の演繹を嚮導するところの公共の福祉に対して潜在的に存在している理解が、実際にはまさに効力を発揮する。

4　メタ憲法――統制的原理の座

　公共の福祉という理念は、憲法の文面において果たしてまたどの程度に明文で承認されているかということから独立して、憲法の内部で妥当性を有する。公共の福祉は成文憲法に先行する。その場所は不文のメタ憲法であり、成文の憲法諸規範において具体化されその解釈を嚮導する統制的原理の領域である。そこには、正義、[118] 法的安定性、前国家的自由、過剰侵害禁止、補完性および連帯の諸原理、法治国家的配分原理および権力分立が属している。ここにはとりわけ、そこに公共の福祉という理念が最初の制度的な形姿を見出すところの、公職原理の妥当根拠が存する。憲法制定者は、ドイツおよびヨーロッパの法伝統における諸理念や諸原理を予め考慮に入れて、それらを自らのものにした。それ故憲法制定者は、実定法上それらを承認して定式化する必要がなかった。このことは過剰侵害禁止にも妥当する。[119] すなわち過剰侵害禁止は、基本権上の自由の論理および法治国家において国家行為を正当化する論理に基づいて自ずから理解される。

　このメタ憲法は、その実質は相当な範囲において自然法的伝統に由来するにも拘らず、自然法の新しい変種ではない。むしろそれは、形式的には実定憲法に編入されなかったものの、実定憲法が受け継ぎ、服し、そして自らのものにしたところの、前実定的な諸前提に関わる問題である。[120] 民主的な法制定、国家権力の法治国家的な制御および権力分立による国家権力の分出〔Ausdifferenzierung〕に関する諸規定は、国家権力が法のために権力の未加工状態から公職原理によって導き出され選別されることを前提としている。前実定的な諸原理は、憲法の実定的な諸規定よりも高位の規範的な序列を有するわけではなく、前者が後者に対抗することはできない。前実定的な諸原理は、現行の憲法諸規範を批判し、修正し、廃棄し、そして変革するための憲法上の（しかし事情によっては憲法政治上の）原動力を形成することはない。憲法解釈者は、公共の福祉という理念によって連邦国家の権限配分を、公職原理によって憲法が保障する議員の諸権利を、権力分立原理によって基本法の議会制度における立法府と行政府との関係を変更することはできない。前実定的な諸原理は、高次法〔lex superior〕としての優位を要求することもなく、むしろ憲法律に対して副次的に妥当する。それらの諸理念は、直接あるいは間接に憲法律の中に表れている限りでのみ、法学的な解釈にとって重要な意味を持つ。

不文のメタ憲法は実質的憲法、すなわち、必ずしも形式的な憲法律の内容とは一致せずそれを超え得るところの、国家の法的な基本秩序に分類され得る。(121) ただし、統制的理念は前法的なエートスにおいて法を超越する。このエートスは、例えば基本権制約の議論のような実定的な憲法諸規範の解釈という文脈においては、常に法的な意義を獲得することができる。従ってここでは、国家の倫理的な基本秩序について話しても構わないのである。

おそらく憲法実証主義者であれば、前述の結論に満足することは難しいであろうし、解釈のために必要であると自身が認める統制的原理の座に成文の憲法規範があることを証明するまでは、休まることもないだろう。公共の福祉にとっての素材の所在地〔sedes materiae〕は、共和制原理においてや、法治国家原理（基本法二〇条一項）および人間の尊厳（基本法一条一項）においても、容易に確認できるであろう。これらの憲法諸規範においては、官吏に関する限りは職業官僚制の伝統的諸原則（基本法三三条五項）の下にも組み入れられる、公職原理の居場所も与えられ得るであろう。同様に、正義の理念を実定法上の憲法諸規定の含意として確認することもできよう。

すなわちここでは、社会的法治国家（基本法二〇条一項）並びに法律および法への拘束（基本法二〇条三項）が補足的な文言上の基礎として考えられるであろう。過剰侵害禁止には、実定法上の居場所として基本権の本質的内容保障（基本法一九条二項）が与えられる。[122]

〔しかし、〕そのような努力にはほとんど意味がない。というのも、そのような努力によって統制的諸原理が法命題の性格を獲得することはないからである。けれども、実際にそうであるという誤った印象は容易に生じる。〔例えば、〕基本法一条一項における人間の尊厳という（もちろんより多くの実質を含む具体的な）理念の実定化が引き起こした、次のような誤解が生じ得るであろう。すなわち、その理念は自身の前実定的な実質から引き剥がされて、もっぱら実定的な規範であり、基本法二条以下に続く基本権と同様の通常の基本権であるという誤解である。人間の尊厳という理念は、そのような概念枠組みによっては特に把握され得ず、実証主義的な努力からこぼれ落ちてゆく。[123]結局のところ、本来ならば実定法の解釈問題の解決において有益であるべき前実定的な原理は、自ら解釈問題に陥ってしまうのである。

規範はひとりでに解釈されるものではなく、解釈を必要とする。解釈は法学的に合理化された諸規則によっては完結的に制御されないのであって、解釈者のエートスを依然として必要とする。国家諸機関、とりわけ裁判権による職務上の解釈は公職のエートスに導かれるが、しかしそのエートスは公共の福祉という理念へと方向付けられている。[124]その理念は、規範を気の向くままに取り扱うこと、私欲のために利用すること、および党派的に歪めることを禁じる。従って、公共の福祉の個別的な諸要求を最適な形で整理する規範でさえも、理念に立ち返ることが不必要にはならない。なぜなら理念は、規範の解釈と適用の段階において帰還を告げて、自らの指令力を妥当させるからである。理念それ自体は、実定法によって取り込まれることも捕捉されることもない。

5　公共の福祉にとって重要な基本法の規制質料

従って理念としての公共の福祉は、憲法律の必要不可欠な規制主題ではなく、通常の規制主題でもなく、さらに意味のある規制主題でさえない。基本法は国法の教科書でも、政治的賢慮の手引きでも、民主化された帝王学の書でもない。にも拘らず基本法は、公共の福祉が出した規制に関する問いを受け取り、それに対する実践的な答えを与えている。問いは以下の方を向いている。すなわち、

- 憲法律は公共体の善き生のためにどのような内容上の諸準則を定めているのか。
- 誰がどのような方法で公共の福祉に関する開かれた問いを決定するのか。
- 誰がどのような法的条件の下で公共の福祉を実現するのか。

第五節　公共の福祉の内容を決定するための憲法上の資料

1　基本法——公共の福祉に関する不完全な綱領

基本法は、自身に先行する公共の福祉への、開かれつつ隠されている準拠指示を含んでいる。しかし他方で、内容に関して公共の福祉とは何かということは、政治的諸綱領ないし歴史と現在に基づく諸理論の下での任意の選択においてではなく、基本法上の諸規範への再拘束においてのみ決定され得る。果たして基本法は、人間の尊厳から社会的安全に至る国家目標を設定し、基本権保護義務のような国家任務を含んでいる。[125] このように基本法は、公共体の善き秩序の部分草案を自ら形成する。基本法が全体への準拠を指示するとき、全体は部分草案に適

合しなければならない。それ故ときおり、公共の福祉の決定は文言解釈ないし解釈を通じた欠缺充填の問題に過ぎないと推論され、断片的な憲法諸規定から全体像を再構成することが試みられる。(126)このことは、憲法から一層密度の濃い諸準則を読み取り、立法者の政治的裁量をますます狭く限定しようとする憲法解釈者たちの傾向に合致する。こうして、憲法諸規範に裁判官法上の付録がどんどん蓄積していく。基本法は、本来は僅かしか表現されていないにも拘らず、「刑法典から体温計の製造に関する法律に至るまで、そこから全てが生じる法学的な世界の卵」へと変化する。(127)連邦憲法裁判所自身は、留保なき基本権においては憲法内在的な諸制約のみを承認しつつも、さらに憲法内在的な諸制約を暴き、個々の基本権紛争においてそれでもなんとか法感情を満たすプラグマティックな解決策を見つけようと何が何でも基本法の文面を解釈する際に、基本法を使い尽くす。(128)

基本法は、公共の福祉の完全で完結した計画ではなく、そのような計画の諸要素を、しかも非常に重要な諸要素を含むのみである。しかし、この諸要素はまだ全体を生み出しておらず、全体を生み出すべきでもない。基本法はその限りで、計画という点では実に不完全であり、政治的な発展に開かれている。全体は、自由な民主制の生活において初めて作り出されるべきである。基本法自身は枠条件を確立するのみであるのに対し、憲法は国家と社会のアクターに対して、彼らが全体を作り出すという任務を果たすことを期待している。枠秩序(129)としての憲法は、目標を選択し優先順位を決定することを特に立法者に委ねている。基本法は、所有権保障において基本法自身が定義をしていない公共の福祉への準拠を指示し、法律の留保において立法府に公益の決定や評価についての判断を委ねるときに、公共の福祉に関する断片的な草案という性格を明らかにする。建築法、営業法、環境保護法、データ保護法、結社法、財団法人法、行政手続法、憲法訴訟法のような通常法は自身のうちに、公共の福祉、その根拠と要請への、しかも公共の福祉を脅かす危険、不利益および侵害への準拠指示を含んでいる。(130)ここで公共の福祉とその類義語は、法律上の構成要件内部における不確かな法概念として現れる。具体的な内容は、法学上の解釈規則に適合するように、その時々の文脈に従ってより詳細に決定される。(131)

基本法は、あらゆる国家目標や国家任務の法典化などは少しも考えておらず、ただ個々のバラバラな諸規定を偶然的に収集したのみである。この収果品が環境保護やヨーロッパ統一、人間の尊厳や動物保護に言及するときには、体系的な選択原理に従っているわけではない。それにも拘らず、あらゆる目標の中でどれが別の目標によっては相対化できない最高の目標であるのかについては、明晰さが支配している。すなわちその目標とは、人間の尊厳の擁護および尊重である。

その上国家目標および国家任務は、社会ではなく狭義の国家の行為を拘束するのみである。それらはさらに、実現のために国家が意のままにできる手段が限定されていることによって相対化される。国家が自身の力によって実現を保証することができるのは、僅かな領域においてに過ぎない。一般に成果の諸条件は、国家が規制したり代用したりはできず、ただ刺激を与えたり支援したりできるに過ぎない非国家的な諸力の振舞いに依存する。国家目標および国家任務が、公共の福祉の地平を測定するための助けとなる尺度を生み出すことはない。

2　立憲国家の目的論

それでも、憲法律は実質的憲法への接近を媒介し、この実質的憲法において、公共の福祉に関する完全なプログラムを用意することはないとしても、少なくとも方向付けのための図式のようなものを提供する、立憲国家の目的論への接近を媒介する。(132)

最終的に、目的論は人間の尊厳、詳しく言うと、人類という抽象概念の尊厳ではなく個々の人格としての人間の尊厳へと方向付けられる。人格は国家目的であり、それ自体として社会の進歩のような人格を超えた目的のための手段ではない。国家組織は人格とその諸権利のためにある。近代国家の目的合理的な正当化は、個人とその生存に関わる需要に由来する。

(1)　安全と自由

近代国家の始まりにあったのは、市民の生命と財産を他者の侵害から保護すること、私人の物理的な暴力を禁じること、そして国内平和の秩序を確保することという任務である。これらの目標のために、国家組織は暴力の独占を必要とする。国家組織の高権は国家組織に、社会の諸勢力に対して最低限の独立と距離を保つことによって、自身の責任において公共の福祉の諸要求を決定し、強大な諸集団の抵抗に逆らってでもこれらの諸要求に妥当性を調達する能力を与える。その高権は、公共の福祉の確立をもっぱら社会の利益闘争に委ねることや、その闘争の結果を留保なく批准することを指示されたりはしない。こうしてそれは、自ら間接的な社会的諸権力の手に落ちたり、社会的諸権力の部分利益の執行者になったりするという危険から身を守る。(133) 対内的な主権は、近代的な社会国家や介入国家が最も弱き者の問題を公共的な問題へと高めたり、社会的なプロセスに適切に影響を及ぼしてそれを修正したりすることを可能にする。主権は結局のところ、公共の福祉のための能力を意味する。(134)

決定統一体および権力統一体としての国家の形式的構造は、市民状態〔status civilis〕、すなわち内戦が制度的に克服され、あらゆる国内の対立は敵対関係が極端な程度に至らないようにしなければならず、かくして国家が平和統一体として存在しているような、平穏な国家秩序という物質的な基礎に基づいている。(135) 暴力の独占は、公共の福祉の決定についての公共的で自由な議論のための条件である。

公共善の具体化には議論を要することや公共善の諸要求に論じる価値があることは、近代の政治的な基本認識に属するが、しかしそれは、市民の平和義務や国家の暴力独占によって構成された国家の平和統一体といった議論の文明的な前提それ自体は議論の対象にならないということについても、同様である。あらゆる世代の意識や行動において更新されなければならない、かかる平和統一体の確立と維持は、あらゆる国家目標のうち最も根本的なものであると同時に、近代国家における公共の福祉の必要不可欠な構成要素である。(136) 国内の平和と法益の安全を保障するという国家目標は、確かに時代を超越した本質的秩序という形而上的な準則としてではないが、おそらくしかし近代社会の根本的情態性〔Grundbefindlichkeit〕という歴史的な準則として、あらゆる国家に不可避的に設定されている[137]。

立憲国家は安全という国家目標を自らのものにした上で、市民の自由を危険防御の措置によって本質的に必要かつ相当である以上に強くは制限せず、攪乱者でさえも法主体として尊重し、危険に晒された者を保護する必要を主観的権利として承認することによって、安全という目標を自由という目標と調整する[138]。安全は、立憲国家が平和義務と寛容という一般的な法則に従って全ての人に保障している、市民的自由の基盤であることが明らかになる。安全は今や、さらなる広がりを手に入れている。すなわちそれは、他者による干渉からの保護だけでなく、国家権力による干渉からの保護をも意味する。このような保護は、基本権と法律適合性および権力分立と権利保護の憲法による保障、簡潔に言うと市民的法治国家の体系によって確立される。個人の自由は諸々の基本権において、国家権力の作用からの自由として消極的に定義される。その限りで自由は、国家によってではなく「自然に」与えられた状態であるが、それにも拘らず無秩序ではない。自由は自然状態〔status naturalis〕においてではなく、国家によって保障された平和秩序と法秩序において存在している。自由の成否はかかる秩序次第である。

市場社会における市民の自由からは、市民の経済的生存にとってのリスクとともに、社会的な保護の必要が生じる。このような社会的安全を（確かに排他的にではないが、しかし最終的な責任を負うかたちで主として）保障しているのは、そのことによって市民的法治国家から社会的法治国家へと分出した国家である[139]。公共の福祉の社会的な次元は、スイス連邦憲法において「国民の強さは弱者の幸福によって測られるということ（訳註xiv）」として定式化されている[140]。

二〇世紀の終わり以来立憲国家に挑戦している安全への新しい欲求は、技術文明が引き起こした破滅に直面して、人間の生活空間および生活基盤としての自然を盾にとる。生態学的な安全は、今日、（形式的に憲法律によって確認されていようといまいと）実際の明白さに基づく国家目標であり、その点で公共の福祉にとってのアクチュアルな観点である[141]。新しい国家目標は、立憲国家の伝統的な諸制度や諸道具にとっての厳しい試練であるが、その際、これらを変更したり取り替えたりしなければならないのかについては、最初から問題にならなかった。もとより今や個別的で直接的な権力に対してではなく、人間の生活空間を脅かすことによって間接的に自らを脅かす脱人格化された技術的な権力に対してであるが、生態学上の安全において、人間の身体的な生存を保護するという近代国家の原問題〔Urproblem〕が回帰している。

（2）自己主張と将来への配慮　基本法は、「将来世代に対する責任を果たすためにも」自然的生活基盤の保護を国家に義務付けている。(142) 国家目標は現在および具体的な決定状況を超えて広がり、そうして、将来世代が彼ら自身の需要を満たすことができる可能性を損なうことなしに現在の需要を満たすという、持続的発展のための国際法上の要請を顧慮する。(143) 国家の委託は、一日および一時間（あるいは一つの被選期間）の需要を満たしたり、「後は野となれ山となれ」に甘んじたりすることに汲み尽くされるわけではない。それ〔＝国家の委託〕は後続世代に対する責任をも担っており、(144) 彼らに生活空間を無傷で残し自由への機会に開いておかなければならない。このことは環境保護の特殊性ではなく、公共の福祉は一般的に将来の次元を有している。かかる次元は、永続的な運命共同体であり、その点で、所有するために自身の遺産を獲得し、それを次世代が自由に獲得できるように彼らに手渡すことを現在世代に義務付けるところの、時代を超えた各世代間の契りでもあるという、国家という公共体が有する意味から生じる。公共の福祉は、現在の社会にとっての倫理的な格率である、希望と責任という政治的な徳を解放する。(145) 公共の福祉における将来という観点は、文明が発展するにつれて幾重にも感じられるようになるが、その観点の下にあるのは、この世界との慎重な交際や、天然資源とりわけ化石エネルギーの倹約的な利用だけではない。(146) ここでは、文化遺産とりわけ言語の習得、増加および伝達、教育水準、知識(147) および技術的成果の保持、国家の諸制度および法秩序の伝承のような、公共体の理念的な諸資源も問題である。(148) 国家による将来配慮のために不可欠な制度は、学校および大学である。しかし、あらゆる生態学的および文化的な将来配慮に先行するのは、人口が持続し発展するための、すなわち、総じて各世代が後を継いで国家が未来を有するための、人口統計学上の配慮である。(149)

これらの諸目標は、国民国家の地平の向こう側を指し示す。しかしそれらは、国民国家の存続と繁栄が結局はそれらに依存しているために、国民国家にとっても、そして主として国民国家にとって意義を有する。その限りで、国家的に組織された人間集団の自己主張が問題である。[150] 自己主張は、公共体の生存と善き生にとって重要な諸要素の全体を包含する。自己主張に役立つのは、経済政策やエネルギー政策に関する外交政策や防衛政策から社会政策、移住政策および家族政策に至る、様々な諸領域における国家行為である。中でもとりわけ役立つのが、国内における社会の団結を促進し、バラバラに漂流している社会の諸要素を統合し、市民の連帯を強化するという国家の任務、簡潔に言えば、市民の国家への心構え〔Bereitschaft〕を生き生きと保つという国家の任務である。[151] 公共体は、国内においてと同じように、遠心的な諸欲求並びに脱連帯および離反への諸傾向に対して、諸勢力の協調の中で対外的に自己主張をしなければならない。自己主張という国家目標において、国家権力（狭義の国家）が自己目的へと高まることはなく、むしろそれは、公共体の保護と形成のための手段としてのみ用いられる。自己主張それ自体は、公共善を作り出す手段として不可欠かつ有益であるということを通じて、それもその限りでのみ、公共善という正統化根拠を分担する。

自己主張は、近代の初めに、個人主義に基づいて必要かつ正統な国家の行為領域が合理的な諸基準に従って測定されて以来、国家諸目標の正典に属する。国家団体は個人の自己主張および生命、自由、財産の保護のために必要なので、国内および国外からの諸々の挑戦を自ら乗り切ることができなければならない。[152] ただし、国家目標はもっぱら法および政治道徳の軌道においてのみ実現することが許されているのか、あるいは、最終的には国家理性が行動を決定するのかという争いは、繰り返し燃え上がる。[153] 今日のドイツ国家（国法）学は、総じて国家の現実を排除するのだが、国家の自己主張という目標を排除する傾向がある。[154] けれども、人口統計学上の後退ないし擬制的な世代間契約を超える年金保険制度の信頼性のような、現実の諸問題は排除され得ない。

ドイツ連邦共和国の国家としての自己主張は、ＥＵとの関係において厄介である。かかる自己主張はＥＵの発展に協力し、ＥＵに諸高権を委譲し、ＥＵの諸規範に開かれている。ただし統合の準備は、自国の憲法の核となる内容は侵害されないという留保の下にある。[155] ドイツが主権国家として存在することがかかる核となる内容に属するのか、あるいは、さらに統合が進展するにつれてヨーロッパ連邦国家の支分国たる地位へと沈下することが許されているのかについては、議論が行われている。〔しかし、〕基本法はそのような最大の頭角減少〔capitis deminutio maxima〕を認めていない。[156] 構成国の自己主張は、構成国の国家的同一性を尊重するという超国家的な諸制度の義務に対応する。[157]

それにも拘らず、国民国家の形姿はヨーロッパ統合によって根本的に変化した。国家の古典的な諸任務はＥＵへと受け継がれる。国家の自己決定は超国家的な共同決定へと、国家間の競争は国家を超えた共同体へと入れ替わる。個々の構成国の公共の福祉は、国家結合体〔Staatenverbund〕の公共の福祉に適合する。[158] 自己主張は連帯へと束ねられる。

対外関係における国家の公共の福祉は私益によって嚮導されるという伝統的な表象は、ヨーロッパの枠組みにおいてのみならず、グローバルに疑問視されている。[159] 外交における神聖な利己主義〔sacro egoismo〕は確かに消えてはいないが、しかし飼いならされている。ドイツが中国において遅かれ早かれドイツ自身を脅かす伝染病の撲滅に参加し、地球の気候のリスクを払いのけようとブラジルの熱帯雨林を保全するために尽くし、危険をはらんだ大量の人口移動の原因を除去するために中央アフリカで開発援助を行い、エジプトで人類の文化遺産であるファラオの時代からの神殿を救出し、アフガニスタンでは世界中で行われているテロに対してドイツ連邦軍を投入し、そうしてヒンズークシでの自身の安全を防衛するとき、私益と無私との相違は不明確である。国民国家は、ますます国家を超えた諸利益の受託者としての役割を演じている。国際的な結合は国民国家に共同作業を強制する。[160] 自足性を手中にしている国民国家はほとんどないし、国民国家はもはやそれを求めてもいない。国家の公共の福祉は、人類の公共善に開かれている。[161]

ヨーロッパに開かれており国際法に好意的な基本姿勢によって担われている基本法は、国際法の秩序に適合し、国際法の諸選択を受け入れ、国際法の諸目標を自らのものにしている。基本法は前文において明文で厳粛に「世界の平和に奉仕する」という国家目標を認め、侵略戦争を禁じ、国家レベルおよび防衛同盟において、自国の軍隊に向けて純粋に防衛的な構想を描いている。人権は国家団体の内部事情としてだけでなく、「世界におけるあらゆる国家共同体、平和および正義の基礎」という普遍的な理念としても表れている。[162] 租税法上の公益性の定義において、法律は国家の公共の福祉が有する国家を超えた観点を考慮している。[163]

第六節　公共の福祉の不明確な実体に対する補償

1　権限による正統化

公共体の正当な秩序が内容に関してどのように見えていなければならないのかについて、憲法は広く開いたままにしている。このことは、憲法が定めているよりも多くの政治的決定を必要とする、社会的な国家目標にも妥当する。しかし社会的な国家目標は、内容が不明確なので、内容を決定するための権限と手続についての明確な諸準則を必要とする。実体の不足に対するこのような形式による調整は、近代国家の基本格率である。その古典的な代表者はトマス・ホッブズであり、彼は「公共の福祉が最高の法である〔salus publica suprema lex〕」という戒律を固守した。彼は此岸における幸福な生活を公共の福祉と理解したが、その外面的な諸前提とりわけ身体と生命の安全を配慮するのは主権者であるという。[164] ホッブズによれば、主権者は、具体的な状況において公共の福祉が何を要求しているのかを決定する。主権者は最終的な発言権を有するが、しかしこの権利とともに市民の法的な服従義務が生じる。たとえ市民がさらに不平を述べて別の決定を公益に資すると見なしたとしても、彼は規範命令に従わねばならない。詳しく言うとそれは、内容的に正しいから——それは結局のところ不確定である——ではなく正当な立場に由来しているから、すなわち真理ではなく権威によって〔authoritas, non veritas〕である、と言うのである。ただし、権限による正統化は内容空疎である。権限は正統化の器に過ぎず、その源泉は時々の国制に応じた国家権力の座に存する。

多義的な決定尺度における決定権限の一義性が、公共体における行為の統一と、多くの頭脳と意識を有する一つの社会における市民の平和とを保障している。権限秩序のこのような諸作用は、その立場から見ると公共の福祉の諸要素である。法の正当な内容への問いは、内容を決定する正当な権限への問いによって押しのけられる。その限りで公共の福祉というアポリアは、たとえ理論的には解決されないとしても、少なくとも実践的には処理されるように見える。

事実の中でどのように決定を析出するのかという問いは、誰が決定するのかという問いにも間接的に依存する。従っていつの時代にも、事実問題〔Sachproblem〕は権限問題としても検討される。国家形式の正統化と脱正統化は、昔から、公共善を認識し実現するにはどのような権力配分の方法が有益でありまた無益であるか、という論拠によっても導かれる。絶対主義の時代にヨハン・ヤーコプ・モーザーは、公共の最善の要請に基づく更なる正当化もなしに任命された君主を批判して曰く、「誠実な人や愛国者であれば、実際のところ公共の最善〔gemeines Beste〕が他のあらゆるものに優先することを誤解する者はいない。ところがしかし、そこからは、実際に公共の最善とは何であり何を要求するのかについての決着を誰がつけることができるのか、という問いが生じる」。モーザーは、決定はもっぱら君主にのみ帰属するという「オリエント国法」の絶対主義的な解決策を拒否し、「何が公共の最善の名目や外見のみを持っており何が公共の最善の本質を持っているのかについて熟慮し吟味することは、君主と彼の生来の顧問官たる領邦等族との共同の仕事である」という、ドイツにおける現行憲法に適合する手続を主張した。(165) ここでは領邦等族という古い秩序の文脈において、公共の福祉は権限および手続についての問題を投げかけることや、権限と手続は既に解決策の（現在の多くの専門家委員会や当事者委員会の設置が示すように、ときにはその代用ないし延期に過ぎないこともあるが）一部であり得ることが確認されている。けれども事実問題は、その当時の枠組みではもはや処理できないという場合には、既存の権限秩序や手続秩序、つまり国制でさえも根本的に変革することがあり得る。世界史上の実例は、一七八九年、フランスにおける絶対君主制が過度な国家債務を清算できなかったというものであり、それは、一六一四年以来初めてルイ一六世が再び身分制議会を召集することによって、最終的にはアンシャン・レジームを破砕する定めにある政治プロセスを心ならずも始動させるという帰結を伴った。

2　手続による正統化

権限に基づく正統化のホッブズによる端緒は、手続による正統化においてニクラス・ルーマンによって受容され先へと進められた。すなわちルーマンによれば、現実の出来事としての手続は所与の真理を追求するのではなく、学習意欲を有する当事者が手はずを整えた形式的な手続固有の真理を作り出す[166]、とされる。この軌道において、公共の福祉の脱実体化と手続化という今日よく知られた努力が進展する[167]。けれども手続によって創造された真理は、もっぱら手続に関わったアクターのみを拘束するシステム内在的な真理、すなわち、手続にとって有意味な真理に過ぎない。

手続は公共の福祉という理念に実体を供給できるが、しかし実体の代わりをすることはできない。理念は手続に先行するのであって、手続は理念を捕捉したり残さず消化したりすることはできない。一方的・高権的な国家の決定手続は、確かに決定の担い手たちとの距離や、それによって彼らの国内的な独立の可能性を保障するが、しかし彼らを実質的な片面性、重大な諸利益の党派的な無視、周囲からの際立ち〔Abgehobenheit〕および現実からの遊離へと導き得る。それに対して、合意に基づく手続、申し合わせた行動および円卓は、同様に、部分利益の調整が公益に資する全体的解決の確立へと到達することを保証しない。部分利益ははたしてまたいかにして代表され得るか、(168)どのような利益が顧慮されてどのような同権が定められるのか、交渉手腕や政治的幸運が結果に対してどのような影響を及ぼすのかといった問いは、早くも答えるのが厄介である。現実の合意と倫理的な正しさとは異なる水準にある。最も公平な手続でさえも、その結果が公共の福祉に適合していることを保証しない。実質的な正しさの保証は存在しないのである。

しかしながら公共の福祉は、それを具体化し操作可能な諸規範へと変換し、同意を調達し、法的安定性をもたらすような、権限秩序および手続を必要としている。(169)権限および手続は、それを通じて国民の意思に基づく正統化が国家行為に与えられるようなシステムを形成する。国家行為はこのような正統化を必要とする。(170)

3　民主制の調整定理

（1）公共の福祉と一般意思との同一視　民主制の権限秩序および手続秩序が公共の福祉の決定にとって有するのは、単なる形式的な意味には留まらない。それらは決定の内容上の質をも刻印付け、決定の受容を促進する。というのも、それらは「全員の利益を調整し尊重する方向で」作用するからである。(171)国家組織による基本権上の安全措置を通じて、それらは「最終的には、全員に対して期待可能な方法で全体の福祉を実現できること」を保障する。(172)

政治修辞学や文献はときおりさらに進んで、もっぱら多数決原理に従う民主的制度によって行われているという理由だけで決定を内容的に優れていると明言し、「憲法が組織および誘導しており、さらに自由であることを保障している意思形成プロセスそれ自体において決定されたもの」を公共の福祉として妥当させている。(173)つまり、民主制において権限および手続の正しさは、国家行為が内容的に正しいと証明され公共善という品質保証を受け取るには十分だということである。けれども、民主制の全ての産物が公共の福祉に適合しているとすると、公共の福祉は指令および批判の尺度としてのあらゆる独自の意義を失う。メタ実定的な準則の可能性を否定する多数決実証主義、公共の福祉の認識可能性を否定する倫理的不可知論[174]、民主的な意思行為ないし少なくともその魅力的な包装の道徳的な美化の追求、民主制が無謬であるという態度といった、様々な根拠が輻輳している。

その哲学的な基礎を置いたのはルソーである。彼は、「一般意思は常に正しく、常に公共の最善を目指している」という教義を公表した[175]。彼は公共の福祉と一般意思とを一つにしたので、一般意思〔volonté générale〕が妥当すると同時に国民の利益が必然的に実現する。公共の利益は、もちろん純粋な実体においてではなく彼ら自身の利益と混ざり合ってはいるが、個々の市民の意思の中にア・プリオリに含まれている。人民集会〔Volksversammlung〕の偶然的な決議は、それ自体として（もしそうであれば平板な民主的実証主義に相応しいであろう）一般意思を体現するわけではない。むしろ一般意思は、まず初めに、共通の利益が今なお私的な特殊利益と混ざり合っている個々の意思表出（特殊意思〔volontés particulières〕）から蒸留されなければならない。特殊意思の単なる総和は未だ一般意思ではなく、全体意思〔volonté de tous〕を生み出すに過ぎない。個々の意見の一般意思への変化がどのように遂行され得るのかについては、ルソーに委ねたい。議会制民主制の現実は、少なくとも普通選挙の手続によって問題を解決することはない。というのも、これ〔＝普通選挙〕は各人が自由かつ秘密であり、誰にも監視されず、誰にも説明責任を負わず、支配的な全体を形成する必要のない、個々の有権者の投票によって行われるからである。選挙結果は投票およびそこから生じる、そのつど妥当している選挙制度に従った議席配分の単純な集計の結果である。すなわちそれは、ルソーの範疇においては、未だ一般意思へと濾過されていない全体意思である。従って、立憲国家における民主的正統化の源泉は一般意思ではない。

ルソーの哲学的な前提は、政治的現実は倫理的な正しさを自らの裡に含んでおりそれを自身から作り出すということ、一般意思はそれ自身の外側に目標も制約も見出さないということ、国家権力は無条件に正しい法を産出するということにある。絶対的な人民主権は国家倫理学の伝統から急進的に離反する[176]。準則でも課題でもない公共の福祉は、今や道徳的に自足し無制約の裁量を手に入れた共通意思へと堕落する。この道は、人民の「真の」

意思をほしいままにし、その上ただ主意主義を覆い隠し政治的決定を事後的に正当化するためだけに公共の福祉という伝統的な論拠を利用する指導者を戴く、全体主義国家に開かれている。

公共の福祉はもっぱら一般意思においてのみ存在するのかそれともそれに先行しそれを嚮導するのか、すなわち、公共の福祉は民主制に内在して妥当しているのかあるいは民主制を超越して妥当しているのかという、政治的世界観の根本問題を決定することは、即自的には憲法の責務〔Sache〕である。けれども、憲法はその立場からすると、一つの政治的世界観から発している。基本法が民主制を超越する公共の福祉という立場に立っていることは、明白に認められる。憲法制定者は、人間の尊厳の不可侵並びに人権の不可侵および不可譲という、自身が創造したものではなく自身に与えられたものである諸規範に対する「信念を表明し」、自身の「神と人間とに対する責任」を明言したとき、すなわち、国家組織の世俗性や主観的な宗教の自由および世界観の自由の保障にも拘らず、前国家的かつ前実定憲法的な国家および憲法の基礎への準拠を不如意の超越性において指示したとき、独断的な主権イデオロギーを放棄したのである。憲法は拘束力のある解釈においてそのつどの社会的合意に（間接的には民主的な多数意思にも）服するのか、あるいは憲法が社会的合意を直接に誘導しなければならないのか、すなわち、憲法は規範的な実体を社会的な権力状況から独立して備えているのか、あるいはこの権力状況の内部においてそこでの支配的な見解に準じて備えているのかという解釈学上の二者択一において、教義上の原理的な問題は憲法解釈の水準へと回帰する。[177]

ルソーの構想は、特殊利益を社会的実力へと組織する（政党や団体のような）中間的な諸権力が個人と全体との間に進み出ることはないという前提に基づいている。ただそのような場合にのみ、共通利益の要素は妨げられることなく部分利益から引き剥がされ、自由に描き出されることが可能になる。[178] けれども、自由な民主制は、部分的諸欲求の社会的展開を民主的合意のために抑制することに、最初から基づいているわけではない。逆に自由な民主制は、集団の諸利益、その形成、競合、対決、それらの自由な調整に活動の余地を与える。つまり立憲国家は、社会的多元主義の必要に基づいて、自由かつ実効的な統合という徳、および、国家と社会の全体を覆いそのバランスをとっている垂直的・水平的権力分立という徳を作り出す。多元主義は、社会が自律的に公共の福祉を生み出すプロセスを包み込み、部分利益を国家に対して妥当させ、かくして公共の福祉を具体化する国家のプロセスに刺激を与える。[179] 確かに立憲国家は、与党であれ間接的権力〔potestas indirecta〕としてのヘゲモニー団体であれ、中間的な諸権力が彼らの部分利益のために国家機能を濫用するという危険を甘受する。しかしこれに対しては、権力分立に基づく国家組織において共和制的な公職原理が抵抗する。

（2）代表と応答可能性〔Responsibilität〕　議会制民主制の権限秩序および手続秩序は、代表原理と結び付く。[180] 形式的に理解すると、代表は、国家諸機関によって自主的にかつ自己責任で行われた諸行為の国民全体への帰責を基礎付ける。代表は自身の管轄の枠内において、「国民の意思」とは何かを表明する。代表による決定はそれがどのようなものであっても国民に帰責されるというのは、もっぱら、その時々の権限保持者に与えられる民主的正統化からのみ生じる。その限りで、このような形式的な代表理解は、民主的正統化の範疇と全く同様に、公共の福祉という理念とは無関係である。しかしより新しい見解に従えば、代表は代表者と国民との再結合をも要求する。[181] 国家による決定の担い手は、市民の質問を取り上げて質問を行い、回答を聞きそして与える。かかる「応答性〔Responsivität〕」の経過において、彼らは社会からの要求や提案に耳を傾け、政治的な意思形成過程においてそれらを検討し消化する。

このことは、政治過程はそのつど均等に顧慮されなければならない市民の選好によって決定されるべきであり、その結果、事実性と正しさとの相違は消滅するという推定を誘うかもしれない。[182] このように構成されたモデルにおいて、代表民主制は気分および部分利益の絶えざる国民投票のための記録場所へと変わる。利害当事者は自ら優先順位を定める。諸々の党派性の合成が全員を拘束する結果を形成する。意見の競争と国家の決定責任との距離が取り除かれ、それとともに公職原理が排除される。投票の数的価値の平等は、洞察力、知識、驚愕、当惑、動機付けが役割を演じることなしに、政治的意見の結果価値の平等へと拡大する。不人気な決定は排除される。世論調査のデータが公共の福祉という理念と交代する。そのデータは、「民主制原理とは相容れない」ところの、公共の福祉が有する「パターナリスティックな含意」に対する抵抗力を調達することになる。[183]

そのような経験的でポピュリスティックに理解された応答性によって、代表原理も退位する。真の代表は裸の事実性を超えて理念へと高まるが、[184]もちろん理念は雲の中に漂っているのではなく、むしろ国民の現実に接地している。このことは、民主制の実践においておのずから理解される。絶えざる選挙戦において受任者は、政治的な自己主張のために、有権者との接触を保ち、彼らの利益を顧慮し、彼らの反応を予想することを既に強いられている。それに対して、不人気な決定を行い、圧力団体を持たないそのような公益を妥当させるためには、勇気、忍耐力および思慮といった、公職の徳を必要とする。もちろん代表者は、国民が法律を自分のものとして受け入れることを必要としている。[185]それ故、彼らは同意を調達して、自身の決定をその決定に関係する人たちに対して正当化しなければならない。[186]

正当化の尺度は公共善である。代表が国民の意思を作り出すのは、決定の担い手が自身の任意の意思を国民の意思と称することや、社会における支配的な意見に機械的に規範命令を授けることによってではない。むしろ代表は、（ルソーによっては意図されていなかった）全体意思から一般意思を蒸留するという方法を形成する。代表は濾過の手続であり、[187]国民のよりよい自我を発揮させることを可能にする。[188]内容上の代表は、カントが「あらゆる公法の正当性の試金石」であると証明した理性の理念、「すなわち、全国民の一つになった意思に基づいて生じ得たかのような仕方で、法律を制定するようあらゆる立法者を義務付けること、および、あらゆる臣民を彼が市民であろうとする限りで、あたかも彼がそのような意思に同意したかのように見なすこと」[訳註XV]に相当する。[189]こうして、内容上の代表の理念は公共善という理念に接近するが、そこに完全に埋没することはない。

民主的代表の原理と公共の福祉の原理とは一致しない。「内容上の」代表でさえも、最終的には形式的であることが明らかになる。それ〔＝内容上の代表〕は、そこにおいて規範的で理想的な国民の意思が確認され、経験的に存在している全体意思に比べて「改善される」ところの諸手続に焦点を合わせているが、しかし善いことやより善いことにとっての測定項を与えることはできない。

民主制の憲法が要求する権限および手続は、もっぱら形式的正統化を媒介するに過ぎない。果たして民主制における法律は、それが公共の福祉と一致するからではなく、成立に際して従った諸規定に基づいて国民意思から導出されているという理由で、妥当性を要求する。その限りでは民主制の文脈においても、「真理ではなく権威が法を作る〔authoritas, non veritas facit legem〕」が妥当する。憲法の根底にある民主制原理は、国家行為の目標ではなくその源泉を、すなわち国家権力の保持者かつ正統化根拠の源泉としての国民の意思を強調する。

(3) 民主制原理と共和制原理との止揚不能な相違　研究は、「真の」国民意思と国民にとって善い事柄との間には、原理的な相違が存在し続けることを明らかにする。この相違は、国民による支配という民主制原理と国民のための支配という共和制原理との相違に対応する。民主制における代表は、国家権力が由来する主体を後から振り返るのに対し、共和制における公共の福祉は国家行為が助けるべき主体に前もって配慮する。基本法が構成するような民主的共和制においては、主体は少なくとも核心においては同一である[190]。

民主制の形式的正統化は、必ずしも公共の福祉に基づく実質的正統化を引き起こすわけではなく、むしろ絶えず厄介で議論の対象となることに変わりはない。共通意思と公共の福祉とが必然的に一致するという信仰は〔ましてや信仰強制に至っては〕、立憲国家にとって程遠いものである。立憲国家の諸制度は、多数による決定と公共の福祉の要求との相違がいつでも出現し得ることを前提としている。このような危険に対する安全保障は、職務管理者の公共心、つまり政治的な徳以外には存在しない。現行の諸規範を、これよりも上位にあるとともに実定法の地平を上回る公共の福祉の基準および正義の基準によって測定することは、何人も自由である。民主制における法律への服従要求から除外はされないが、しかし自身の側から見るとその服従要求を侵害することにはならない批判の権利は、諸々の基本権とりわけ表現の自由によって保障される。そこにあるのは、立憲国家でさえも平和統一体と決定統一体のために要求する、法服従の自由主義的な契機である。すなわち、憲法適合的な法律や法律適合的な行政決定ないし判決〔Gerichtsentscheidung〕は市民に外面的な遵守のみを求めているのであって、内容上の正しさへの認識や法律と一致した志操までをも求めているのではない。従って、公共の福祉に関する倫理的および政治的な問いは、たとえ民主制の官職組織において拘束力のある諸決定が出されたとしても、開かれたままである。

自由な民主制は、その諸規範が憲法に従っているというだけでは公共の利益を実現していると確信できないので、公共の福祉という理念に基づく実質的な正当化を必要とする。支配的な多数派があらゆる当事者の自由な同意を得ようと努めるのは、何よりも政治的賢慮の要請である。多数派支配は、もし少数派を犠牲にしてその時々の多数派恩顧者の利益のために一面的に行使されるならば、自身の受容を危うくする。あらゆる法的な妥当根拠に先行する受容は、盲目的な合法性信仰、多数決実証主義および疑いなき法服従が社会において減少すればするほど、議会制民主制の生き生きとした存立にとってますます重要になる。

国民による支配という民主制原理は、国民のための支配という共和制原理によって実質的かつ目的論的に補足されることを意図している。かくして民主制の権限秩序および手続秩序は、止揚されるのではなく、憲法の根底にある開かれた目標構想へと方向付けられるのみである。憲法上の諸原理の調整は、一方では権力分立に基づく権限図式に従った民主的な授権を、他方では専心的かつ無私益的な公共の福祉の促進への義務付けを体現しているところの、官職組織において行われる。

民主制においては、権威主義体制よりもはるかに強く公共の福祉という理念への準拠が求められる。民主制は自由な市民の統合に基づいて生存しているが、しかしながら統合を強制することはできない。けれども、命令や強制は活動の余地を持たないため、諸々の自律的な刺激が必要となる。かかる刺激に不可避的に属するのが公共の福祉という理念であるが、それは、社会のあらゆる緊張と分裂を貫いて国家という価値統一体および機能統一体を象徴し、我々という感情〔Wir-Gefühl〕を基礎付け、さらに、日々の国民投票〔plébiscite de tous les jours〕においてかかる統一体を作り出し、その統一体が生存するために必要とする活動性、忠誠および公共心への成果をもたらすことに協力しようというあらゆる市民の覚悟〔Bereitschaft〕に訴える。

第七節　自由な公共体における公共の福祉の実現

1　市民と国家の分業的責任

国家組織は、公共の福祉を定義し実現する独占権を有しているわけではない。自由主義的憲法においては、市民および公職の担い手、社会的および国家的諸勢力といったあらゆる人がその資格を備えている。公共の福祉は、公共体におけるあらゆるアクターの分業による開かれたプロセスから生まれる。公共体の「善き生」のための権限はまず第一に、自らこの生活に参加している諸個人および諸団体に与えられる。生活を指導するのではなくただそれに奉仕するに過ぎない国家組織は、生活を包括的に保障することもできない。国家組織はただ公共体の外面的な諸条件を創造してそれを保障するに過ぎないのであるが、それは、その諸条件が公共体の法的および事実上の処分権力に服していたり、公共体の権能、組織、規制ないしその他の影響力行使に開かれていたり、あるいは、サービス給付、現物給付および金銭給付によって支援され得たりする限りにおいてである。(191) それは法的、制度的および経済的諸条件に関わる問題であるが、社会が生きている精神的な風土は将来への信頼、給付の準備、投資の傾向に左右され得るため、雰囲気に係る諸条件に関わる問題でもあり得る。

しかし、限定されてはいるが不可欠な公共の福祉のこのような領域に対する責任でさえ、もっぱら国家にのみ帰属するわけではない。国家は基本権の担い手たちとその責任を分かち合うのであるが、国家は彼らに対し、彼らのその時々の活動範囲において公益に資する給付を行う優先権を、彼らの自由のために広く委ねなければならない。原理的に国家は、基本権の担い手たちの主導権および自律性を尊重し促進しなければならない。国家の手元に残るのは、社会がそもそもないし適切に充足し得ないか、あるいは実効的に充足することができない、公共の福祉に奉仕するという諸任務である。私人の主導権の作用領域を留保する補完性原理は、社会的法治国家としての自由主義的立憲国家における公共の福祉構想に属する。[192] 補完性原理は当面の国家行為を限定するが、公共の福祉に対する国家の最終的な責任を限定するわけではない。

公共の福祉を産出するための権限秩序だけではなく、公共の福祉の解釈のための権限秩序もまた分散している。この権限秩序は、自由な民主制においては基本権の担い手たちにも帰属する。基本権の担い手たちは、公共の最善に関する彼らの表象をその時々の彼らの活動範囲や世論形成過程へと持ち込み、それによって社会の自己秩序に寄与することができる。国家の責任領域に属する公共の福祉に関する問いは、社会において対決や解明を行うための開かれた政治過程や、代表民主制および権力分立に基づく国家領域の官職組織が行う公式の決定手続に服する。主観的な諸見解は、順調な共同生活が実際の結果において必ずしも損害を被ることなく、拡散し得る。社会的な合意が自律的に確立される限り、立法者が公共の福祉に関してそれとは異なる固有の見解に基づく特殊な根拠を有する場合を除いて、国家の立法者による他律的な調整を必要としない。

公共の福祉に関連した活動領域の国家と社会の間での分配は、国家組織の内部における間接的および直接的に国家性を有する諸団体の間、連邦と諸州との間、[193] 国家全体と超国家的諸団体との間、団体内部におけるその諸機関の間での、諸管轄の分配によって補完される。そこから生み出された垂直的および水平的権力分立という高度に複雑な仕組みは、公共の福祉を促進することができる多くの刺激およびエネルギーを解き放つ。同時に、その仕組みはチェック・アンド・バランスによって、誤った決定のリスクを減らし、失敗を認識し処理することを容易にする。[194]

公共の福祉を分散的に産出するという原理は、国家の行為統一体という対抗原理による防護を必要とする。公共の福祉は何を要求するのかについて争いが生じたときに必要なのは、法的拘束力のある決定を行う権威である。この決定は最終的に国家権力の下にある。[195]この国家権力は、その権力分立的諸構造にも拘らず、諸利益の競争や衝突を開かれた共通利益の視点から解決できるように組織されなければならない。最終的な発言権は合議制機関の多数派、官職階統制の頂点ないし裁判所の合議体の下にある。しかしながら本質的なのは、最終的な発言権が公共の福祉に開かれた決定を行う場所にあるということである。連邦政府は、基本方針原理および合議制原理に基づいてそのような解決を行うことができる。[196]しかし連邦政府は、もしその権限領域が分割されて所轄原理が絶対視され、その結果、その時々の所轄の利益が一般的に関連性を有する諸々の問いにおいて決定的な影響を与えることになれば、そのようなことはできないであろう。それ故、権限秩序が初めから個々の公益に全体決定のための基準性を保障することは、それによって決定に影響を及ぼす別の正統な諸利益の出番がなくなってしまうことになるから、許されない。〔しかし、〕今日おびただしく広がった受託者制度〔Beauftragtenwesen〕のために、そのような危険が迫っている。[197]受託者が拒否権ないしその他の影響力を通じて、個々の公益のいわば職務上の代弁者として、セクト主義者のように一方的に、データ保護や女性支援のような彼（女）が代表する特殊利益に肥大化した意義を獲得させたり、他のあらゆる事物的な利益を初めから抑圧させたりできるならば、公共の福祉に適合した法適用や裁量行使は挫折させられ、法治国家的行政は倒錯させせられてしまう。

2　基本権上の自由に基づく公共の福祉

（1）公共の福祉に関する権限としての基本権

市民は基本権を通じて、自ら公共善の確立に協力する資格を備える。このような公共の福祉に関する権限は、防禦権としての基本権に含まれる。国家による侵害からの消極的自由は、公共の福祉のための固有の給付を提供する積極的自由を包含するが、それはまさに、国家に対しては全く閉ざされているかあるいは一定の法的諸条件の下においてのみ開かれている、子どもの育児および教育、道徳および宗教、文化および学問、経済および政治的意思形成のような活動領域においてである。その上さらに、非国家的な諸勢力は、基本権に応じて公共の福祉を自分のやり方で促進することが優先的に可能である。もちろん国家には最終的な責任が残る⁽198⁾。

ただし、リベラルな基本権の機能がひとりでに公共の福祉に関する権限として理解されるわけではない。それ〔=リベラルな基本権〕は諸個人およびその結合の自由な発展を原則的に国家による侵害から保護し、基本権制約の図式に応じて、公共の福祉の要請に基づく正当化をそのつど必要とする限定された国家の干渉〔Ingerenz〕のみを認める。基本権が開く自由な行動の余地が、生命的および精神的並びに経済的および文化的な公共体の基盤である。こうして、公共体の生活は基本権という根源から優先的に生じる。公共の福祉は、基本権の保護領域において広範囲に実現する。

けれども、基本法の規制利益は公共の福祉にではなく、国家権力の干渉に対する諸個人の自由の保護に向けられている。人身の自由から職業の自由および団結の自由に至るリベラルな由来を有する基本権は、主として侵害防御のための主観的権利として形整され、消極的地位の保障を意図している。しかし一面的な規制構想は、公共の福祉にとって基本権の実質が有意味であることを拒否しているわけではない。そこで、歴史的経験によればその行使がとりわけ容易に公共善の要請と矛盾し得るところの、所有権保障のようなリベラルな基本権は、同時に「公共の福祉」に資するように明文で義務付けられている。原則的に妥当するのは以下のことである。すなわち、消極的地位に基づく基本権の裏面は、かかる基本権がその保持者に留保しているいくつかの活動領域――家庭、職業、経済、文化、世論、政治的意思形成、学問、宗教そして世界観――において、公共の福祉の産出に協力することを市民に授権することである。リベラルな基本権は多義的である。すなわちそれは、国家権力を制限する

（そして要求する）が、しかし国家権力の対向者としての社会や、社会内部における私的および公的な生活領域の自律性を構成もする。基本権保護の下で、現実の秩序は下から展開する。私的自治は社会における自己調整のために諸勢力を解き放ち、給付、財産、利益、意見、理念の競争を解放する。[199]

（2）私益と徳　基本権の担い手が公共の福祉を生み出すことと国家によるそれとは、本質的に区別される。なぜなら前者は、客観的な公職原理にではなく主観的な自由原理に基づくからである。[200]基本権の担い手は自身の行動の是非および方法について決定するのであって、目標、動機および尺度において初めから拘束されているわけではない。彼（女）は物質的にも理念的にも私益を放棄する必要はない。憲法は私益の正統性を、所得を得るための職業の自由、所有権の私益性、集団的諸利益の擁護へと方向付けられている団結の自由の保障において、自明のものとして前提にしている。

この場所において、カール・マルクスがリベラルな人権に対して行った、それ〔＝リベラルな人権〕は公共性への奉仕に埋没するシトワイヤン〔Citoyen〕にではなく、特殊で固有な諸利益を持った人間像つまりブルジョワジー〔Bourgeois〕に、個々の利己心の立場を超えないことを義務付けるものであるという批判が始まる。[201]それに対してルドルフ・スメントは、基本権を初めからシトワイヤンの理想像へと方向付けた。〔それによれば〕シトワイヤンは、基本権において「全体の枠内で自身の特別な職業権や身分権を認識する」べきである。[202]個人の私益に代わって政治的な徳が進み出る。国家による侵害からの消極的自由は、公共の福祉への無私なる奉仕のための積極的自由に埋没する。私人の基本権は、公民としての公職義務へと変化する。このような前提からは、国家の中心的な諸利益が「真の」自由の内容を拘束的に定義し、その行使を規制し、基本権の担い手に公共の事柄への奉仕を厳命するという結論が、僅かに導かれるに過ぎない。この方法では、個人の保護のために定められた基本権は機能が変わってしまい、法治国家の配分原理は逆さまになる。[203]「公共の福祉に適合するように」全ての公民は「自らの肉体的および精神的な力を活用しなければならない」というラインラント＝プファルツ憲法の基本義務を、もし法律上の言葉通りに受け取るならば、そのようなことも生じるであろう。[204] けれどもこれは、真正の法的義務にではなく、ただ道徳的な訴えに関わる問題に過ぎない。基本権に対応するのは、それと対称的な市民の基本義務でも国家の介入権能でもない。[205] 基本権上の自由の行使は憲法によって限定されているわけではなく、恣意的および理性的な、並びに私益的および公益的な使用に開かれている。それは政治的な徳を可能にするが、しかしそれに汲み尽くされるわけではない。自由はブルジョワジーの自由でもある。基本権秩序は私人に私益の放棄を要求するわけではないが、私人には直接に公益に資するような無私なる自由の使用を留保している。自らの私益を超えるかどうかはその人次第である。宗教および道徳、伝統および慣習といった、国家の干渉に対して閉ざされている前法的な諸要素は、公共の福祉にとって効果的な行動に対する正統な影響力を手に入れる。[206] 国家は、もっぱら公益に資する目的にのみ献身する私的な諸組織に、補償および刺激として課税免除を提供する。[206]

マルクスやスメントがリベラルな基本権構想に対して行った批判は、無私性への要求において道徳的な棘を有している。まさにその点で、その批判は諸個人および諸集団の実存的な欲求を無視している。その批判は諸利益の現実および正統性をないがしろにする。その上その批判は、無私性と公共の福祉の促進とを性急に同一視しているが、その両者は区別されなければならない。[207] 私益の放棄は未だ公共の利益を保障しない。これ〔＝私益の放棄〕は善き意図ではなく善き結果の問題である。果たして租税法は、国家による公共の福祉の促進が客観的に補完されているかあるいは軽減されているという留保の下でのみ、公衆のための無私的な活動を優遇する。総じて租税上の公益性が指示するのは、ただ私人が公共の福祉を生み出すという非典型的な狭い領域に過ぎない。[208]

私益とはまさに公共体の「善き生」を達成するための乗り物である。所得を得るための個人の努力は、それが成果を収める限り、自分自身や家族の生活の必要を保障し、市場の需要を充足し、国民経済の価値創造に寄与し、最終的には国家に、それを通じて国家が公共の福祉に関する需要を賄うことができる租税を供給する。租税国家は、経済的な成果に関与し、市場が顧慮しない公的な諸課題をこの方法で賄うために、私人による所得を得るための努力に活動の余地を与えることによって、公共の福祉のリストを実現する。これが、所有権の使用は私益的な意図と同時に公共の福祉に資するという基本法上の格率が有する、実際上の本質的な意味である。社会国家の利他主義は、社会的生産物の配分限度を手に入れた市民たちの利己心に、租税を通じていわば寄生して生きている。けれども、国家は高権的・一方的に財政需要のための資金を調達することができるので、所得を得るために自身の立場で経済活動を行ったり私人と競合したりすることは禁じられる。[209]

私益や野心は経済的、政治的および理念的な競争の原動力である。それらは国家の中心的な計画や制御を生み出すことはできないが、活動性を刺激し、エネルギーおよび秩序衝動を解き放つ。公共の福祉のための競争の手続は、個人の知的および道徳的な負担軽減をもたらす。公共の利益は、基本権によって自律的に生み出される限り、全体として見えざる手の仕業である。それは公共の福祉を実現するための第一の不可欠な形式ではあるが、[210]無謬であったり十分であったりするわけではない。

（3）国家の最終的責任　一定の範囲における国家の最終的な責任は、社会的法治国家および社会的文化国家の見える手による修正を必要とする。そもそも私的自治および競争は、その基本権上の保障にも拘らず、国家の法秩序に埋め込まれている。[211]国家の法秩序は法的な枠条件を提供し、手続、組織および資金調達を通じて基本権行使を援助し、[212]社会的現実において自由権の諸前提が不十分である限りにおいてその補償を行う。

憲法が打ち立てた社会的な国家目標は、公共の福祉を生み出すために「下から」やってくるプロセスは処理が難しく、公共の最善は市場の見えざる手によって諸利益の競争からひとりでに生じるというオールド・リベラルな楽観主義に憲法は与していないことを明らかにする。社会国家条項は、正しさに関する実体的な保証が公共の福祉との関連性をもたらす限り、私的自治による調整にかかる保証が与えられることはないということの、憲法上の指標でもある。にも拘らず今日まで、協約自治〔Tarifautonomie〕は契約による調整に実体的な正しさを保証するという先祖返りの正統化理論がしぶとく持ちこたえている。[213]けれども、そのような保証は協約当事者間でさえ未だ果たすことができておらず、いわんや、第三当事者や公衆に対してはなおさらである。協約の成果と正統な公共の利益との間は、いつでも矛盾に引き裂かれ得る。特に協約自治は国家による修正の試みに対して抵抗力を有しているので、この矛盾はとりわけ厄介である。[214] それにも拘らず、団結の自由が基本権として承認されたため、協約自治の領域においてさえ、国家が公共の福祉に対する最終的な責任から解放されることはない。

公的に不可欠な諸任務が私人の手元にある場合、例えば医療供給やエネルギー供給においても、その保障は国家の義務である。[215] 一般的に、国家は公共の福祉に対する最終的な責任を担う。国家は自らの活動範囲の内部で、拘束力を有する決定権限を手中にしている。市場や社会が善き生の諸条件を作動させたり、自分たちの基本権上の自由を公益と調和するように擁護したり、必要とあらば自らの責任で給付を提供したりすることに失敗した場合、国家には、法的および現実的に制限された可能性の枠内で善き生の諸条件を保障し、法的に必要な非難を行う義務がある。

基本権によって公共の福祉が実現することのリスクに対して、国家が盲目的に立ち向かうことは許されない。国家はかかるリスクへの対処を試みなければならないが、国家の自由になる限定された手段によってはそれを完全に追い払うことはできない。まして国家は、基本権による自律的な給付を自身による給付によって全面的に置き換えることはできない。もし国家がそれを試みれば、自由な国家としての性質を失うであろう。それ故、自由の憲法において、公共の福祉は、立憲国家の処分権力の外にあり、その欠落に対する保障を国家が提供することのできないような、微妙な諸前提に基づいているのである。[216] 公共の福祉のために行動する必要性に比べて立憲国家の権限装置が不足していることは、自由な構造のための諸条件の下では必要不可欠であり廃棄することはできない。

（4）前法的な憲法上の期待　憲法の欠缺には、公共の福祉にとって基本権が有する潜在能力を市民が実現するという前法的な憲法上の期待が入り込んでくる。この期待は法的強制によって支持されているわけではなく、もっぱら自由な行動によってのみ叶えられる。期待が果たされなかったときに生じる制裁は、公共体の善き生を現実に失うことである。憲法上の期待は、自由のリスクのための再保険を提供しない。このリスクは解消されるのではなく、広さと深さとに応じて測定される。全体としての社会に、しかし最終的にはまさしく個々の市民に向けられるのは、市民が判断力、情熱、能力およびエートス、簡潔に言えば公共心を奮い起こすという期待である。個人を超えたあらゆる客観的な手続および制度、並びに、公共善の実現に協力するあらゆる見える手および見えざる手にも拘らず、公共心なくして公共の福祉は存在しない。

民主制は、市民が選挙権およびその他の積極的地位に基づく権利を行使し、政治に積極的に参加し、職務を引き受けることで国家生活にエネルギーを供給する心構えをしているという、憲法上の期待にかかっている。その期待は市民の判断力および公共心に向けられており、いわんや中間団体[217]や政党にはなおさらである。

それと区別されるべきなのは、市民自身による公共の福祉の実現、基本権による自律的な善き生〔vita bona〕の確立に向けられた憲法上の期待である。素材の所在地〔sedes materiae〕は消極的地位に基づく基本権である。憲法は、みんなが直接に全体の事柄のために尽くすことを期待しているのではなく、家庭、職業、社会といったその時々の活動範囲において自分の仕事を行い、最も身近な人に利益をもたらすことによって公共の利益をも促進することをおそらく期待している。ただし公共心には、公民の義務をその必要性の認識に基づいて自由意思によって履行することとともに、公衆のために負担に耐えて犠牲を捧げるという覚悟が含まれる。公共心は、私的および公的生活の日常において実証される。このことは、危険ないし危機という極限状況において特別の活動が必要であることを排除しない。総じて公共体は、無条件にかつ信頼できる仕方で公共体に奉仕する能力エリートたち〔Leistungseliten〕を必要とするのである。

（西村裕一　訳）

〔原註〕

(1) 理念史の礎石として、*Herfried Münkler/Harald Bluhm* (Hrsg.), Gemeinwohl und Gemeinsinn, Bd. I, 2001; *Ernst-Wolfgang Böckenförde*, Gemeinwohlvorstellungen bei Klassikern der Rechts- und Staatsphilosophie, in: Herfried Münkler/Karsten Fischer (Hrsg.), Gemeinwohl und Gemeinsinn im Recht, Bd. III, 2002, S. 43ff.

(2) (文言は同じではないが) この古典的な格言の起源として、*Cicero*, De legibus, III, 8.

(3) → *Hersog*, §72 Rn. 23ff.; *Isensee*, §73 Rn. 12ff., 25ff. 〔以下、→で参照が指示されているのは、*Josef Isensee/Paul Kirchhof* (Hrsg.), Handbuch des Staatsrechts der Bundesrepublik Deutschlands のシリーズに収録されている文献である〕.

(4) ドイツ連邦共和国の政治修辞学における「公共の福祉」の好況については、*Wolfgang Bergsdorf*, Herrschaft und Sprache, 1983, S. 100f., 104, 138, 183ff.; *Heinrich Bußhoff*, Gemeinwohl als Wert und Norm, 2001, S. 79ff. さらに参照、*Renate Mayntz*, Interessenverbände und Gemeinwohl, in: dies. (Hrsg.), Verbände zwischen Mitgliederinteressen und Gemeinwohl, 1992, S. 11 (23ff.); *Klaus von Beyme*, Gemeinwohlorientierung und Gemeinwohlrhetorik bei Parteieliten und Interessengruppen, in: Herfried Münkler/Karsten Fischer (Hrsg.), Gemeinwohl und Gemeinsinn, Bd. II, 2002, S. 137ff.; *Friedhelm Neidhardt*, Öffentlichkeit und Gemeinwohl. Gemeinwohlrhetorik in Pressekommentaren, ebd., S. 157ff.

(5) *Johann Jacob Moser*, Von der Teutschen Reich-Stände Landen, 1769, S. 1187.

(6) *Josef Pieper* の自叙伝的な手記 (Noch weiß es niemand, 1976, S. 197) によって伝えられている。その含意については、*Josef Isensee*, Konkretisierung des Gemeinwohls in der freiheitlichen Demokratie, in: Hans Herbert von Arnim/Karl Peter Sommermann (Hrsg.), Gemeinwohlgefährdung und Gemeinwohlsicherung, 2004, S. 95f. 国家社会主義の用語法については、*Michael Stolleis*, Gemeinwohlformeln im nationalsozialistischen Recht, 1974.

(7) その兆候を示すのは、*Michael Stolleis*, Gemeinwohl und Minimalkonsens, in: Aus Politik und Zeitgeschichte, B 3/1978, S. 37 ff.; *ders*, (Fn. 6), 303ff. の叙述である。「歴史の負荷」については、*Hasso Hofmann*, Verfassungsrechtliche Annäherungen an den Begriff des Gemeinwohls, in: Herfried Münkler/Karsten Fischer (Hrsg.), Gemeinwohl und Gemeinsinn im Recht, Bd. III, 2002, S. 25 (27f.). 公共の福祉に対する一般的な「イデオロギー批判」の分析として、*Bernhard Sutor*, Gemeinwohl im politischen Unterricht und als Aufgabe staatsbürgerlicher Erziehung, in: Erich E. Geißler (Hrsg.), Verantwortete politische Bildung, 1988, S. 135ff.

(8) より詳細には、後述の Rn. 49ff. 〔本書四五頁以下〕を参照。

(9) 下降テーゼを定立した *Dolf Sternberger* は、正当なことにもっぱらカトリック社会論だけを除外した (Das allgemeine Beste, 1961, in: ders., „Ich wünschte, ein Bürger zu sein", Neun Versuche über den Staat, ^{2}1970, S. 170f.)。シュテルンベルガーの寄稿論文は、当時の乏しい文献の中で最も優れたものに数えられる。

(10) その指標は関連する学際的な大会や論文集である。強調されるべきものとして、*Renate Mayntz*, Interessenverbände und Gemeinwohl, in: dies. (Hrsg.), Verbände zwischen Mitgliederinteressen und Gemeinwohl, 1992; *Herfried Münkler/Harald Bluhm* (Hrsg.), Gemeinwohl und Gemeinsinn. Historische Semantiken politischer Leitbegriffe, Bd. I, 2001; *Herfried Münkler/Karsten Fischer* (Hrsg.), Gemeinwohl und Gemeinsinn. Rhetoriken und Perspektiven sozial-moralischer Orientierung, Bd. II, 2002; dies., Gemeinwohl und Gemeinsinn im Recht.

Konkretisierung und Realisierung öffentlicher Interessen, Bd. III, 2002; *Herfried Münkler/Harald Bluhm* (Hrsg.), Gemeinwohl und Gemeinsinn. Zwischen Normativität und Faktizität, Bd. IV, 2002; *Gunnar Folke Schuppert/Friedhelm Neidhardt* (Hrsg.), Gemeinwohl-auf der Suche nach Substanz, 2002; *Winfried Brugger/Stephan Kirste/Michael Anderheiden* (Hrsg.), Gemeinwohl in Deutschland, Europa und der Welt, 2002; *Hans Herbert von Arnim/Karl-Peter Sommermann* (Hrsg.), Gemeinwohlgefährdung und Gemeinwohlsicherung, 2004; *Paul Kirchhof* (Hrsg.), Gemeinwohl und Wettbewerb, 2005.

(11) → Bd. II, *Böckenförde*, §24 Rn. 78.

(12) 一九八八年に公表された寄稿論文の初版において、ほとんどルネサンスという言葉を用いることができると、用心深く初めて表現できた（*Josef Isensee*, Gemeinwohl und Staatsaufgaben im Verfassungsstaat, in: HStR III, [2]1996 [[1]1988], §57 Rn. 5）。国民経済学における公共の福祉に関する学説の復興については、*Münkler/Bluhm* (Fn. 1), S. 9 (12).

(13) *Georg Wilhelm Friedrich Hegel*, Grundlinien der Philosophie des Rechts, 1821, S. 337. 強調は原文。

(14) これは、*Max von Weber*, Politik als Beruf (1919), in: ders., Staatsrechtliche Abhandlungen, [2]1968, S. 362 (370ff.) による政治理解の意味においてである。

(15) 諸範疇については、→ *Isennsee*, §73 Rn. 4ff.

(16) 憲法の概念については、→ Bd. II, *Isensee*, §15 Rn. 177ff.

(17) *Hegel* (Fn. 13), §336, S. 286.

(18) 諸範疇としては、*Dieter Fuchs*, Gemeinwohl und Demokratieprinzip, in: Schuppert/Neidhardt (Fn. 10), S. 87 (100f.). もっとも、公共の福祉に対する評価は異なる。

(19) その限りで、それは *Franz Reiner* の意味（Verfassungsprinzipien, 2001, S. 182）においても同様に、*Robert Alexy* の意味（Theorie der Grundrechte, 1985, S. 75ff.）においても、原理として範疇化され得る。最適化についてより詳細には、*Hans Herbert von Arnim*, Gemeinwohl und Gruppeninteressen, 1977, S. 54ff.

(20) *Immanuel Kant*, Zum ewigen Frieden, Erster Zusatz ([1]1975), in: ders., Werke (Hrsg. von Wilhelm Weischedel), Bd. VI, 1964, S. 191 (224).

(21) 後述の、Rn. 63ff., 152〔前者は本書五三頁以下、後者は本書未収録〕を参照。

(22) 広狭の国家概念については、→ Bd. II, *Isensee*, §15 Rn. 145ff., 151ff.

(23) → Bd. II, *Isensee*, §15 Rn. 49ff.

(24) 狭義の概念に対する *Horst Ehmke* の論駁（„Staat“ und „Gesellschaft“ als verfassungsrechtliches Problem, in: FG für Rudolf Smend, 1962, S. 23ff. [38ff.]）は誤りである。批判として、*Josef Isensee*, Subsidiaritätsprinzip und Verfassungsrecht, [2]2001, S. 149ff. (Nachw.).

(25) *Aristoteles*, Politik, III, 6, 7. 類似したものとして、*Thomas von Aquin*, De regno I, 3.

(26) *Marcus Tullius Cicero*, De re publica, I, 25; III, 1. 多くの出典とともに「res publica」の概念については、*Werner Suerbaum*, Vom antiken zum frühmittelalterlichen Staatsbegriff, [2]1970; *Wolfgang Mager*, Republik, in: Otto Brunner/Werner Conze/Reinhart Koselleck (Hrsg.), Geschichtliche Grundbegriffe, Bd.V, 1984, S. 550ff.

(27) *Josef Isensee*, Republik-Sinnpotential eines Begriffs, in: JZ 1981, S. 1 ff.; *Konrad Hesse*, Grundzüge des Verfassungsrechts der Bundesrepublik Deutschland, [20]1995, Rn. 120; *Wilhelm Henke*, Die Republik, in: HStR I, [2]1995 ([1]1987), §21 Rn. 7ff.; *Paul Kirchhof*, Das Wettwerbesrecht als Teil einer folgerichtigen und widerspruchsfreien Gesamtrechtordnung, in: Kirchhof (Fn. 10), S. 1 (7f.); → Bd. II, *Gröschner*, §23 Rn.

16ff., 46ff., 63ff. ただし、再発見された共和制の実質的な理解が早くも誇張された解釈やイデオロギー的な道具化を誘発したものとして、*Günter Frankenberg*, Die Verfassung der Republik, 1996, S. 121ff. (213), および *Albrecht Schachtschneider*, Res publica res populi, 1994. このような政治学的繁茂に対する堅実な批判として、*Stefan Huster*, Republikanismus als Verfassungsprinzip?, in: Der Staat 34 (1995), S. 606ff.; *Rolf Gröschner*, Freiheit und Ordnung in der Republik des Grundgesetzes, in: JZ 1996, S. 637ff.; *Gerd Roellecke*, Rezension: Günter Frankenberg, Die Verfassung der Republik, in: Der Staat 36 (1997), S. 149ff.

（28）*Klaus Stern*, Das Staatsrecht der Bundesrepublik Deutschland, Bd. I, ^{2}1984, S. 580ff.; *Roman Herzog*, in: Maunz/Dürig, Komm. z. GG, Stand 1980, Art. 20 Rn. 3ff.; → Bd. II, *Böckenförde*, §24 Rn. 95f.; *Horst Dreier*, in: ders., GG II Art. 20 (Republik) Rn. 16ff.; *Hartmut Maurer*, Staatsrecht, Bd. I, ^{4}2005, S. 187; *Ekkehard Stein/Götz Frank*, Staatsrecht, ^{19}2004, S. 63; *Peter Badura*, Staatsrecht, ^{3}2003, S. 295; v. Münch/Kunig, GGK II, Art. 20 Rn. 7; *Hans D. Jarass*, in: ders./Bodo Pieroth, Grundgesetz, ^{7}2004, Art. 20 Rn. 3. それ自体として「民主制」および「法治国家」によって既に覆われている人民国家的〔volksstaatlich〕および自由主義的な属性をも「共和制」に数えるものとして、*Reinhold Zippelius/Thomas Würtenberger*, Deutsches Staatsrecht, ^{31}2005, S. 72; *Hans Hofmann*, in: Bleibtreu/Klein, Komm. z. GG, ^{10}2004, Art. 20 Rn. 5; *Christoph Degenhart*, Staatsrecht, Bd. I, ^{21}2005, S. 5.

（29）代表的なものとして、*Hans Herbert von Arnim*, Gemeinwohl im Verfassungsstaat, in: ders./Karl-Peter Sommermann (Fn. 10), S. 63 (69f.), mit Nachw.

（30）*Abraham Lincoln*, Gettysburg Adress, November 1863, Nicolay Copy, S. 2.

（31）公職原理の伝統および今日的意義については、*Wilhelm Hennis*, Amtsgedanke und Demokratiebegriff, in: FS für Rudolf Smend, 1962, S. 51ff.; *Herbert Krüger*, Allgemeine Staatslehre, ^{1}1964, S. 253ff.; *ders.*, Die „Lebensluft" des Öffentlichen Dienstens, in: Walter Leisner (Hrsg.), Das Berufsbeamtentum im demokratischen Staat, 1975, S. 23ff.; *Ralf Dreier*, Das kirchliche Amt, 1972; *Wolfgang Loschelder*, Vom besonderen Gewaltverhältnis zur öffentlich-rechtlichen Sonderbindung, 1982, S. 227ff.; *Peter Graf Kielmansegg*, „Die Quadratur des Zirkels", in: Urlich Matz (Hrsg.), Aktuelle Herausforderungen der repräsentativen Demokratie, 1985, S. 9ff.; *Josef Isensee*, Das Amt als Medium des Gemeinwohls in der freiheitlichen Demokratie, in: Schuppert/Niedhardt (Fn. 10), S. 241ff.; → Bd. II, *Gröschner*, §23 Rn. 62ff.; → Bd. III, *Depenheuer*, §36 Rn. 1 ff., 47ff. 後述の Rn. 132ff.〔本書末収録〕も参照。

（32）→ Bd. III, *Isensee*, §15 Rn. 128ff.; *ders.* Grundrechtsvoraussetzungen und Verfassungserwartungen an die Grundrechtsausübung, in: HStR V, ^{2}2000 (^{1}1992), §115 Rn. 121ff.

（33）*Aristoteles* (Fn. 25), I, III. これについては、*D. J. Allan*, Individuum und Staat in der Ethik und Politik des Aristoteles, 1972, S. 403ff.

（34）*Aristoteles* (Fn. 25), III, 9.

（35）これについては、*Wolfgang Kluxen*, Philosophische Ethik bei Thomas von Aquin, ^{2}1980, S. 231ff., 233ff.; *Böckenförde* (Fn. 1), S. 52f.

（36）政治学注解や「君主の統治について」で展開されているようなトマスの国家学については、*Martin Grabmann*, Studien über den Einfluß der aristotelischen Philosophie auf die mittelalterlichen Theorien über das Verhältnis von Kirche und Staat, 1934; *Robert Linhardt*, Die Sozialprinzipien des hl. Thomas von

Aquin, 1932; *Antoine Pierre Verpaalen*, Der Begriff des Gemeinwohls bei Thomas von Aquin, 1954; *Ulrich Matz*, Thomas von Aquin, in: Hans Maier/Heinz Rausch/Horst Denzer (Hrsg.), Klassiker des politischen Denkens, Bd. I, ^{2}1968, S. 119ff., 135ff.; *Wolfgang Kluxen*, Philosophische Ethik bei Thomas von Aquin, ^{2}1980, S. 231ff.; *Böckenförde* (Fn. 1), S. 51ff. 完全社会論〔Societas-perfecta-Lehre〕については、*Josef Listl*, Kirche und Staat in der neueren katholischen Kirchenrechtswissenschaft, 1978, S. 107ff.

(37) *Hegel* (Fn. 13), insbes. §§257ff.

(38) *Rudolf Smend*, Verfassung und Verfassungsrecht (1928), in: ders., Staatsrechtliche Abhandlungen, ^{2}1968, S. 119ff.; *ders.*, Zum Problem des Öffentlichen und der Öffentlichkeit (1954), ebd., S. 462ff. スメント学派における公共体の展望として、*Konrad Hesse*, Grundzüge des Verfassungsrechts der Bundesrepublik Deutschland, ^{16}1988, S. 5ff. (Rn. 5ff.); *Peter Häberle*, Zeit und Verfassng, in: ZfP 1975, S. 111ff.; *ders.*, Kulturverfassungsrecht im Bundesstaat, 1980.「価値全体性」および「生活全体性」としての国家というスメントの見解に対する批判として、*Ernst-Wolfgang Böckenförde*, Die verfassungstheoretische Unterscheidung von Staat und Gesellschaft als Bedingung der individuellen Freiheit, 1973, S. 32f.

(39) *Peter Häberle* は、彼の公共の福祉に関する手続的な理論を用いて、統合理論を端緒とする首尾一貫した試みを企てている。Die Gemeinwohlproblematik in rechtswisssenschaftlicher Sicht, in: Rechtstheorie 14 (1983), S. 257ff.

(40) → Bd. II, *Isensee*, §15 Rn. 75ff.

(41) BVerfGE 42, 312 (332)――基本法四条一項および二項について。

(42) そのようなものとして、die Konstitution „Gaudium et spes" des II. Vaticanum n. 26, 74 (dt. Ausgabe v. Karl Rahner/Herbert Vorgrimler, Kleines Konzilskompendium, 1966, S. 473, 531)。既にそれ以前のものとして、*Johannes XXIII.*, Enzyklika „Mater et Magistra" v. 15. 5. 1961, n. 65 (dt. Ausgabe v. Bernhard Welty, ^{2}1962, S. 120).

(43) これは、「共有財」(広義の公共の福祉) とみなされている。参照、*Walter Kerber*, Gemeinwohl, in: StL^{7}, Bd. II, Sp. 858. 古典的 (「倫理的」) 概念の見地から道具的概念に批判的なものとして、*Arthur F. Utz*, Sozialethik, Bd. I, 1958, S. 293ff.

(44) 基本法の国民概念については、*Manfred Birkenheier*, Wahlrecht für Ausländer, 1976, S. 25ff., 134ff. →Bd. II, *Isensee*, §15 Rn. 119ff., 151ff.; *Grawert*, §16 Rn. 1ff.

(45) → Bd. II, *Grawert*, §16 Rn. 35ff., 42ff.; *Hillgruber*, §32 Rn. 17ff.

(46) 国法上の意味における国民と社会との相違については、→ Bd. II, *Isensee*, §15 Rn. 155ff.; *Böckenförde*, §24 Rn. 26ff.; *Rupp*, §31 Rn. 25ff.; *Hillgruber*, §32 Rn. 18ff.

(47) *Marcus Tullius Cicero*, De officiis, III, 6 (28).

(48) → Bd. II, *E. Klein*, §19 Rn. 11.

(49) 後述の Rn. 129ff.〔本書未収録〕を参照。

(50) 「公共性」に関する国家理論上の様々な観点については、*Hasso Hofmann*, Das Postulat der Allgemeinheit des Gesetzes, in: Christian Starck (Hrsg.), Die Allgemeinheit des Gesetzes, 1987, S. 15ff., 33ff. (Nachw).（客観的意味における）「公共性」の無私的な促進を優遇しようとしつつ (租税通則法五二条一項一文)、しかしさらに人的範囲の大きさに従って (つまり主観的に)「公共性」を定義する (租税通則法五二条一項二文) 租税法において、両面価値性が諸問題をもたらす。これに批判的なものとして、*Josef Kraft*, Die steuerrechtliche Gemeinnützigkeit, in: Vierteljahresschrift für Steuer- und Finanzrecht, 1932, S. 315 (339ff.); *Günther Felix*, Förderung der Allgemeinheit als Vorasusetzung der Gemeinnützigkeit, in: Finanz-Rundschau

1961, S. 236 (237); *Bundesministerium der Finanzen* (Hrsg.), Gutachten der Unabhängigen Sachverständigenkommission zur Prüfung des Gemeinnützigkeits- und Spendenrechts, 1988, S. 81f.

(51) 出典を明示するものとして、*Suerbaum* (Fn. 26); *Mager* (Fn. 26), S. 549ff.

(52) *Thomas von Aquin*, De regno II.

(53) 憲法および行政法からの実例とともにこれについては、*Walter Leisner*, Privatinteresse als öffentliches Interesse, in: DÖV 1970, S. 217ff.

(54) BVerfGE 74, 264 (284ff.)——自動車試験場事件（ボックスベルグ）。さらに参照、*Dietrich Murswiek*, Privater Nutzen und Gemeinwohl im Umweltrecht, in: DVBl 1994, S. 77ff. 一般的なものとして、*Otto Depenheuer*, in: v. Mangoldt/Klein/Starck, GG I, Art. 14 Rn. 435ff. (Nachw.).

(55) これについては、*Matz* (Fn. 36), S. 137.

(56) 人類的立場からの全世界的な公共の福祉に関する構想として、*Alfred Verdroß*, Vom Gemeinwohl der Staatsbürger zumu Gemeinwohl der Menschheit (1960), in: Hans Klecatsky/René Marcic/Herbert Schambeck (Hrsg.), Die Wiener Rechtstheoretische Schule, Bd. I, 1968, S. 811ff.; *ders.* Das bonum commune humanitatis in der christlichen Rechtsphilosophie (1963), ebd., S. 861ff.; *Hans Ryffel*, Grundprobleme der Rechts- und Staatsphilosophie (1969), S. 227; *Georg Ress*, Staatszwecke im Verfassungsgesetz- nach 40 Jahren Grundgesetz, in: VVDStRL 48 (1990), S. 56 (79ff.); *Christian Calliess*, Gemeinwohl in der Europäischen Union- Über den Staaten- und Verfassungsverbund zum Gemeniwohlverbund, in: Brugger/Kirste/Anderheiden (Fn. 10), S. 172ff.; *Stefan Oeter*, Gemeniwohl in der Völkerrechtsgemeinschaft, ebd., S. 215ff.; *Bardo Fassbender*, Zwischen Staatsraison und Gemeinschaftsbindung- Zur Gemeinwohlorientierung des Völkerrechts der Gegenwart, in: Münckler/Fischer (Fn. 10), Bd. III, S. 231ff.; *ders.* Der Schutz der Menschenrechte als zentraler Inhalt des völkerrechtlichen Gemeniwohls, in: EuGRZ 2003, S. 1ff. (Nachw.); *Markus Juchtenfuß*, Versuch über das Gemeniwohl in der postnationalen Konstellation, in: Schuppert/Neidhardt (Fn. 10), S. 367ff. EUにおける公共の福祉については、*Dieter Plehwe*, Europäische Universaldienstleistungen zwischen Markt und Gemeinwohl, in: Schuppert/Neidhardt (Fn. 10), S. 389ff.; *Karl-Peter Sommermann*, Nationales und europäisches Gemeinwohl, in: von Arnim/Sommermann (Fn. 10), S. 201ff.; *Peter Häberle*, „Gemeinwohl" und „Gemeinsinn" im nationalverfassungsstaatlichen und europarechtlichen Kontext, in: Münckler/Fischer (Fn. 10), S. 99 (111ff.).

(57) このような混同が連邦憲法裁判所のMutlangen判決において、その意見が判決に影響を及ぼさない四人の裁判官に生じた。すなわち彼らは、座り込みによる封鎖における「私益的な行為と公共の福祉を志向する行為との本質的な相違」を指摘する。それによれば、「本質的に公共的な意義を持ち、単に特殊集団的ないし金銭的ではない諸利益に関する事柄」であるところの、「私益的ではなく」政治的な遠い将来の目標を追求する封鎖者は、憲法によって、強要に係る刑罰による非難に対して原則的に正当化されるべきであり、彼らの行為に係る刑法上の非難性は通例は消失するべきである、とされる（BVerfGE 73, 206 [257ff.]）。法倫理学的にも誤った命題に対する堅実な批判として、BGHSt 35, 270 (273ff.). さらに、*Herbert Tröndle* in: ders./Thomas Fischer, Strafgesetzbuch, [49]1999, §240 Rn. 27 *Günther Jakobs*, Anm. In: JZ 1986, S. 1063 (1064) も見よ。

(58) 租税国家の仕組みについては、*Josef Isensee*, Steuerstaat als Staatsform, in: FS für Hans Peter Ipsen, 1977, S. 409ff. → Bd. II, *Vogel*, 30 Rn. 51ff.

（59）誤っているものとして、BVerfGE 73, 206 (257ff.); 前註（57）を参照。

（60）このような現象については、*Hermann Lübbe*, Politishcer Moralismus. Der Triumph der Gesinnung über die Urteilskraft, 1987. 連邦憲法裁判所が憲法を誤解して私益の信用を低下させたことに対する、連邦通常裁判所の批判は適切である。BGHSt 35, 270 (281).

（61）これについては、*Joseph H. Kaiser*, Die Repräsentation organisierter Interessen, ^{2}1978, S. 181ff.; *Rubert Scholz*, Koalitionsfreiheit, in: HStR VI, ^{2}2001 (^{1}1989), §151 Rn. 31ff.

（62）これについてより詳細には、*Josef Isensee*, Gemeinwohl und Bürgersinn im Steuerstaat des Grundgesetzes, in: FS für Günter Dürig, 1990, S. 33ff.; *ders.*, Gemeinnützigkeit und europäisches Gemeinschaftsrecht, in: Monika Jachmann (Hrsg.), Gemeinnützigkeit, Steuerjuristische Gesellschaft, Bd. 26 (2003), S. 93ff. (Nachw.); *Roman Seer*, Gemeinwohlzwecke und steuerliche Entlastung, ebd., S. 11ff.

（63）理念史として、*Friedrich Meinecke*, Die Idee der Staatsraison (1924), in: ders. Werke, Bd. I, 1957; *Roman Schnur* (Hrsg.), Staatsraison, 1975; *Michael Stolleis*, Staatsraison, Recht und Moral in philosophischen Texten des späten 18. Jahrhunderts, 1972; *ders.*, Geschichte des öffentlichen Rechts in Deutschland, Bd. I, 1988, S. 197ff. (Nachw.). 公共の福祉に関する国家理性という論拠を飼い慣らした一六世紀および一七世紀の諸傾向については、*Thomas Simon*, Gemeinwohloptik in der mittelalterlichen und frühneuzeitlichen Politiktheorie, in: Münkler/Bluhm (Fn. 10), S. 129 (138ff.). 立憲国家における国家理性の意義については、*Carl Joachim Friedrich*, Die Staatsraison im Verfassungsstaat, 1961; *Hans Hugo Klein*, Bundesverfassungsgericht und Staatsraison, 1968 (Nachw. Aus der Rspr.); *Martin Kriele*, Einführung in die Staatslehre, ^{3}1988, S. 309ff.

（64）*Max Weber*, Politik als Beruf (1919), in: ders., Gesammelte Schriften, ^{1}1921, S. 396 (397). このような理解に批判的なものとして、*Andreas Anter*, Max Webers Theorie des modernen Staates, 1995, S. 51ff. 政治的なるものの様々な概念については、*Josef Isensee*, Verfassungsrecht als „politisches Recht", in: HStR VII, 1992, §162 Rn. 5ff. (Nachw.).

（65）ローマ人の力は徳を通じてよりも幸運を通じてより高められたのかというマキアヴェッリの問いには、容易に答えることができよう。「なぜなら古代ローマ人は、有徳であるという最大の幸運を得ていたからである」（*Johann Adolf Hoffmann*, Politische Anmerckungen über die wahre und falsche Staats-Kunst, worin aus den Geschichten aller Zeit bemercket wird, was einem Lande zuträglich oder schädlich sey, 1725, S. 67）。

（66）引用は、*Meinecke* (Fn. 63), S. 6f.

（67）*Friedrich Schiller*, Maria Stuart, I/7.

（68）例外状態という法治国家のトラウマについては、*Isensee* (Fn. 64), §162 Rn. 90ff.; *ders.*, Normalfall oder Grenzfall als Ausgangspunkt rechtsphilosophischer Konstruktion?, in: Winfried Brugger/Görg Haverkate (Hrsg.), Grenzen als Thema der Rechts- und Staatsphilosophie, 2002, S. 1 (65ff.).

（69）非歴史的な主知主義の本質哲学〔Wesensphilosophie〕は、比較的最近まで公共の福祉に関するカトリックの国家論および社会論を嚮導していた。例えば、*Johannes Messner*, Naturrecht, ^{3}1958, S. 255ff. und passim; *Utz* (Fn. 43); *ders.*, Recht und Gerechtigkeit, Deutsche Thomasausgabe, Bd. 18, 1953, S. 458ff., 564ff. その学説の国家哲学的な諸前提については、*Josef Isensee*, Keine Freiheit für den Irrtum. Die Kritik der katholischen Kirche des 19. Jahrhunderts an den Menschenrechten als staatsphilosophisches Paradigma, in: ZRG Kan. Abt. LXXIII, 1987, S. 296ff.

（70）代表的なものとして、*Ernst Fraenkel*, Deutschland und die

wesentlichen Demokratien, [4]1968 (Fn. 10), S. 167f., 188; *Hans Ryffel*, Öffentliche Interessen und Gemeinwohl, in: Wohl der Allgemeinheit und öffentliche Interessen (Schriftenreihe der Hochschule Speyer Bd. 39), 1968, S. 13 (17ff., 26ff.); *ders.* (Fn. 56), S. 227. 国家目的と国家目標との区別については，→ *Isensee*, §73 Rn. 4ff.

(71) 参照，*Reinhart Koselleck*, Geschichte, in: Otto Brunner/Werner Conze/Reinhart Koselleck (Hrsg.), Geschichtliche Grundbegriffe, Bd. II, 1975, S. 593 (594).

(72) これについては，*Ulrich Matz*, Aporien individualistischer Gemeinwohlkonzepte, in: Anton Rauscher (Hrsg.), Selbstinteresse und Gemeinwohl, 1985, S. 321ff.

(73) 原理的な批判の例として，*Karl R. Popper*, Die offene Gesellschaft und ihre Feinde, Bd. II, dt., [6]1980, S. 5ff.; *Ernst Topitsch*, Die Sozialphilosophie Hegels als Heilslehre und Herrschaftsideologie, [2]1981; *ders.*, Mythos, Philosophie, Politik, 1969, S. 121ff., 142ff.

(74) そのようなものとして例えば，*Niklas Luhmann*, Recht und Automation in der öffentlichen Verwaltung, 1966, S. 91; *Stolleis* (Fn. 6), S. 37; *ders.*, Gemeinwohl, in: EvStL[3], Bd. I, Sp. 1062f. より慎重なものとして，*Horst Dreier*, in: ders., (Hrsg.), GGII, Art. 20 (Republik) Rn. 19; *Walter Hesselbach*, Aufgaben der gemeinwirtschaftlichen Unternehmen, in: FS für Carlo Schmid, 1972, S. 233 (235f.); *Peter Saladin*, Wachstumsbegrenzung als Staatsaufgabe, in: FS für Ulrich Scheuner, 1973, S. 541（五五五頁には「トートロジー」とある）; *Dreier* ebd., Rn. 19（法的に処理できない，「利害関係から自由ではない，多元的な政治的意思形成過程の産物」）. 反対の立場として，*Hans Herbert von Arnim*, Gemeinwohl und Gruppeninteressen, 1977, S. 55ff.; ders., Staatslehre der Bundesrepublik Deutschland, 1984, S. 124ff.; *Böckenförde* (Fn. 1), S. 62f.; *Heinz-Christoph Link*, Staatszwecke im Verfassungsstaat- nach 40 Jahren Grundgesetz, in: VVDStRL 48 (1990), S. 7 (20); *Winfried Brugger*, Gemeinwohl als Integrationskonzept von Rechtssicherheit, Legitimität und Zweckmäßigkeit, in: ders./u.a. (Fn. 10), S. 17. → Bd. II, *Gröschner*, §23 Rn. 41ff., 52ff.（公共の福祉とは特に関係なく）政治的領域における「空虚定式」に対する一般的な認識批判およびイデオロギー批判として，*Hans Kelsen*, Die platorische Gerechtigkeit (1933), in: Kantstudien XXXVIII/1933, S. 91ff.; *Ernst Topitsch*, Über Leerformeln, in: FS für Victor Kraft, 1960, S. 233ff.; *ders.*, Sozialphilosophie (Fn. 73), S. 122ff.

(75) 論理的帰結が一貫して支配しているわけではない。従って「空虚定式」の批判者は，自身の側では，人間の尊厳，自由，民主制のような一般概念を肯定的に用いる（例えば，*Topitsch*, Sozialphilosophie [Fn. 73], S. 123ff.）。

(76) 「公共の福祉」や「公益」等の主題について，立法および司法における材料に関する詳細な概説および注釈を与えるのは，*Peter Häberle*, „Gemeinwohljudikatur“ und Bundesverfassungsgericht, in: AöR 95 (1970), S. 86ff., 260ff.; *ders.*, Kommentierte Verfassungsrechtsprechung, 1979, S. 308ff.; *ders.* (Fn. 39), S. 258ff.

(77) *Hofmann* (Fn. 7), S. 25f., 33ff.

(78) *Immanuel Kants* の理念論として，Kritik der praktischen Vernunft, 1788, A 20f. (Anm.), 238ff. (in: Akademie-Ausgabe, Bd.V, 1913, S. 21f., 132ff.)。さらに参照，*ders.*, Kritik der reinen Vernunft, [2]1787, B 366ff., B 799 (Meiner-Ausgabe, S. 347ff., 703); *ders.*, Logik, 1800, §38 (in: Akademie-Ausgabe, Bd. IX, 1923, S. 112).

(79) 構成的原理と区別される統制的原理については，*Kant*, Kritik der reinen Vernunft (Fn. 78), B 536ff. (Meiner-Ausgabe, S. 504ff.).

（80）諸目的および諸任務による「事物的な」統合については、*Smend*, Verfassung (Fn. 38), S. 160ff.

（81）→*Salzwedel*, §97 rn. 9ff., 25ff. 環境保護の不足を公共の福祉およびその権限の主題とすることに対する根本的な理論的批判として、*Ernst Forsthoff*, Wer garantiert das Gemeinwohl?, in: Zeitwende 44 (1973), S. 40ff.; *ders.*, Der Staat der Industriegesellschaft, ²1971, S. 27ff.

（82）→*Seiler*, §81 Rn. 13ff.

（83）それ故、現実の効果における経済的諸利益は、法律上当然には〔ipso iure〕、公共の福祉という規範的な理念にとって意味を持たない。「社会的選好序列」「社会的選択」「厚生理論」「公共財」等といった主題に関する国民経済学の文献は、国家理論や国法の問いに対する直接の答えを含まない。しかしそれは、市場経済下での民主的な個人主義という諸条件の下における合意形成についての説明を、間接的に可能にする。ここにあるのは、国家学にとっては高尚とはいえない財宝である。最近の国民経済学の文献の例として、*Theodor Pütz*, Das „Gemeinwohl" als Begriff der theoretischen Wirtschaftspolitik, in: Zeitschrift für Nationalökonomie 26 (1966), S. 260ff.; *Abram Bergson*, Social Choice and Welfare Economics under representative government, in: Journal of Public Economics 6 (1970), S. 171ff.; *Bruno S. Frey*, Moderne politische Ökonomie, 1977, S. 94ff.; *Peter Bernholz*, Verfassung und konsistente gesellschaftliche Präferenzen: Ein allgemeines Möglichkeitstheorem, in: Jahrbuch für Politische Ökonomie 4 (1985), S. 73ff.; *Christian Watrin*, Gesellschaftliche Wohlfahrt, in: Rauscher (Fn. 72), S. 461ff.; *Hans G. Nutzinger*, Unternehmen und Gemeinwohl, in: Schuppert/Neidhardt (Fn. 10), S. 315ff.; *Peter Ulrich*, Republikanischer Liberalismus und Corporate Citizenship, in: Münkler/Bluhm (Fn. 10), Bd. IV. S. 273ff.; *Gebhard Kirchgässner*, Gemeinwohl in der Spannung von Wirtschaft und politischer Organisation, in: Brugger/Kirste/Anderheiden (Fn. 10), S. 289ff.; *Carl Christian von Weizsäcker*, Zur Gemeinwohlorientierung des Wettbewerbsrechts, in: Kirchhof (Fn. 10), S. 85ff.

（84）*Immanuel Kant*, Idee zu einer allgemeinen Geschichte in weltbürgerlicher Absicht, 1974, A 369 (in: Werke, Weischedel-Ausgabe, Bd.VI, 1964, S. 35).

（85）新しいバイエルン州の「事物的な綱領」である、バイエルン憲法三条〔一項〕二文（そのように言うものとして、*Hans Nawiasky/Claus Leusser*, die Verfassung des Freistaats Bayern v. 2. 12. 1946, 1948, Art. 3, S. 79）。

（86）ラインラント＝プファルツ憲法一条二項。この規定は、カトリック社会論の道具的な公共の福祉概念を拾い上げている。参照、*Adolf Süsterhenn/Hans Schäfer*, Kommentar der Verfassung für Rheinland-Pfalz, 1950, Art. 1, Anm. 3 b (Anknüpfung an Heinrich Pesch). 肯定的なものとして、*Häberle* (Fn. 39), S. 261.

（87）ラインラント＝プファルツ憲法一条三項。

（88）ラインラント＝プファルツ憲法二〇条。

（89）ヘッセン憲法三八条一項一文、バイエルン憲法三八条一項、ブレーメン憲法四三条一項、ザールラント憲法四三条一項。最近の諸憲法における公共の福祉に関する諸条項の衝突として、*Peter Häberle*, „Gemeinwohl" und „Gemeinsinn" im nationalverfassungsstaatlichen und europarechtlichen Kontext, in: Münkler/Fischer (Fn. 10), S. 99 (103ff., 112ff.).

（90）ラインラント＝プファルツ憲法五二条二項一文。

（91）Bay VerfGH, Entscheidung vom 29. 9. 2005, in: NJW 2005, S. 3699 (3707f.).

（92）ヘレンキームゼー草案一条一項。これに批判的なものとして、*Peter Badura*, Das Verwaltungsmonopol, 1963, S. 315.

（93）参照、die Rede des Abg. *Theodor Heuss* in der 2. Plenarsitzung

v. 8. 9. 1948, BT-Prot S. 44.

(94) 完全憲法と区別された枠憲法という類型については、*Ernst-Wolf Böckenförde*, Die Eigenart des Staatsrechts und der Staatsrechtswissenschaft, in: FS für Rudolf Gmür, 1983, S. 321; *ders.*, Zur Diskussion um die Totalrevision der Schweizerischen Bundesverfassung, in: AöR 106 (1981), S. 597ff.

(95) *Deutscher Bundestag* (Hrsg.), Bericht der Gemeinsamen Verfassungskommission, in: Zur Sache 5/93, S. 161ff.

(96) 基本法五六条、六四条二項。

(97) BVerfGE 108, 186 (228).

(98) BVerfGE 62, 1 (43). 公共の福祉に関する連邦憲法裁判所や欧州司法裁判所による裁判のまた別の例として、*Häberle* (Fn. 89), S. 105f., 112ff.

(99) BVerfGE 5, 85 (198f.)——ＫＰＤ判決。

(100) BVerfGE 33, 125 (158f.)——医師会事件。

(101) 基本法一四条二項二文。基本法一四条二項二文における「公共の福祉」という規定については、BVerfGE 20, 351 (355f.); 56, 249 (260) とその少数意見である、*Böhmer*, S. 266 (275f.); 58, 300 (338f.); 68, 361 (367f.); 79, 174 (198); 81, 208 (220f.); 100, 1 (40f.); *Walter Leisner*, Eigentum, in: HStR VI, ^{2}2001 (^{1}1989), §149 Rn. 133, 136f., 140; *Otto Depenheuer*, in: v. Mangoldt/Klein/Starck, GG I, ^{5}2005, Art. 14 Rn. 218ff.

(102) 基本法一四条一項三文。これについては、BVerfGE 56, 249 (261f.) とその少数意見である、*Böhmer*, S. 266 (273ff.); 74, 254 (285f., 289); *Wolfgang Rüfner*, Die Berücksichtigung der Interessen der Allgemeinheit bei der Bemessung der Entscheidungsentschädigung, in: FS für Ulrich Scheuner, 1973, S. 511ff.; *Leisner* (Fn. 101), §149 Rn. 170ff.; *Depenheuer* (Fn. 101), Art. 14 Rn. 422ff.

(103) *Isensee* (Fn. 32), §115 Rn. 163ff. 170ff.

(104) *Leisner* (Fn. 101), §149 Rn. 170ff.

(105) 範疇として、*Carl Schmitt*, Verfassungslehre, 11928, S. 126. これについては、*Hasso Hofmann*, Grundpflichten und Grundrechte, in: HStR V, ^{2}2000 (^{1}1992), §114 Rn. 41, 50. →Bd. II, *Isensee*, §15 Rn. 174ff.

(106) BVerfGE 24, 367 (403)——ハンブルク堤防整備法判事件〔事件名に係る訳語は、ドイツ憲法判例研究会編・後掲訳註（xiii）三〇八頁［柏崎敏義訳］に従った〕。

(107) 基本法八七e条四項。

(108) →*Butzer*, §74 Rn. 27.

(109) 例えば、BVerfGE 59, 216 (228f.)——基本法二八条二項一文について。一般的なものとして、*Dieter Grimm*, Gemeinwohl in der Rechtsprechung des Bundesverfassungsgerichts, in: Münkler/Fischer (Fn. 10), S. 125 (134ff.); *Häberle* (Fn. 39), S. 100ff.

(110) (概念上は部分的に少しずつ異なっているが)「公共の福祉に係る理性的な諸根拠」というトポスについては、BVerfGE 7, 377 (403ff.); 9, 73 (79); 18, 353 (261f.); 22, 1 (32f.); 30, 292 (315ff.); 39, 210 (225); 46, 120 (145); 47, 109 (116); 65, 116 (125); 68, 272 (282); 71, 162 (173); 75, 284 (292); 76, 196 (207); 77, 84; 98, 265 (308). これについては、*Rupert Scholz* in Maunz/Dürig, Komm. z. GG, Stand 1981, Art. 12 Rn. 318ff.; *Rüdiger Breuer*, Die staatliche Berufsregelung und Wirtschaftslenkung, in: HStR VI, ^{2}2001 (^{1}1989), §148 Rn. 21ff. 団結の自由に関して、BVerfGE 100, 271（三八三頁——憲法によって正統化された、公共の福祉に係る優越的な諸根拠、二八八頁——公共の福祉に係る諸利益）; 103, 293 (306f.). 親権については、BVerfGE 98, 218 (260). 家族の支援については、BVerfGE 82, 60 (82). 電気通信の秘密については、BVerfGE 100, 313（三五九頁、三七五頁——公共の福祉に係る目的）. 人身の自由については、BVerGE 66, 191 (195). 基本法二条一項に

ついては、BVerfGE 70, 1 (25f.); 78, 77 (85); 78, 232 (245); 78, 249 (277f.); 80, 137 (159); 106, 28 (49).

(111) BVerfGE 61, 291 (307, 312f.).

(112) 調整および相互作用については、*Peter Lerche*, Grundrechtsschranken, in: HStR V, ²2000 (¹1992), §122 Rn. 3ff. 20ff.

(113) 基本法一〇条二項および一一条二項。

(114) BVerfGE 7, 377 (404ff.); 93, 213 (235f.); 97, 12 (26, 30f.). これについては、*Breuer* (Fn. 110), §148 Rn. 21ff. (Nachw.).

(115) BVerfGE 91,186 (207).

(116) BVerfGE 13, 206 (214); 13, 215 (224); 13, 261 (273); 89, 48 (66); 98, 17 (39); 101, 239 (264); 105, 17 (44f.); 109, 133 (186).

(117) BVerfGE 28, 243 (260f.); 30, 173 (193); 32, 98 (108); 33, 23 (32); 47, 327 (369, 380ff.); 69, 1 (21). 憲法に内在する諸制約については、*Lerche* (Fn. 112), §122 Rn. 23f.; *Walter Schmidt*, Der Verfassungsvorbehalt der Grundrechte, in: AöR 106 (1981), S. 497ff. (508); *Josef Isensee*, Vorbehalt der Verfassung, in: FS für Walter Leisner, 1999, S. 359 (388ff.); *Klaus Stern*, Das Staatsrecht der Bundesrepublik Deutschland, Bd. III/2, 1994, S. 571ff.; *Matthias Cornils*, Die Ausgestaltung der Grundrechte, 2005, S. 550ff. (Nachw.).

(118) *Helmut Schelsky* は正義の理念を、かかる諸制度およびその職務の担い手の存在意義が献身的に仕えるべきものであるが、それにも拘らず命令的および認知的な導出の法学的な合理性を確認することができない、法学的な諸審級の制度的な指導理念の一つに数える（Die juridische Rationalität, 1980, S. 16f.）。

(119) *Lerche* (Fn. 112), §122 Rn. 16ff.

(120) *Isensee* (Fn. 32), §115 Rn. 121ff., 162.

(121) 概念については、→Bd. II, *Isensee*, §15 Rn. 187ff.

(122) 参照、*Peter Lerche*, Übermaß und Verfassungsrecht, 1961, S. 79f.

(123) これについては、*Josef Isensee*, Menschenwürde- die säkulare Gesellschaft auf der Suche nach dem Absoluten, in: AöR 131 (2006), S. 173ff. オーストリアにおける人間の尊厳という不文の法原理の実定法上の意義については、*Peter Pernthaler*, Braucht ein positivrechtlicher Grundrechtskatalog das Rechtsprinzip der Menschenwürde?, in: FS für Heinz Schäffer, 2006, S. 613ff. 法的安定性の原理が憲法によって保障されることおよびその危険については、*Andreas von Arnauld*, Rechtssicherheit, 2006, S. 664ff., 676ff.

(124) より詳細なものとして、*Josef Isensee*, Vom Ethos des Interpreten, in: FS für Günther Winkler, 1997, S. 367 (389ff., 393ff.).

(125) →*Herzog*, §72 Rn. 23ff.; *Isensee*, §73 Rn. 12ff., 17ff. さらに参照、*Link* (Fn. 74), S. 7 (20ff.).

(126) そのような試みとして、*Robert Uerpmann*, Verfassungsrechtliche Gemeinwohlkriterien, in: Schuppert/Neidhardt (Fn. 10), S. 179ff.

(127) *Ernst Forsthoff*, Der Staat der Industriegesellschaft, ²1971, S. 144.

(128) 前述の Rn. 61〔本書五一～五二頁〕を参照。

(129) 枠秩序としての憲法という解釈については、*Isensee* (Fn. 64), §162 Rn. 43ff.; *Matthias Jestaedt*, Grundrechtsentfaltung im Gesetz, 1999, S. 72ff. (Nachw.).

(130) 模範的なものとして、§§24 Abs. 3, 31 Abs. 2 Nr. 1, 136 Abs. 4 S. 1, 165 Abs. 3 Nr. 2 BauGB; §§14 Abs. 6 S. 2 Nr. 1, 51 S. 1 GewO; §40 Abs. 1 Nr. 3 KWG; §13 Abs. 1 Bundeswaldgesetz; §30 Abs. 2 S. 1 BNatSchG; §§1a Abs. 1 S. 2, 6 Abs. 1, 8 Abs. 3 S. 2, 12 Abs. 1, 18a Abs. 1 S. 1 19 Abs. 1, 31 Abs. 1 S. 1, 31 Abs. 6 S. 2 WHG; §§3 Abs. 4, 5 Abs. 3 S. 3, 10 Abs. 4 S. 1 KrW-/AbfG; §9 Abs. 1 Nr. 3, 21 Abs. 1 Nr. 5, 40 Abs. 1 S. 2 BImSchG; §§13 Abs. 2 Nr. 6, 14

Abs. 2 Nr. 6 BDSG; §56d Abs. 2 BRRG; §§43 Abs. 1, 80 Abs. 2, 87 Abs. 1 BGB; §§49 Abs. 2 Nr. 5, 60 Abs. 1 S. 2, 74 Abs. 2 S. 2 VwVfG; §32 Abs. 1 BVerfGG. 連邦憲法裁判所法三二条一項に基づく仮命令の前提としての「公共の福祉に係る重要な根拠」については、BVerfGE 82, 310 (314f.); 80, 360 (363f.); 94, 166 (215); 106, 351 (358); 106, 359 (368); 108, 45 (50); 108, 369 (377). → Bd. III, *Löwer*, §70 Rn. 217.

(131) 構成要件に関する法律のメルクマールとして公共の福祉を解釈することについては、*Fritz Ossenbühl*, Rechtliche Probleme der Investitionskontrolle gemäß §4 Energiewirtschaftsgesetz, 1988, S. 25ff. (Nachw.); *Hofmann* (Fn. 7), S. 25f.

(132) *Link* は、伝統的な国家目的論を受け継いで、公共の福祉への義務付け、国内外における平和確保、最広義の福祉、そして個人的および協同的な自由の保障という、国家目的の「古典的なカドリガ」を描写する（(Fn. 74), S. 7 (18, 19ff.)）。しかしながら公共の福祉は、他の三つの目的よりも抽象性の水準が高く、それらを自身の裡に含めてしまう。

(133)（対内的な）主権が社会の間接的な諸権力へと移動することについては、*Josef Isensee*, „Gewerkschaftsstaat"- staatstheoretische Essenz eines politischen Kampbegriffs, in: FS für Wilhelm Hennis, 1988, S. 360ff.

(134) → Bd. II, *Isensee*, §15 Rn. 98ff.

(135) 政治的統一体という範疇については、*Ernst-Wolfgang Böckenförde*, Der Begriff des Politischen als Schlüssel zum staatsrechtlichen Werk Carl Schmitts, in: Helmut Quaritsch (Hrsg.), Complexio Oppositorum, 1988, S. 283ff.

(136) 安全という国家目標が立憲国家にとって有する内容、意義および法実践的意義については、*Kurt Eichenberger*, Die Sorge für den inneren Frieden als primäre Staatsaufgabe (1977), in: ders., Der Staat der Gegenwart, 1980, S. 73ff.; *Josef Isensee*, Das Grundrecht auf Sicherheit, 1983, S. 17ff. (Nachw.); *Markus Möstl*, Die Staatliche Garantie für die öffentliche Sicherheit und Ordnung, 2002, S. 14ff., 37ff., 84ff., 346ff. → *Götz*, §85 Rn. 1ff.

(137) 安全という国家目標の歴史的および国家哲学的な基盤については、*Isensee* (Fn. 136), S. 3ff.; *Gerhard Robbers*, Sicherheit als Menschenrecht, 1987, S. 121ff.; *Christian Starck*, Frieden als Staatsziel, in: FS für Karl Carstens, 1984, S. 867ff.

(138) これについては、*Josef Isensee*, Das Grundrecht als Abwehrrecht und als Staatliche Schutzpflicht, in: HStR V, ^{2}2002 (^{1}1992), §111 Rn. 168ff., 182ff.

(139) → Bd. II, *Zacher*, §28 Rn. 32ff., 109ff. → *Rüfner*, §96 Rn. 72ff.

(140) 一九九九年四月一八日のスイス連邦憲法前文。

(141) → *Salzwedel*, §97 Rn. 1ff., 25ff. さらに参照、*Rupert Scholz*, Maunz/Dürig, Komm. z. GG, Stand 1996, Art. 20a GG Rn. 5ff.

(142) 基本法二〇a条のかかる観点については、*Dietrich Murswiek*, in: Michael Sachs (Hrsg.), Grundgesetz, Art. 20a Rn. 32, 37f.; *Astrid Epiney*, in: v. Mangoldt/Klein/Starck, GG II, Art. 20a GG Rn. 30ff. (Nachw.). 既にそれ以前のものとして、BVerfGE 61, 291 (307, 312) ——一般的に、危機的な動物種および生態系の保護。

(143) これについては、*Epiney* (Fn. 142), Rn. 97ff.

(144) 基本法二〇a条によれば、責任の担い手は領土的および人的に限定された射程におけるドイツ国家である。しかし名宛人は、ドイツ住民の将来世代だけでなく人類の将来世代である。ここで示されているのは、国家の公共の福祉が有する国家を超えた意義である。

(145) 科学技術文明における責任については、*Hans Jonas*, Das Prinzip Verantwortung, 1979. 民主的法治国家にとっての意義については、*Peter Saladin*, Verantwortung als Staatsprinzip,

1984. 憲法上のないし倫理的な後続世代の保護については、*Hasso Hofmann*, Rechtsfragen der atomaren Entsorgung, 1981, S. 259ff.; *Eike von Hippel*, Der Schutz der Schwächeren, 1982, S. 140ff.; *Peter Häberle*, Zeit und Verfassungskultur, in: Anton Peisl/Armin Mohler (Hrsg.), Die Zeit, 1983, S. 333ff.

(146) → Bd. II, *P. Kirchhof*, §20 Rn. 78ff., 94ff.

(147) → *Fassbender*, §76 Rn. 56ff.

(148) スイス連邦憲法の前文は、「共同の成果および将来世代に対する責任の自覚」という言葉を用いる〔訳文は、高橋編・後掲訳註(x)四〇二頁〔山岡規雄訳〕に従った〕。

(149) → *Seiler*, §81 Rn. 9ff., 13ff.

(150) これについては、*Georg Jellinek*, Allgemeine Staatslehre, ^{3}1914, S. 256; *Herbert Krüger*, Allgemeine Staatslehre, ^{1}1964, S. 767ff. *Herzog*, §72 Rn. 88ff. これと区別されるべきなのは、狭義の国家に適用される国家保障〔Staatsschutz〕である。これについては、*Hans Peter Bull*, Die Staatsaufgaben nach dem Grundgesetz, ^{2}1977, S. 354ff.

(151) *Herbert Krüger* は、この任務を国家育成〔Staatspflege〕と呼んだ（Allgemeine Staatslehre, ^{1}1964, S. 214ff.）。→ *Herzog*, §72 Rn. 90f.

(152) 代表的なものとして、*Hoffmann* (Fn. 65), S. 53ff („Von dem Interesse oder Eines Staats Selbst-Erhaltung“).

(153) 道徳的立場に賛成の意見表明として、*Hoffmann* (Fn. 65), S. 53ff.

(154) → Bd. II, *Isensee*, §15 Rn. 7ff., 17ff.

(155) 基本法七九条三項と関連する同法二三条一項三文。→ Bd. II, *P. Kirchhof*, §21 Rn. 52ff.

(156) 理由付けとしては、→ Bd. II, *Isensee*, §15 Rn. 197ff.; *P. Kirchhof*, §21 Rn. 84; *Hillgruber*, §32 Rn. 108.

(157) 欧州連合条約六条三項、欧州共同体設立条約一〇条（＝欧州憲法〔条約〕草案 I―五条）。具体的な諸問題については、*Hans Heinrich Rupp*, Bemerkungen zum europarechtlichen Schutz der „nationalen Identität“ der EU-Mitgliedstaaten, in: FS für Walter Rudolf, 2001, S. 173ff.

(158) これについては、*Häberle* (Fn. 89), S. 99ff.

(159) 外交における「憲法エゴイズム」から「憲法パトリオティズム」への変化については、*Christian Tomuschat*, Der Verfassungsstaat im Geflecht der internationalen Beziehungen, in: VVDStRL 36 (1978), S. 16ff. (38ff.).

(160) 域外へのドイツ連邦軍の出動については、BVerfGE 90, 286 (345ff.); → *F. Kirchhof*, §84 Rn. 47ff.

(161) 前述の、Rn. 38〔本書三九頁〕を参照。

(162) → Bd. II, *Hillgruber*, §32 Rn. 113ff.; *Christian Tomuschat*, Die staatliche Entscheidung für die international Offenheit, in: HStR VII, 1992, §172 Rn. 1ff., 37ff., 66ff.

(163) これについては、*Josef Isensee*, Gemeinnützigkeit und Europäisches Gemeinschaftsrecht, in: Monika Jachmann (Hrsg.), Gemeinnützigkeit, DStJG, Bd. 26, 2003, S. 93ff.

(164) *Thomas Hobbs*, De cive, XIII, 6.

(165) モーザーの理由付けは、「古代、中世、近代および現代の経験が教えてきたのは、君主およびその大臣の理性や意思でさえも他の人間たちと全く同様に様々な欠陥に服しており、公共の最善はしばしば激情を貶す虚飾に過ぎず、国家の名目上の最善のためになされた多くの処分は――時にはより少ない、時にはより多くの、時には全面的な――国家の衰弱および腐敗とともに終わる、ということだからだ」というものである。*Moser* (Fn. 5), S. 1188.

(166) *Niklas Luhmann*, Legitimation durch Verfahren, ^{2}1975, S. 33ff.

(167) 手続化を擁護するものとして、*Peter Häberle*, Die Gemeinwohlproblematik in rechtswissenschaftlicher Sicht, in: Rechtstheorie 14 (1983), S. 257ff.; *Erhard Denninger*, Der Präventionsstaat,

in: KJ 1988, S. 11 (13); *Grunnar Folke Schuppert*, Das Gemeinwohl: Über die Schwierigkeiten, einem Gemeinwohlbegriff Konturen zu verleihen, in: Schuppert/Neidhardt (Fn. 10), S. 19 (24ff., 47ff.); *Dieter Fuchs*, Gemeinwohl und Demokratieprinzip, ebd., S. 87 (99ff., 104). さらに参照、*Fritz Ossenbühl*, Gemeinwohl, in: Otto Kimminich u.a. (Hrsg.), Handwörterbuch des Umweltrechts, Bd. I, 1986, Sp. 664f.; *Hans Heinrich Rupp*, Wohl der Allgemeinheit und öffentliche Interessen, in: Wohl der Allgemeinheit und öffentliche Interessen (Schriftenreihe der Hochschule Speyer, Bd. 39), 1968, S. 116 (120); BVerfGE 56, 249 (259f.)——基本法一四条三項一文について。

(168) これについては、*Josef H. Kaiser*, Die Repräsentation organisierter Interessen, ^{2}1978, S. 308ff. →Bd. III, *Horn*, §41 Rn. 32ff.

(169) これについては、*Eberhard Schmidt-Aßmann*, Verwaltungsverfahren, in: HStR III, ^{2}1996 (^{1}1988), §70 Rn. 23ff.

(170) →Bd. II, *Böckenförde*, §24 Rn. 11ff., 26ff. *Matthias Jestaedt*, Demokratieprinzip und Kondominialverwaltung, 1993, S. 204ff., 265ff.

(171) BVerfGE 5, 85 (198).

(172) BVerfGE 5, 85 (199).

(173) *Schuppert* (Fn. 167), S. 19 (26f.).

(174) これは、*Dieter Fuchs* (Fn. 167), S. 91ff. (104) の立場である。

(175) *Jean-Jacques Rousseau*, Du contrat social, 1762, ch. 3.

(176) ルソーの学説の優れた分析として、*Hans Welzel*, Naturrecht und materiale Gerechtigkeit, ^{4}1962, S. 159ff.

(177) この二者択一は、一九七六年の連邦議会選挙戦で決着がつけられた基本価値論争において公共的な意義を手に入れた。模範的な問題は、まだ生まれていない生命に対する国家の憲法上の保護義務であった（し今もそうである）。資料として、*Günter Gorschenek* (Hrsg.), Grundwerte in Staat und Gesellschaft, 1977. 国家理論的な分析として、*Josef Isensee*, Verfassungsgarantie ethischer Grundwerte und gesellschaftlicher Konsens, in: NJW 1977, S. 545ff.

(178) *Rousseau* (Fn. 175), II, ch. 3. 一般意思形成の諸前提については、*Hans Maier*, Rousseau, in: ders./Heinz Rasch/Horst Denzer (Hrsg.), Klassiker des politischen Denkens, Bd. II, 1968, S. 129ff. (Lit.). 近代的多元主義理論の見地からの真摯な批判として、*Fraenkel* (Fn. 70), S. 173ff.

(179) →Bd. III, *Schmitt Glaeser*, §38 Rn. 42ff.; *Kunig*, §40 Rn. 16ff.; *Horn*, §41 Rn. 47ff.; *Kloepfer*, §42 Rn. 11ff., 35ff., 44ff.

(180) 語史および概念史については、*Hasso Hofmann*, Repräsentation, 1974.

(181) →Bd. III, *Böckenförde*, §34 Rn. 31ff.

(182) アメリカの文献に倣ってそのように言うものとして、*Fuchs* (Fn. 167), S. 100ff.

(183) そのように言うものとして、*Fuchs* (Fn. 167), S. 101.

(184) →Bd. III, *Böckenförde*, §34 Rn. 32.

(185) →Bd. III, *Böckenförde*, §34 Rn. 29.

(186) 参照、BVerGE 5, 85 (198).

(187) これについては、Thür VerfGH in: LKV 2002, S. 83 (93); *Josef Isensee*, Plebiszit und Finanzvorbehalt, in: FS für Reinhardt Mußgnug, 2005, S. 101 (108ff.).

(188) *Herbert Krüger*, Allgemeine Staatslehre, ^{2}1966, S. 763ff.

(189) *Immanuel Kant*, Über den Gemeinspruch: Das mag in der Theorie richtig sein, taugt aber nicht für die Praxis (1793), in: ders., Werke (Weischedel-Ausgabe), Ed.VI, 1964, S. 125 (153). 強調は原文。

(190) 公共の福祉の名宛人に関する諸々の面倒事については、前述のRn. 32ff.〔本書三五頁以下〕を参照。

(191) これについては、*Paul Kirchhof*, Mittel staatlichen Handelns, in: HStR III, ^{2}1996 (^{1}1988), §59 Rn. 1ff.

(192) より詳細なものとして、*Josef Isensee* (Fn. 24), S. 281ff., 365ff. 後述の、*Isensee*, S. 73 Rn. 65ff.〔本書未収録〕。

(193) 基本法八五条三項に基づく、「……ここで連邦によって定義されるべき公共の福祉に係る利益」として、BVerfGE81, 310 (332)。

(194) → Bd. II, *Di Fabio*, §27 Rn. 1ff., 64ff.

(195) 国家という解釈統一体および決定統一体については、→ Bd. II, *Isensee*, §15 Rn. 71, 105ff. さらに参照、*Otto Depenheuer/Markus Heintzen/Matthias Jestaedt/Peter Axer* (Hrsg.), Die Einheit des Staates, 1998.

(196) → Bd. III, *Detterbeck*, §66 Rn. 12ff., 25ff., 44ff.

(197) これについては、*Winfried Brohm*, Sachverständige Beratung des Staates, in: HStR II, ^{2}1998 (^{1}1987), §36 Rn. 4.

(198) より詳細なものとして、*Josef Isensee*, Das Dilemma der Freiheti im Grundrechtsstaat, in: FS für Martin Heckel, 1999, S. 739ff.

(199) BVerfGE 32, 311 (317). → *Grzeszick*, §78 Rn. 9ff.; *Andreas Musil*, Wettbewerb in der staatlichen Verwaltung, 2005, S. 63f.; *Paul Kirchhof* (Fn. 27), S. 1ff.

(200) 基本権上の自由と公職との非両立性については、*Walter Leisner*, Öffentliches Amt und Berufsfreiheit, in: AöR 93 (1968), S. 162ff.; *Loschelder* (Fn. 31), S. 227ff.; *Josef Isensee*, Transformation von Macht in Recht- das Amt, in: ZBR 2004, S. 3 (6); *Kirchhof* (Fn. 27), S. 3ff. → Bd. III, *Depenheuer*, §36 Rn. 60ff.

(201) *Karl Marx*, Zur Judenfrage (1843), in: ders., Die Frühschriften (Hrsg. v. Siegfried Landshut), 1953, S. 192ff. ――フランス一七九三年憲法の人および市民の諸権利について。

(202) *Rudolf Smend*, Bürger und Bourgeois im deutschen Staatsrecht (1933), in: ders., Staatsrechtliche Abhandlungen (Fn. 38), S. 309 (323).

(203) 徳モデルについては、*Isensee* (Fn. 198), S. 755f.

(204) ラインラント＝プファルツ憲法三〇条。類似のものとして、バイエルン憲法一五一条一項。

(205) これについては、*Hofmann* (Fn. 105), §114 Rn. 38ff., 42ff.; *Josef Isensee*, Die verdrängten Grundpflichten des Bürgers, in: DÖV 1982, S. 609 (612ff.).

(206) 前述のRn. 43〔本書四一―四二頁〕を参照。

(207) 前述のRn. 40〔本書四〇頁〕を参照。

(208) 前述のRn. 43〔本書四一―四二頁〕を参照。

(209) 利益モデルについては、*Isensee* (Fn. 198), S. 756ff.

(210) *Isensee* (Fn. 32), §115 Rn. 240.

(211) → *Grzeszick*, §78 Rn. 18ff., 21; *Kirchhof* (Fn. 27), S. 2f., 10ff.

(212) *Erhard Denninger*, Staatliche Hilfe zur Grundrechtsausübung durch Verfahren, Organisation und Finanzierung, in: HStR V, ^{2}2000 (^{1}1922), §113 Rn. 19ff., 29ff., 34ff.（事物および公共の福祉に照らして正当であることへの傾向を可能にする）。

(213) 労働協約の実体的な正しさの保証は、BAGE 22, 144 (181); 38, 118 (129) - st. Rspr. によって肯定されている。肯定的なものとして、*Eduard Picker*, Die Regelung der Arbeits- und Wirtschaftsbedingungen, in: ZfA 17 (1986), S. 227f. 学説は、*Walter Schmidt-Rimpler*, Grundfragen einer Erneuerung des Vertragsrechts, in: AcP n. F. 27 (1941), S. 130ff.; *ders.*, Zum Problem der Geschäftsgrundlage, in: FS für Hans Carl Nipperdey, 1955, S. 1 (4ff.); *Franz Gamillscheg*, Kollektives Arbeitsrecht, 1997, S. 284ff. (weit. Nachw.) に起因する。批判として、*Werner Flume*, Allgemeiner Teil des Bürgerlichen Rechts, Bd. II, ^{3}1979, S. 8; *Josef Isensee*, Die verfassungsrechtliche Verankerung der Tarifautonomie, in: Die Zukunft der sozialen Partnerschaft (Veröffentlichungen der Walter-Raymond-Stiftung, Bd. 24), 1986, S. 159 (177ff.).

(214) 公共の福祉に関する協約自治の問題性については、*Scholz* (Fn. 61), §151 Rn. 31ff.; *Otto Rudolf Kissel*, Arbeitskampfrecht,

2002, S. 296ff. (Nachw.); *Gregor Thüsing*, Tarifautonomie und Gemeinwohl, in: v. Armin/Sommermann (Fn. 10), S. 141ff.; *Picker* (Fn. 213), S. 215ff. (Nachw.); *Peter Badura*, Die Tarifautonomie im Spannungsfeld von Gemeinwohlerfordernissen und kollektiver Interessenwahrung, in: AöR 104 (1979), S. 264ff. その他の諸団体に対する公共の福祉への方向付けについては、参照、die Beiträge in: Mayntz (Fn. 10).

(215) 代表的なものとして、基本法八七e条四項に基づく連邦の義務がある。→*Butzer*, §74 Rn. 19ff., 38ff; *Uerpmann-Wittzack*, S. 89 Rn. 5ff. さらに参照、*Markus Heintzen*, Beteiligung Privater an der Wahrnehmung öffentlicher Aufgaben und Staatliche Wahrnehmung, in: VVDStRL 62 (2003), S. 220 (237ff., 254ff.); *Andreas Voßkuhle*, ebd., S. 266 (270ff., 307ff.).

(216) これについては、*Ernst-Wolfgang Böckenförde*, Der Staat als sittlicher Staat, 1978, S. 36f.

(217) *Mayntz* (Fn. 4), S. 11ff.; *Georg Volruba* Wirtschaftsverbände und Gemeinwohl, in: Mayntz (Fn. 10), S. 80ff.; *Kurt H. Biedenkopf*, Zur Verantwortung der Verbände, ebd., S. 273.

［訳註］

（i）共訳者との協議の結果、*Josef Isensee*, Gemeinwohl im Verfassungsstaat, in: ders./Paul Kirchhof (Hrsg.), Handbuch des Staatsrechts der Bundesrepublik Deutschlands, 3. Aufl., 2006, §71, S. 3-79のうち、内容や分量に鑑みて、本章では六二頁（欄外番号一二七）までを訳出した。

なお、全ての訳語を統一することはできなかったが、本章の訳出に際しては他の章の訳語および訳文も可能な限り参照し、かつそこから多大な示唆を受けたことを記しておく。加えて、本章の冒頭に該当する箇所を、二〇一八年度に北海道大学大学院法学研究科で開講された演習の場で一緒に読んで下さった大学院生の皆さんにも、この場を借りてお礼申し上げたい。もとより、本章における誤りの責任はすべて訳者である西村に存する。

（ii）試みにウェブ上で検索をかけてみると、„Stadtfeindlichkeit“ や（*Peter Starke*; Stadtklima, Immissionsverhältnisse und Flechtenverbreitung in Linz, 1984, S.160, in: https://www.zobodat.at/pdf/NKJB_29_0157-0284.pdf）、„Meidung menschlichen Einflusses bzw. von Städten“ を意味する（Wirkungsermittlung von Stadtklimaeffekten auf Biota anhand des Bioindikators Flechte in Wiesbaden und Mainz, S. 9, in: https://www.hlnug.de/fileadmin/dokumente/klima/klimprax/2018-10-30_Stadtklima-Biomonitoring_WiesMainz.pdf）といった説明がヒットする。実際、（信頼性は定かではないが）とあるサイトによれば（http://www.etymologie.info/）、„poleo“ というのは古代ギリシャの都市国家を意味する „poleis“ を語源とするのだという。とはいえ、「都市恐怖症」という訳では文意が通らないように思われるため、ここでは仮に「国家恐怖症」という訳語を充ててみた。もとより苦肉の策であり、読者諸賢のご教示を乞う次第である。

（iii）訳出に際しては、長谷川宏訳『法哲学講義』（作品社、二〇〇〇年）六九五頁、藤野渉＝赤沢正敏訳『法の哲学Ⅱ』（中央公論新社、二〇〇一年）四二三頁、上妻精ほか訳『法の哲学　下巻』（岩波書店、二〇〇一年）五四八頁等を参考にした。

（iv）訳出に際しては、長谷川訳・前掲訳註（iii）六九五頁、藤野＝赤沢訳・前掲訳註（iii）四二三頁、上妻ほか訳・前掲訳註（iii）五四八頁等を参考にした。

（v）訳出に際しては、宇都宮芳明訳『永遠平和のために』（岩波書店、一九八五年）六九頁、福田喜一郎ほか訳『カント全集14』（岩波書店、二〇〇〇年）二八六頁［遠山義孝訳］、中山元訳『永遠平和のために／啓蒙とは何か　他三編』（光文社、二〇〇六年）二〇五頁等を参考にした。

（vi）訳出に際しては、牛田徳子訳『政治学』（京都大学学術出版会、二〇〇一年）一四〇頁を参照した。

（vii）この訳語は、上妻ほか訳・前掲訳註（iii）三五二頁に従った。

（viii）訳出に際しては、中務哲郎＝高橋宏幸訳『キケロー選集9』（岩波書店、一九九九年）二九二～二九三頁［高橋訳］を参照した。

（ix）訳文は、柴田平三郎訳『君主の統治について』（岩波書店、二〇〇九年）二〇頁に従った。

（x）本章では、ドイツ連邦共和国基本法の訳文について、高橋和之編『新版　世界憲法集〔第二版〕』（岩波書店、二〇一二年）一六一頁以下［石川健治訳］、初宿正典訳『ドイツ連邦共和国基本法』（信山社、二〇一八年）等を参照した。

（xi）訳出に際しては、脇圭平訳『職業としての政治』（岩波書店、一九八〇年）一〇頁を参考にした。

（xii）本章では、Verfassungsrecht の訳語には原則として「憲法」を採用しているのに対し、Verfassungsgesetz の訳語には、芦部信喜『憲法学Ⅰ　憲法総論』（有斐閣、一九九二年）三頁の記述に従い、「憲法律」を採用している。

（xiii）この訳語は、ドイツ憲法判例研究会編『ドイツの憲法判例Ⅱ〔増補第二版〕』（信山社、二〇〇六年）四六三頁［甲斐素直訳］に従った。

（xiv）訳文は、高橋編・前掲訳註（x）四〇二頁［山岡規雄訳］に従った。

（xv）訳出に際しては、福田ほか訳・前掲訳註（v）一九八頁［北尾宏之訳］を参考にした。

第三章 自由民主制における公共の福祉——立憲国家の前‐民主制的基礎(訳註ⅰ)

Das Gemeinwohl der freiheitlichen Demokratie: Vordemokratische Fundamente des Verfassungsstaates

第一節　「時代を超越した」一つの主題

オットー・フォン・フライジング寄附講義と銘打つこの講義は、遠く時を超えて今なお輝き、現代の一寄附講座に栄光をもたらす一人の偉人の名を想い起こさせる。その名はオットー・フォン・フライジング——修道士、司教、学識者、ザーリアー家の皇帝の後裔、ホーエンシュタウフェン家の皇帝の異父弟、自らの甥フリードリヒ・バルバロッサ帝の伝記作者であるが、だがとりわけ今日歴史家が誰も敢えて書こうとはしないような世界年代記の著者である。オットーの年代記は神の国〔civitas dei〕と地の国〔civitas terrena〕という二つの国の歴史、神の国が止むことなく興隆し、地の国が止むことなく没落する歴史として描かれ、アダムの創造に始まり最後の審判に終わる。その間にはオットー自身が生きた、そしてやはり我々も生きる時代、善と悪とが海の浪に洗われる砂礫に似て、大海に投げ込まれた網の如くに入り交じる混在の国〔civitas permixta〕という狭間の国が位置付けられる。[1]今日と同じく当時も、人類は万物流転〔mutatio rerum〕、可変性〔mutabilitas〕と多様性〔varietas〕の中で途方に暮れていた。しかしオットーは歴史の意味と目標を見て取り、神の救済計画を認識したのである。人類はその道具に過ぎなかった。オットーは、万物がどこから来たのか、そしてどこに向かうのか、歴史という嘆きの谷に生起する全てのことはどうして起きるのかということを、いわば超現世的な高みから見て取ったのである。オットーを導いていたのは、叙任権闘争において一体性を失った後の帝国と教会が何を必要としているのか、永遠の法における帝国と教会の課題は何かということに関する確信であった。それは全キリスト教徒に最後の審判に備えさせること、そしてそれに先立つ終末の災禍たる反キリストの支配をそれでも全身全霊を賭けて先延ばしにすること、すなわちこれであった。[2]

我々後世の人間は、ここに存する聖なる確信と全体観を、ただ驚きと密かな羨望とともに観察するばかりである。神中心の世界像から人智学的世界像へのコペルニクス的転回、中世の神聖ローマ帝国から近代の世俗国家への転換とともに、それは我々の手から零れ落ちてしまった。オットーの世界観は、もはや我々の世界観ではあり得ない。だが、この講義の名称にその名を留めるこの偉大な守護聖人は、混在の国の大きな主題に我々の関心を掻き立てる。それは歴史という狭間の国の全時代を貫いて全ての世代に関わり、またそれぞれの世代によって次世代のため繰り返し論ぜられるべき主題、すなわち公共の福祉がそれである。これは政治的共同体の意味を巡る思索や、政治的行為の正当化を求める要求と同じく、昔から変わらぬ主題である。「公共体の福祉は至上の法律なり〔Salus rei publicae suprema lex est〕」(3)。公共の福祉の理念は連綿たる国家倫理学を体現しており、倫理的な基礎付けが目標とされる限り、全ての現実の国制ないしあり得る国制に先行する。この理念は永遠の共和制〔res publica perennis〕を構成しているのである。

第二節　公共の福祉という伝統の特徴——概念的輪郭

「公共の福祉は……」という命題によって表現される伝統は、古典古代にまで遡る政治哲学の指導イメージであり、政治修辞学のトポスである。公共の福祉は歴史の中で自らの姿を発展、変容させ、そして所与の変化——アリストテレスにおけるギリシャのポリス、キケロにおけるローマ共和制、トマスにおけるキリスト教共同体〔res publica christiana〕、近世自然法学者における近代領邦国家、啓蒙絶対主義の国家、そして我々の本来の対象ということになろう現代立憲国家——に対応してきた。

この事物は多様な名称を与えられてきた。ラテン語では共通善〔bonum commune〕、公共善〔bonum publicum〕、万人の一般善〔generale bonum omnium〕、人民の福祉〔salus populi〕、公共の利益〔utilitas publica〕、公共体の状態

〔status rei publicae〕、公共体の必要〔necessitas rei publicae〕、市民の幸福〔felicitas civium〕。ドイツ語では公共の福祉〔öffentliches Wohl〕、公共の利益〔öffentliches Interesse〕、一般的福祉〔allgemeines Wohl〕、公共の福祉〔Wohl der Allgemeinheit〕、共通善〔Gemeingut〕、共通の利益〔gemeiner Nutzen〕。(4) やや乱暴ではあるが、これらのそれぞれに異なる語を同義語と見なし、意味の多面性とニュアンスの差異を捨象して、これらに共通する意味を可視化したい。(訳註ii) これを以下で素描しよう。

1　誰の福祉か？

いかなる人間共同体も一定の諸目標に方向付けられ、共同体それ自体の最適な発展に向けて努める。(5) それ故、家族の福祉、結社の福祉、あるいは経済企業の福祉が語られる。公共の福祉の真正かつ特殊の結節項は国家公共体である。もっとも今日では、類推的にではあるが、超国家的結合ないし国際的結合の公共の福祉や人類全体の公共の福祉も語られるところである。(6)

その福祉が問題となる原型的な公共体は、市民〔Bürgerschaft〕と支配〔Herrschaft〕の統一体としての国家である。そのことは、公共体〔res publica〕を人民のもの〔res populi〕と解するキケロの解釈に表現されている。(7) この意味における「国家」は人民のための支配を意味する。ここには倫理的に構想された根源的な共和制理解が宣言されている。(8) しかし、キケロにとって、人民とはあらゆる任意の人間集合体ではなく、法を共同して承認することと共通の利益とに基づいた多数人の集結体であった。「合意と共通の利益によって統合された結合体なり〔coetus consensu et utilitatis communione sociatus〕」。(訳註iii)(9) 利益の共通点（共通の利益〔utilitatis communio〕）は人民の福祉である。人民の福祉〔salus populi〕に向けた義務は、キケロによれば、非市民（外人〔externi〕）の正統な利益を尊重することを排除しない。というのも、ストア派の理解によれば公共体は人類の普遍共同体に組み込まれていたからである。(10)

統治の任にあたる者は、人民の福祉に奉仕する。キケロは共和制の最高機関（国王的権力と軍事権を保持し、他の何者にも服しない法務官、裁判官、執政官）を論じて、人民の福祉こそ彼らにとっての最高の法律であると述べている。「人民の福祉は彼らの最高の法律である〔Ollis salus populi suprema lex est〕」（訳註iv）(11)。ローマ共和制の公職制度はこの目標に向けて整序されていた。(12) 公職はそのエートスと正統性を公共善〔bonum commune〕から与えられる。公職とは、国民一般に奉仕すべく個人に信託的行使を委ねられた公権力の一部である。(13)公共の福祉の実質《ザッヘ》は国家目標であり、これに対する奉仕は政治的徳である。こうした観念は中世にも生き残った。国王は自らを「政治体の利益の奉公人〔politicae utilitatis minister〕」、「公共体の侍医〔medicus rei publicae〕」、そして道徳的模範であると表現することができた。(14)

国民の一般性、すなわち国家公共体は、その福祉が目指されるところの荷受人である。職務の担い手はこの福祉から生じる義務の名宛人である。唯一の名宛人ではないが、しかしこの義務の履行のために特殊に組織され、もっぱらそのために整序された名宛人である。市民もまた、公共の福祉の実現に自発的に寄与すべき資格を有している。

2　公共体の善き生

公共の福祉の意味と内容とを理解しようとすれば、今日では多義的に用いられている国家の概念を明確に理解しておかなければならない。すなわち、国家とは、一方において市民（「社会」）に対する支配組織（狭義の国家概念）、他方において支配と市民の双方を含む公共体という意味を有している（広義の国家概念）。(15) 後者は、その福祉が問題となるところの主体であり、前者は福祉を作り出すために用いられる道具である。

（1）広義における国家および公共の福祉

公共の福祉は、国家公共体および当該公共体に属する者の善き生の倫理的指導イメージである。公共の福祉は生の全体、善く幸せに生きる〔bene et beate vivere〕ことにその全ての——身体的・精神的・物質的・理念的・経済的・文化的・政治的・倫理的・法的——次元で関わる。それは生そのものではなく、実りある生の指針である。公共体の事実状態は、状況が許せばこの指導イメージに接近し得るかもしれない。だが、事実状態は指導イメージと同じではない。なぜなら、公共の福祉は経験的な項ではなく、一つの倫理的な項だからである。公共の福祉は諸々の社会的勢力からなる平行四辺形のベクトル合成として算出され得るものではなく、同様に社会的目標に関する社会の現実の合意として規定され得るものでもない。なぜなら、公共の福祉は合意〔それ自体〕ではなく、その内容的指針だからである。

公共の福祉は実現可能性の及ぶ範囲を超えたところを指し示している。公共の福祉の実現は、アクターの善き意思や能力だけではなく、その運や儘ならぬ現実の所与、運命的状況にも依存している。国家にとって公共の福祉〔salus publica〕はその存在意義であり、国家の諸目標の目標である。国家は生存の必要によって成立したが、その後は善き生のために存在するのである[16]。中世のアルベルトゥス・マグヌスの視界においてはどの都市公共体も公共の福祉を志向しており、私益を志向する都市など一つもなかった[17]。公共の福祉は何らかの具体的な公益、例えば安全や福利とは同一ではない。そうではなく、公共の福祉は諸々の公益の総体を含むものであり、しかもこの諸公益はその相互の矛盾・衝突をそのままにしてただ皮相的に一纏めにされるのではなくて、緊張を孕みつつも均衡した一つの統一体として観念される全体性へと統合されるのである[18]。

公共の福祉の歴史的理解は、完全社会〔societas perfecta et completa〕としての国家公共体という全体論的理解に対応する。アリストテレスの説明によれば、「単なる地縁的な共同体でも、相互侵害からの保護のみを目的とする共同体でも、或いはまた交換取引の保護育成を目的とする共同体」でもなく（つまりヘーゲルが後に必然と悟性の国家〔Not- und Verstandesstaat〕[訳註v]と呼ぶような、対象の限定された目的機構ではなく）、「完成した自足的なあり方を目的として、家や氏族が善き生を営むところの共同体」[訳註vi][19]、つまり個々の人間が自らの定めに従って自己発展し、市民であることに自らを見出すような倫理的現実である。個人と国家公共体との間は経済的および家族的単位〔「家」や「氏族」〕によって媒介され、それらはそれぞれのやり方で生の実りに貢献する[20]。

この全体性は、キリスト教によって霊的王国と世俗王国、神の国と地の国、教会と国家という二元主義へと解消された。オットー・フォン・フライジングは、なおも教会と国家の双方にこの世という混在の国における神の救済という共通の任務を与えたのであるが、やはり彼は叙任権闘争が遺した両者の対立を視野に収めていた。(21)これに対して、トマス・アクィナスはこの二つの共同体をアリストテレス的意味における完全で完成した共同体として承認した。だが彼は、その完全性がそれぞれの領域に妥当するに過ぎないことを以って、この完全性を相対化したのである。政治的共同体の公共善は今や固有の法則に従うものとなった。(22)いまや近代国家は公共の福祉を世俗の地平のみに探求するのである。(23)国家を世俗的組織に還元し世界内的目標に縮減していく発展はそれとともに始まったのである。

公共の福祉は、公共体の生と関わっており、またそれ自体が複雑であるだけでなくその必要と課題が変化するものであるため、それは完結的・終局的には定義され得ない。公共の福祉は歴史の推移とともに移り変わる倫理的地平として、事物と時間において開かれている。確かに、理性によって明らかにされ、経験的に認識され、規範において公共体の客観的記憶として保存されるような、地域と時代を跨った善き生の条件というものは存在する。〔しかし地域・時代から〕浮遊した公共の福祉など存在しない。存在するのは特定の公共体の公共の福祉のみであり、公共の福祉はこの公共体から内容と妥当性を引き出すのである。公共の福祉は土地柄や国柄、歴史的由来、地政学的状況、必要と需要、法的・現実的な構造によって刻印される。ヘーゲルの言葉を借りれば「国家の実体的福祉とは特定の利益と状態におかれ、同じく独自の外交関係および条約関係にある特定の国家としての国家の福祉である」。(訳註vii)(24)

（2）狭義における国家および公共の福祉　時代を下り、国家の概念が「社会」と対置される営造物《アンシュタルト》的支配組織に限定されると、(25)公共の福祉の理解もまた国家によって保障されるべき、善き生を可能にする諸条件、つまり規範や制度、観念的・現実的諸条件に限定された。(26)国家は人間に奉仕すべく設置された営造物であるとされるために、公共の福祉もまた道具として理解されるわけである。このような概念限定は近代国家の所与、すなわち支配組織としての近代国家が市民の自由を確保するために憲法によって行為可能性を制限されているということを計算に入れている。この狭い概念は最高次の抽象度において国家目的、あるいは別の表現をすれば、国家の全ての正統な諸目標の総体を意味する。(27)

公共の福祉の狭い概念は、個人の欲求から出発する個人主義的な国家の正当化に対応する。この理解の古典的形式はトマス・ホッブズに見られる。すなわち、彼によれば、国家はそれ自体のためにではなく、契約を通じて国家を成立させるところの人間集団のために存在し、国家設立の目的であるところの公共の福祉の目的、すなわち国民の平和と安全に拘束される。従って、支配者は自らの権力を国民の福祉以外のために用いてはならない。(28)とはいえ、政府は一人ひとりの個人を顧慮することはできない。政府は一般法律を通じて市民の福祉に配慮するに過ぎない。従って、政府が最大限努力し、有効な制度によってできるだけ多くの人にできるだけ長期にわたって利益がもたらされ、自らの責任や何か予測不可能な偶然による場合を除き何人にも不利益が生じなければ、政府は自らの義務を履行したことになる。だが時には、多数者の福祉によって悪い者には悪いように働くということが要求されることもあるのだ、というのである。国家が保障すべき公共の福祉は、ホッブズにとってもっぱら此岸の生にのみ関わり、次の四つの任務に限定された。ここに近代立憲国家の目的論が定位されている。

- 外敵に対する防衛
- 国内平和の維持
- 公共の安寧と両立し得る限りにおいて、市民が自らの財産を殖やすことができるための諸条件の保障
- 他者を傷つけない限りにおいて〔ut libertate innoxia perfruantur〕、市民が自らの自由を享受するための配慮

「なぜならば、市民を対外戦争と内戦から保護し、そのようにして自らの努力の果実を享受することを可能にすること以上に、支配者が国家の内部における幸福のために（市民の幸福のために〔ad felicitatem civium〕）できることはないからである」(訳註viii)(29)。ジョン・ロックにとっても国家とその立法権の作用範囲は公共の福祉によって制限された。「その権力は、その外的限界について見れば、社会の公共善（the public good of society）に限定される」(30)。それでもロックはホッブズをなお一歩越えていた。ロックは個人の福祉を国家による不必要かつ不適切な侵害から保護し、国家によって保障される福祉を補完性原理によって限界付け、そしてその実現を、公共の福祉のためにする自由と財産の犠牲は公共の福祉の保護のために必要な程度を超えてはならないという過剰禁止による正当化強制の下に置いたのである(31)。

公共の福祉の狭い概念は、公共体の善き生に至るための国家の手段および方法を意味するものであり、善き生それ自体を意味するものではない。国家行為の目録の諸範疇は、抽象から具体に至る各段階において特に名辞を与えられる――すなわち国家目標〔Staatsziel〕、任務〔Aufgabe〕、権能〔Kompetenz〕、作用〔Funktion〕、権限〔Befugnis〕(32)。そして全ての目標が結集する全体的目標に冠せられた名こそ公共の福祉である。

3　公共の福祉、部分の福祉、個人の福祉

国家公共性の福祉は、集団の福祉（部分の福祉〔Partikularwohl〕）や個人のそれ（個人の福祉〔Individualwohl〕）から区別される。それらは相互排他的ではなく、法と不法のような対立項でもないが、やはりそれらの間――個人の自由と一般的法律、私的所有と環境保護――には様々な緊張が生じ得る。部分の福祉と個人の福祉においては公共体における遠心力が作動し、自己利害、特殊利害、自律、割拠、党派性が跋扈する。これに対し公共の福祉においては統合と連帯に向けた求心力が作動する。「個人のものと共通のものとは一致しない。確かに個人のものによって分離が生じるが、しかし共通のものによって統合されるのである〔Non enim idem est, quod proprium et quod commune: sedundum propria quidem differunt, secundum autem commune uniuntur.〕」[訳註ix][33]。

公共体が遠心力と求心力の狭間に耐え抜くことができるか、それとも解体してしまうのか、耐えることができるとしてそれはどのようにしてかは、その国制に懸かっている。全体主義的な体制（例えばプラトン的理想国家）においては、全体の福祉が集団と個人の利益を消尽してしまう。これに対して、アリストテレス的ポリスは全体結合における家族団体、職能団体、地域団体を部分として全体の中に組み込むが、しかもそれらの団体は相対的な自律性を失わない。それらの団体の特殊利害は公共の福祉に統合される――ヘーゲルの含意ある言葉で言えば「揚棄」、つまり同時的に克服、昇華、維持されるのである。市民としての人間のあり方はポリスに条件付けられているから、ポリスは自らの存立のために彼に犠牲を要求し、労働力や経済力、極端な場合には生命の投入すら要求し得る。自由な国制は私的な関心に可能な限り広い余地を与え、公共の福祉に対する市民の義務を最小化するだろう。しかし個人利益や集団利益が公共の福祉を完全に追放してしまうならば、公共体は無政府状態に転落してしまう。

4　善き国制と悪しき国制

古典古代の教説によれば公共善〔bonum commne〕は諸々の国家形式の相異に先行して存在する。公共善は国家形式のいずれにおいても実現され得るし、またいずれにおいても実現されないままになり得る。統治は、その構造が君主制的であれ、貴族制的であれ、民主制的であれ、一般の福祉に対する奉仕によって正統性を獲得する。統治がその権力を統治者の利益のため、その派閥や被護民《クリエンテン》の利益を図るために濫用するならば[34]――聖書の表現を用いれば羊飼いが自己の享楽に耽るならば[35]――正統性は失われる。キケロによれば、公共体という名称は公共善という指導イメージに従った国家にのみ与えられる。法的合意によって支えられず、公共の福祉を志向しない人民支配は、公共体とはいえない。法に目を閉ざす大衆は、不法な君主と同様に専制的であり、「それどころかさらにたちが悪い。なぜなら自ら民衆を僭称する獣ほどおぞましきものはないから」[36]。それ故に国民のための支配という共和制原理は、国民による支配という民主制原理と厳格に区別される[37]。この二つは実際において必ずしも合致しない。

　公共の福祉を志向する善き国王と、公共の福祉を忘却した悪しき国王という二つの人物像は文献上、とりわけ君主鑑のジャンルに確たる位置を占めている。ロッテルダムのエラスムスによれば、真の君主であれば次のように自らに言って聞かせるはずである。「国家の舵を手にする者は他者のために働くのであって、自らのために働くのではない。そしてひとえに共通の利益を考えることのみが許されている。彼が自身の職務として制定し施行するところの法律から、一寸たりとも逸脱してはならない。彼は官吏と官憲の誠実性を請け合わなければならない。万人の目が彼に向けられている。彼は赫々たる星辰の如く曇りなき行状によりこの世に祝福をもたらすこともできれば、不吉な彗星の如く死と破滅をもたらすこともできる。他の者たちの過ちはそれほどの意味を持たず、その影響も広く及ぶものではない。しかし君主は極めて高き地位に存するが故に、徳の小怪を少し踏み外すや、忽ちのうちに雪崩をうって破滅の奔流が国中を流れ巡るのである。次に君主の位階は、豪奢な情熱、自尊心、媚び諂い、贅沢な生活といった、正道を逸らしめるかくも多くのことに取り巻かれている。それ故に、知らず知らずのうちに自らの義務をどこかで疎かにしないよう、厳に務めを果たし、冠を正さねばならないのである。そして最後に、陰謀、憎悪、その他危険や恐怖は言うに及ばず、自らの頭上には彼のあらゆる小さな過ちについても釈明を求めるところの真の王者が君臨しており、彼の権力が将来広く及べば及ぶほど、それは一層強くなるのである」。それと対照的な人物像とは、「法律について何も知らぬ一人の人間、個人的利益のみに汲々とする公共の福祉の敵、快楽の奴隷、教養、自由、真理の敵、自らの国の福祉のことなど考えず自らの気分と欲得だけを基準とする男」としての君主である。かくの如き君主は「狩りに精を出し、美しい馬に跨り、官職と地位を高値で売り付け、都市に火をかけるぞと市民を脅して自分の懐を潤すための新たな方策を日がな一日捻りださせ、巧妙に権原を捏造し、それも最もはなはだしき不法すら僅かな正義の衣で覆っておきながら、君主たるの義務は全て立派に果たされた」と信じる類の者である。「こういう連中はそのために計算づくの美麗麗句を並べ立て、人々をあの手この手で言い包めるのだ」。[訳註x][38]

　対照的な理念型はスコットランド女王メアリー・スチュアートとイングランド女王エリザベスに関するシュテファン・ツヴァイクの叙述に歴史的人物像として現れている。文学的叙述であるので、その史実性はここでは問わずともよかろう。メアリーは王権の王統的理解を越えていなかったという。「彼女の考えでは国は君主に縛られており、君主がその国に縛られているのではなかった。もともとメアリー・スチュアートはこの数年間スコットランドの上に君臨する女王でしかなく、決してスコットランドのための女王ではなかった」。これに対し、エリザベスはイングランドの上に君臨する女王たらんと欲することなく、イングランドの国民意思の管理人、国家の使命の奉仕者たらんとした。「諸身分の改編、発見による世界の空間的拡大を通じて発展してきた新しい諸勢力を、彼女は自ら進んで承認し、全て新しいもの、ギルドや商人、金融家、更にはイングランドに、彼女のイングランドに海洋覇権をもたらすからという理由によって海賊さえも奨励したのである。彼女は数えきれない程に彼女の個人的な願いを公共の福祉、国家の福祉のために犠牲にした（メアリー・スチュアートが一度たりともしなかったことである）。子もなく夫もなきこの女王は自らの利己心と権力熱を全て国家的なものに作り変えたのである。イングランドの偉容によって後世に偉大たらんことこそ彼女の自尊心の中でも最も高貴な自尊心であり、より偉大な将来のイングランドのためにのみ彼女は真に生きたのである」。[訳註xi][39]

　プラトンからモンテスキュー、トマス・アクィナスからトマス・ホッブズに至る全ての時代に繰り返し現れた、どの国家形式が最善かという問いは、古典的思想家たちにより、どの国家形式が与えられた状況において最も効果的に公共の福祉を保障し、〔権力〕濫用を防ぐことができるのか、という形で解答を与えられた。ここに示唆されているように、どの国制も公共の福祉の実現を確実に保障し得るものではなく、それ故に相対的に最善の国制というものがあり得るに過ぎない。ホッブズは貴族制と民主制を君主制に劣後させたが、それは対立する部分的利益から一般的利益を抽出するために要求の多い手続が必要となるからであり、また抗争を招く傾向を有し、市民の平和と国内の安全という本質的な公共の福祉の目標が脅かされるからでもあった[40]。これに対し、もともとは君主制を優位させていたトマス・アクィナスは、臣民が公共の福祉を自らとは無関係なものと考え、他人に負担を転嫁してしまうという危険に着目した。すなわち、もし公共の福祉の実現が彼ら自身の権限に含まれるならば、万人があたかもそれが彼自身の事柄であるかのように公共の福祉の実現に参与しようとするだろう。国王によって徴収される租税が軽くとも、それは全市民からなる共同体によって課される重い負担よりも耐え難いのだ、というわけである[41]。

一八世紀に登場した民主的な憲法制定運動は公共の福祉を標榜した。一七七六年のヴァージニア権利章典において、統治の善さはそれがもたらす幸福と安全の程度によって測定される。「政府は公共の福祉のため、国民、国家、あるいは公共の保護と安全のために設立され、若しくは設立されるべきである。様々な種類および形式の政府のうち、最高次の幸福と安全をもたらす能力を有し、失政の危険に対して最も効果的に保障された政府が最善の政府である。公共体の多数派は、政府がその目的に反し、または不十分であると認められる場合には、公共の福祉のために最も資すると思われるかたちで政府を変革し、または廃止する、疑う余地のない、譲り渡すことのできない、そして侵すことのできない権利を有する[訳註xii][42]」。

5　政治的エートスと国家理性

公共の福祉は経験的な項ではなく倫理的な項であり[43]、理論理性の客体ではなく実践理性の客体である。それはあらゆる道に開かれた一つの目標観念である。

公共の福祉は正義、すなわち正しい法の指導イメージと対をなす。両者は一つの倫理的要求を体現し、同一の抽象度において相互に補完しあう。それどころかそれらは部分的には内容的に一致する。なぜなら、公共の福祉には正義の実現が含まれるからである。公共の福祉という理念は公共体に関わるが、しかし正義の理念はそれを超えて交換的正義として私人の関係、それどころか無関係的な、しかし相互に侵害してはならないという要請に服するところの私人の並存にも関わる。他方において、公共の福祉は法の次元に尽きるものではない。それは公共体の幸せな生〔vita beata〕にも関わる。公共善には、一八世紀の表現を用いれば、市民の慶祥〔Wohlergehen〕、至福〔Glückseligkeit〕が含まれる。これを増進するためには国家は法律と法を維持するだけでなく、政治的な利益を挙げ、合目的性の規則に従って行動しなければならない。[44] 公共の福祉はただ正義を要求するだけではなく、賢明さも要求する。賢明さは、しかし、古典的文脈においてはそれ自体としては徳、それどころか枢要徳を意味するものであり、マキアヴェッリ主義的な狡賢さと混同してはならない。理念としては一つであるものも、実践において分裂し、矛盾に陥ることがあり得る。すなわち国益と正義がそれである。[45]

公共の福祉の古典的哲学は、国家活動の倫理的要因を作動させる。しかし倫理的要因は国家活動を完全には決定しえない。公共体の善き生は、政治的可能性や道徳的努力、善き意思に関わらない現実の状況に依存する。公共の福祉の真正の主題は倫理的に正しい国家権力の行使であり、国家権力の獲得やその自己主張ではない。公共の福祉の哲学はここで、政治的貞潔とは言わないにせよ、非政治的であることが明らかとなる。歴史家フリードリヒ・マイネッケは次のように述べている。「しかし残念ながら、国家は道徳的な力を完全には必要とはしておらず、それどころか……個別の人間よりも一層、自然の生存法則に従っている」。[46]

このことが明白に示されるのは、国益が国家理性を標榜し、法と道徳を無視する時である。[47] 実際にまた、マキアヴェッリの伝統における国家理性は政治的目的合理性の範疇として公共の福祉という倫理的範疇から区別される。後者は国民に関わり、前者は国家権力、権力獲得と権力維持に関わる。[48] 国家理性はその企図において、公共体の善き生よりも権力闘争における成功を志向している。国家理性は、与えられた状況〔必要〔necessità〕〕を考慮し、リスクやチャンスを衡量する（運〔fortuna〕）ところの権力政治的打算に従う。政治的打算は、時として実績ある処方箋に従うことがあるかもしれない。しかし、個別情勢に対する視座を狂わせかねない規則なるものに自らを固定するものではない。国家理性が完全に倫理的・法的規則に服することはないが、しかし権力ゲームに利するところがある場合にはその限りで嬉々としてこれらの規則に依拠する。ドイツ社会のような道徳的考察を好み、合法性を求める社会では、倫理的かつ（憲）法的な基礎付けによって背後を固めておくことが常に有益である。政治の狐は修道士の僧服を着用している。カール・シュミットによればマキアヴェッリはマキアヴェッリ主義者ではなかった。というのも、そうだとすれば彼は自らを悪目立ちさせるような書籍を決して書くことはなかっただろうから、というわけである。「彼は敬虔で教化的な書籍を公刊したであろうし、反マキアヴェッリ論のような書籍が最もよかっただろう(49)」。

国家あるいはまたその国制の存立が問題となるとき、すなわち善き生の保障と基礎が問題となるとき、国家理性と公共の福祉は一致する。いかなる犠牲も辞さない法への固執、まして規範が規範それ自体のために生き残れるなら人間とその秩序が崩壊してしまうという犠牲を払っても構わない——世界滅ぶとも正義行われよ〔fiat iustitia, pereat mundus〕——といった法への固執に、この両者は対抗する。対内的・対外的な緊急事態の如き立憲国家の限界状況が克服されるべきときには、公共の福祉と国家理性は同盟を結ぶことがあり得る(50)。自由な国制の目的とは、「形式における国家を抹殺しないこと」でしかあり得ない(51)。

伝統的理解によれば、公共の福祉と国家理性は外政の領域において一致する。他国に対する関係においては、公共の福祉が利己的性格も帯びるということは少なくとも許されるし、それどころか場合によっては利己的性格を帯びなくてはならない。対内的には自らの構成員に一定程度の自己制限を要求する公共体も、対外的には一定程度の神聖な利己〔sacro egoismo〕の余地を確保すべく自己主張しなければならない。実際、この点について伝統的な公共の福祉の倫理が口を噤んでいるだけに一層明朗に、倫理的に憚るところを知らぬ国家理性がものを言うのである。法と道徳が外交について明け渡した空間に、権力的打算が進み入る。既にトゥーキュディデースに見られたように、敗者が勝者に対して公共の福祉に基づく論拠を突き付けたところで余り助けにならない[52]。理解にとって裨益的なのはフリードリヒ大王の政治遺訓である。内政に関わる文章は公共の福祉という旧ヨーロッパ的論法に従っているが、これに対し外政に関しては、この国王がかつて王太子だった頃に神を畏れぬ極悪人と弾劾していたマキアヴェッリ的筆致を示している。フリードリヒ大王は「国家の福利あるいは最大福祉が要求する」場合において条約違反が許される理由として公共善を援用している。すなわち、最も自身の有利に転化し得るような利害をその瞬間に有している勢力と手を結び、時機の到来を待ち、ひとたび時来たらばそれを利用しなければならない、というのである。「君主の第一の関心は自らを主張することに、第二の関心は自己拡張に存しなければならない。この体系は順応性を要求し、この体系を貫徹するべく万事整えておくことを要求する。時には困難を切り抜けなければならないし、時には満風帆に受けて進めばよいが、しかし自らの目標から目を逸らしてはならない。一日で達成されないことも時間をかければ熟すであろう。そして自らの秘密の計画を秘匿する手段とは、余人が彼の手の内を暴けるその瞬間まで平和な心持を見せておくことである。偉大な政治家たちはかように行動してきたのである[53]」。

しかし、外交政策の目標はナショナルな利己心を越え得る。ストア派とキリスト教はいわば人類普遍のエートスと普遍的人間性の発展を目指してきた。今日、国家間関係は高度に法化され、道徳的負荷を課せられている。また人権の使命に駆り立てられ、人道的介入を辞さず[54]、協力を基調とし、連帯を義務とし、いわば超国家的な公共の福祉を目標としている。しかし、だからといって国家理性が退いたわけではない。今日でも条約に対する忠誠は、国家理性と衝突するとしばしば道を譲っている[55]。

6　誰が判断するのか〔Quis iudicabit?〕

古典古代および中世の古典的思想家にとって、公共の福祉は一つの所与の項であり、その内容はいかに当初は不明瞭に見えようとも、しかるべき努力を払えば理性に対して啓かれた。理論の主知主義は実践的検証を恐れる必要はなかった。なぜなら、この理論は、公共の福祉がある具体的な状況において何を要求しているかということを拘束的に決定する聖俗の諸権威からなる鉄の秩序に裏付けられていたからである。以下のケルン市のある文書（一二五九年）の定型序文は、公共の福祉の中世的理解を表現する。

「聖なる不可分の三位一体の名において。聖ケルン市市長、裁判官、全市民による全員の望みに従った全員一致の賛成による恒久的決議。等しい義務意識によって全員の共通の利益に配慮されるとき、公共体の状態は聖市参事会により秩序正しいものと見なされる。我らは全員の利益のため義務に従って行動し、聖ケルン市のため共に以下の如く定めた……」(56)。

キリスト教的信仰、都市制度、市民の合意は、ある措置の正しさを保障するために、政治的エートス、すなわち公共の福祉という徳と結び付いたのである。

旧ヨーロッパ的国家哲学において、一般的な認識確実性は事柄において実践的問題解決に向けた問いを排除し得た。しかし、この問いは、伝統的な主知主義と中世的な概念実在論とが近代において崩壊し、主意主義と唯名論がその地位を襲うと、政治哲学の中心に躍り出ることとなった。トマス・ホッブズは「誰が判断するのか〔quis iudicabit?〕」という問いを立て、「真理ではなく権威が〔authoritas, non veritas〕」と答えた。それは、彼が真理に関する既存の諸命題を端的に否定したからではなく——彼はむしろそうした諸命題から出発した——、それらの正しい解釈を巡る争いが公共体の統一と平和を破壊し得るからであった(57)。ホッブズは、実体的な公共の福祉というものに対する拘束を解いたわけではない。人民の福祉として彼が理解していたのは、もっぱら此岸における幸福な生であり、主権者はその外面的な枠組的諸条件、とりわけ外敵からの保護と国内的安全に配慮するものとされた。[58] しかし、公共の福祉に関わる義務は、道徳的質だけは保持した。中世において一つであった道徳と法は、いまや二つに分離した。[59] 公共の福祉の真の内容については無限に争われ得る。この争いは常に政治的に負担となりかねないし、内戦の起爆剤となりかねない。このような危険が除去されるのは、公共体内部のある審級が実効的な最終決定権を有する場合である。この最終決定が拘束力を有するのは、それが正しい審級から出てくるからであって、それが内容的に正しいからではない。正しさはいくらでも争われ得るのだから。このようにしてのみ、社会は衝突を脱して行為統一体となる。国内の平和と行為の統一性はそれ自体として公共の福祉の内容的要素なのである。

公共の福祉の伝統的意味論はその淵源である主知主義と概念実在論を越えて生き残っている。啓蒙絶対主義の時代、フリードリヒ大王は一七六九年の私的遺言の中で、公共の福祉に従った統治を自負している。「我々の人生は誕生の瞬間から死の瞬間に至る仮の宿である。この短い間隙にあって、人間は自らが属する社会の善のために働くべき定めを享けている。予は公務を処理するようになって以来、自然によって余に与えられた全ての力をもって、そして予の僅かな洞察に従って、統治の栄誉に浴した国家を幸福で栄えあるものとすることに努めてきた。予は法律と正義をして支配せしめ、財政に秩序と正確性を与え、紀律を陸軍に導入し、それによって我が陸軍はヨーロッパの他の軍隊に対して優位を得たのである」。[60][訳註xiii] このプロイセン国王は、公共の福祉の基準に自ら服することによって、旧ヨーロッパ的伝統に自らを位置付けている。善き生〔vita bona〕という指導イメージは、国家を「幸福で栄えあるもの」とするという目標において更新される。しかし彼は、公共の福祉が実践との関連において何を意味するのかを、もはや神の秩序ないし自然法的秩序の中に発見することはなく、彼自身の政治理性（彼の「僅かな洞察」）と支配者としての自尊によって自ら規定したのである。公共の福祉の真理〔veritas〕は後退し、権力で武装した最終解釈者の権威〔authoritas〕が支配している。公共の福祉という言葉は生き永らえた。

しかし、いかなる実質が残されたのだろうか？

第三節　公共の福祉に対する拒絶

1　詐術の疑い

哲学者ヨーゼフ・ピーパーは、彼が若かりし頃の一九四三年に小規模のサークルにおいて一人の驚異的著名人、すなわち国法学者カール・シュミットと邂逅した様子を記している。「彼の研ぎ澄まされたテーゼと闘うには」と、ピーパーは自叙伝に記しているが、「〔自説の〕陳腐さに対する相当な勇気を必要とした。初日の夜に早速、私は彼に問うたのである。どうして『政治の概念』では公共善〔bonum commune〕に一言も言及していないのですか、政治の意味はやはりその実現の中にあるのではないですか、と。これに対して、彼は鋭く答えた。『公共善をいう奴は、詐術を弄しようとしているのさ』。それは、確かに答えではなかったが、出鼻を挫かれるものであった(61)」。

それは確かに、ピーパーの問いに対する答えではなかったが、この問いもまたシュミットの『政治の概念』を捉えてはいなかった。本来であれば、ピーパーは著者が警句調の表現で丁重に誤魔化してくれたことに感謝しなければならなかっただろう。というのも、シュミットがもし答えていたならば、この哲学者はこの論攷を全く理解していないのであって、公共善という範疇はこの国法学者による政治の解釈とは全く異なる次元にあるのだということ、ピーパーにとって痛烈な返答になっていただろうから。シュミットにとっての問題は、道徳的あるいは道徳外的な行為指示ではなく、友敵関係の生理学なのである。

シュミットは『政治の概念』に現れる次の警句を振っている。「人間性を口にする者は詐術を弄しようとしている」[62]。公共の福祉という由緒正しい概念の詐術的利用については民族社会主義体制が具象的資料を多く提供している[63]。シュミットは、当初は手を結んでいたこの体制に対し、一九四三年には久しく距離を置いていた。ピーパーはシュミットの次のような発言を書き留めている。「あの褐色の権力者たち全員と、面識があるよ。貴方は信じないだろうが、あの有名な『世界観』なるものは、権力が絡むと、彼らの誰にとってもアンズ茸ほどの価値しかないのだよ[64]」。

しかし民族社会主義の経験は必要なかったであろう。というのも、いつの時代にあっても、定義する権力を持つ者は、自らの必要に応じて、あらゆる性質と価値を帯びた実体を概念に充填してきたからである。政治家や政党は自らの権力利害を公共の福祉の意匠の凝らされた国家倫理の包装紙で包み込むものである。ヴァイマール期からの回顧において、グスタフ・ラートブルフは、官憲国家政府が政党に超然とした公共の福祉を自称していることは「官憲国家の自己欺瞞」だと一蹴した[65]。圧力団体は公共の福祉の代弁者に扮しており、裸の利己主義に適当な装いが見つからなければ、公共利益の顕現を自称するのである。「ゼネラルモーターズにとってよいことは合衆国にとってもよいことである」。一八世紀にはヨハン・ヤーコプ・モーザーが領邦君主の援用する公共の福祉を「国家の万能薬」と嘲った[66]。「人々はあらゆる破廉恥を公共の福祉という利益で正当化する」とイヴァン・カラマーゾフはドストエフスキーの小説の中で言っている。事実、公共の福祉の解釈の歴史が何度も提示しているのは解釈論のクリスマスの鵞鳥料理のイメージである。すなわち主婦が鵞鳥からリンゴ、ナッツ、アーモンドを驚きとともに取り出して喜んでいるが、予め鵞鳥にそういう美味しいものを詰め込んだのは他ならぬ自分自身だったということを忘れているイメージである。

公共の福祉の名における詐術は、公共の福祉が今ここで何を要求しているかを確実に知っていると信じている者の自己欺瞞にもなり得る。まさにこの確実性は、政治の意味は公共の福祉の実現にあるという、この哲学者の前提から現れる。それは彼にとっては余りに自明であったため、自らの対話者がその前提を共有しているということを当然の出発点にすることができた。もしかすると、シュミットのカトリック出自に対する静かなアピールもあったかもしれない。なんといっても教会は近代の精神に惑わされることなく、トマス的自然法を堅持していた。(67) 対話の当時（そしてその後もなお）、教会は公共の福祉という旧ヨーロッパ的倫理の最後の砦であった。教会は「歴史化的認識という禁断の果実」(訳註xiv) を口にしたことはなく、原罪をともに犯すこともなかった。(68) シュミットはしかしこの前提を共有しない。彼は大仰な定式に対して懐疑的であり、自然法なるものの認識可能性を信じておらず、それ故に予め内容の与えられた公共の福祉などというものも信じていないのである。(69) 二人の対話者の間には旧ヨーロッパ的伝統と近代とを隔てる裂溝が口を開いている。ピーパーはアリストテレスとトマスの地盤に立ち、シュミットはマキアヴェッリ、ホッブズ、マックス・ヴェーバーの地盤に立つ。マキアヴェッリらにとって、存在と当為の旧い統一性は破れている。彼らは、政治秩序を予め与えられた真実と永遠の存在目標に基礎付けることが可能であるとは信じない。実体的一般概念に対する懐疑、あるいはカント的に定式化すれば、構成的原理に(70) 対する懐疑はシュミットの私見ではなく、今日ではおよそ精神諸科学におけると同様に、法学においても支配的な態度である。それでも、シュミットが公共の福祉に対する問いをあっさり躱した際に、彼自身がある種の自己欺瞞に陥っていないかどうかは問題である。彼の警句はこの主題における決定打ではないのである。

2　空虚な定式というテーゼ

カール・シュミットは彼の公共の福祉に対する懐疑のために自らの敵対者であるハンス・ケルゼンに依拠することもできたであろう。ケルゼンは次のように述べて、公共の福祉の対をなす正義の理念を、虚構で無内容であると一蹴する。「合理的認識の観点からは、人間の諸利益のみが存在し、それ故に利益衝突のみが存在するのである。その解決のために用いることができるのは二つの方法のみである。すなわち、ある利益を別の利益を犠牲にして満足させるか、それとも両者の妥協を導くかのいずれかである。これらの解決のいずれか一方のみが正しいと証明することは不可能である」[71]。ケルゼンによれば、正義の概念は無内容であり、従って形式に過ぎない。それは解釈者が予めそれに込めたもの以上のものを含まない[72]。ケルゼンの不可知論にとって、正義の概念は法的に無価値である。この概念に残っているのは個人の非合理的欲求のための名前であり、「人類の麗しき夢」である[73]。人間の意思と行為にとって非合理的な理想像がいかに不可欠のものであれ、それは認識作用の及ぶところではない[74]。今日のジャーゴンで言えば、正義とは空虚な定式〔Leerformel〕である。実際、今日、公共の福祉の理念はしばしば学説文献においてかようなものとして片づけられている[75]。

しかし問題は、こうした判断が早急ではないかということである。法的関連性のある公共の福祉の内容を認識することが困難であるということから、公共の福祉が内容を持たないということは当然には導かれ得ない。もっとも、今日では解釈者にとって公共の福祉の概念を無内容だと説明する方が、意味内容を示すより容易だということは、まず以って認めなければならないのだが。

3　社会主義的党派性

マルクス主義の世界像には、公共善の居場所はない。政治の世界は階級闘争の世界である。すなわち、それによれば、個別の国家は支配階級が他の階級を抑圧するための装置である。従って国家行為は党派的なものでしかあり得ない。民主的法治国家は公共の福祉の理念を志向しているつもりでも、実際には資本の利益に奉仕するものであるため、自己欺瞞に陥っているのである。これに対し、社会主義国家は公共の福祉の理念と決別し、社会主義的党派性の原理、すなわちプロレタリアートの前衛たる共産党指導部が定義するようなプロレタリアートの利益に対する一方的奉仕を公然と信奉する[76]。階級対立が克服され、人間の利己が解消され、個人が公益に自発的に奉仕する存在として馴致され、そうして国家が静かに消滅し得る人類の発展の最後、例の不確定期限〔dies incertus, incertus quando〕になって初めて、善き生はアナルコ共産主義の楽園で実現されるであろう。マルクス主義の教義においては、国家性と公共の福祉とは両立し得ない。人類が国家を必要とする限り、公共の福祉は虚像である。もし公共の福祉がいつか現実のものとなるならば、国家はもはや存在しないであろう。

社会主義諸国家体制はヨーロッパでは崩壊している。社会主義的党派性の原理はその権力基盤と正統化能力を失ってしまった。しかし、それによって学問的に反駁されたわけではない。それでも、社会主義的党派性がそのままのかたちで現在化しようとすれば、それは全体主義的党派支配に傾き、それに依拠せざるを得ないということを、共産主義という壮大な実験の失敗は示している。どのような志向性を持つ党派性であれ、自由な民主制には転用され得ないのである。

第四節　迂回戦略と代替提案

1　内容に代えて権能と手続

権力分立的民主制は、選挙と投票において表出され、権力分立的議会代表制という経路を辿って管轄機関に流れ着くところの国民意思によって、国家活動を正統化する。すなわち権能による正統化である。これは、実証主義的法システムにおいて規範の妥当要求は規範定立者ないし有権的規範解釈者の権威〔authoritas〕によって生じ、規範それ自体の内容的真理〔veritas〕から生じるのではないのだという、ホッブズ的観念の民主制への翻案である。それによって法の安定は法の理念に優位する。このような解決は実践的意味を持つ。公共の福祉の内容は漠然として争いがあるが故に、事柄を規律する者の管轄権については少なくとも（相対的な）明確性が確立されるわけである。権能による正統化というホッブズ的契機はニクラス・ルーマンによって受容され、手続による正統化と呼ばれる理論に継承されている。それによれば、現実的生起としての手続は予め与えられた真理を追求するのではなく、手続固有の形式的真理を生み出し、当事者は実際に学びながらその準備をするのである。[77]公共の福祉を脱実体化・手続化し、それによって規範的内容を権能と手続によって代替しようとする、今日広く行われている試みは、この道筋を辿るものである。[78]流行の言葉で言えば、インプット志向の見方によるアウトプット志向の見方の置き換えである。[79]ただし、ここで公共の福祉を標榜している形式的真理は、自己言及的真理に過ぎず、手続に関与しない外部観察者はこれを理解したり受け入れたりしなければならないわけではない。

正統性獲得への希求は、公開義務や情報提供、聴聞手続や市民参加、そして権利保護の保障とともに、現代の立法手続、行政手続、裁判手続の発展を嚮導している。これらの形式的な事前対策は専門知と市民参加を活発化し、受容機会を拡大する。それらは利害状況と議論状況を明確化し、公共の福祉と両立するような決定にとって適切な基礎を創り出す。手続法の有する一定の民主制的・法治国的水準は今日では公共体の善き生に含まれている。しかし、適正手続はやはり内容的な正しさを保障するものではない。公共の福祉の手続化の理論は、手続をその対象と取り違えている。計画確定手続の参加者に向かって、「自分は手続を円滑に運ぶことにだけ関心があり、内容的な正しさや公共の福祉の実現のための最適条件には関心がありません」などと平然と言ってのけるような官庁があれば、それは手続を脱正統化していることになろう。ニクラス・ルーマンのテクストを読んだ後、口頭弁論において「自分が皆さんに提供するのは『法に関する象徴的・儀式的な仕事[80]』に過ぎません」などと嘯くような裁判官があれば、それは自らの役割を放棄し、彼の職務を外部観察者の地位と取り違え、訴訟当事者の正当な期待に嘲笑を浴びせるものとなろう。当事者の期待は正確な手続を越えて、彼らがそれを巡って争っているところの事柄に向かっている。実体規範の厳格な適用の背景に存する規整理念は言葉遊び、形式、儀礼で満足するものではない。その名に値する公共の福祉とは、単なる手続ではなく、内容的目標と基準でもあり、むしろ本質的には後者なのである。[81]

2　結果の正しさに代えて法廷闘争での勝利

手続による実体の代替、手段による目標の代替は、法理論の領域で繰り返されている。それによれば、難しい法的問題、例えば人工妊娠中絶や人質救済のための拷問の問題に関する法廷闘争においては唯一正しい解というものの可能性は排除されるべきであり[82]、「何について争うことが許されるにせよ、相互に一致を見るであろうという希望がなくてはならない。それ故に私的な妥当性を持つだけではない、つまり主観に尽きない判断理由に依拠し得るのでなければならない」というカントの見解[83]が繰り返されるべきだと主張されている。むしろ法廷での論拠闘争は、真実ではなく勝敗が問題となる競争の構造を有し、この闘争は事実に関する何らかの知識や唯一正しい理論への洞察によっては解消され得ないのだ、というわけである[84]。「対立当事者が一つの裁判官席と一つの公衆の面前で相対する法廷における劇場的制度化は、我々の法的議論の闘技的構造を反映している」[85]。

こうした闘技的解釈は、権利のための闘争を社会という競技場における一種のスポーツに仕立て上げる。それは権利のための闘争から倫理的真剣さを剥奪してしまう。闘技士が月桂冠を獲得しようと努める時は個人的な名誉を追求しているのである。勝ち負けが法という事物に対してどういう帰結をもたらすかは問題とならない。法政策や司法における国家的決定が修辞戦術上の競争の帰結に他ならず、手続が知的競技に過ぎず、論拠が競技の賭金に過ぎないならば、決定はその倫理的支柱を失ってしまう。当事者の自己理解、関係者、何より公衆の法的信頼は無に帰してしまうであろう。手続において真実と正しさではなく「コミュニケーションの効率」によって決定したいなどと公然と宣言するような裁判官合議体や審査合議体があれば、信用と受容は失われてしまうだろう。法学説は懐疑に耽り、正しさの不可知論に安住することができよう。しかし実務は自らを脱正統化することなしには、かような態度を採ることができないのである[86]。

このことはしかし、法廷での論拠闘争に意味がないということではない。その反対に、主張と異議の弁証法的手続は正しい法を発見するための不可欠の手段である。しかしまさに手段に過ぎず、それだけでは目標ではない。このことはまた、公共の福祉への修辞的言及や道徳的努力によって、法廷闘争の「唯一正しい」結果が保障されるということを意味するわけでもない。そのような期待は、公共の福祉それ自体がそのまま適用されうる法命題ではなく、関連する法命題の適用を嚮導する統整理念であるということだけでも潰えることとなる。[87] その限りで、この理念は解釈や解釈者の闘争の本来的な対象ではなく、正義や法の安定といった他の統整理念と並んで、解釈の一つの目標である。もっとも、解釈の目標はそれ自体、解釈を必要とする。この統整理念はいくつかの主張可能な具体化の可能性に開かれている。しかしそれにも限界はある。それ故に、この統整理念は法技術的な諸原理と結び付くことによって解釈を制御し、法共同体員の信頼を強化することに間接的に資する。その信頼は、「正しい」結果に実際に到達することに対する信頼ではないにせよ、そこに向けた真摯な努力に対する信頼である。手続当事者は決定の正しさを信じる必要はない。しかし決定は、少なくとも彼らに信じるに値するものと映らなければならないであろう。

3　公共の福祉に代えて一般意思

公共の福祉を定義または記述しようとする全ての試みは高い抽象度に留まっている。包括的射程を有する以上、その代償として不可避的に内容的に貧困なものとならざるを得ない。内容的貧困は、しかし、実務との疎遠と執行可能性の欠如を意味する。従って、公共の福祉の概念は必然的に創造的解釈、外在的実体による充填、要するに具体化を必要とする。具体化とは、対象に含まれるものを解明することに尽きるものではなく、独立の形成的過程であり、法的拘束力が与えられるためには固有の正統性を必要とする。立憲国家における正統性は民主制原理によって与えられる。公共の福祉は、民主制原理の構成部分なのか、それともその産物なのだろうか？

(1)　同一性

公共の福祉を権能と手続に還元すれば、それは難なく実定憲法に翻訳され得る。公共の福祉とは、「憲法によって組織化され、経路化され、自由なものとして保障された意思形成過程において、そのようなものとして決定されたもの」のことだ[88]、というわけである。従って、決定機関が民主制の正統性の源である国民に、自らの正統性を間接的または直接的に帰せしめることができるか否かが重要となる。この正統性は、諸々の法行為からなる一本の連鎖を通じて媒介される。こうして規範命令、任命、投票、選挙を通じて建築決定を発する行政官や「国民の名において」刑事判決を下す裁判官に正統性が媒介されるのである。このような前提の下では、国家行為は民主的に正統化されているが故に、公共の福祉と適合的なのである。

公共の福祉と民主的決定を同一視するのであれば、哲学的代父としてのルソーを引き合いに出すことができよう。ルソーにとって、一般意思は常に正しく、常に一般の最善を目指す。ルソーは、国民意思の全ての運動がそれだけで正しさの保障となるとまで考えてはいなかった。それはあり得ない、とされる。というのも、国民が常に自らの最善を欲しているとしても、国民はその最善がどこにあるかを常に把握しているわけではないからである。国民はしばしば欺かれる。そうではなく一般意思〔volonté générale〕は、個別意思の総和（全体意思〔volonté des tous〕）を濾過することによって初めてその共通の実体として抽出されなければならない[89]。まさにそれを履行するのが表決手続である。一般意思が表決手続において多数決原理により拘束的に確定されたならば、否決された側はまさに判断を誤っていたこととなる。

民主的手続から結果の内容的な善さを導き出すことは、現在の民主的実践においても一般的である。このような前提の下では、公共善を引き合いに出すことは蛇足である。それでも敢えてそれをするとしても、それはせいぜい意味論的な装飾に過ぎないであろうし、正統化の機能も批判の機能もないであろう。それどころか民主的な権能と手続は内容的に不可謬性を保障することとなろう。しかし、それは立憲国家の民主制観念ではない。

(2)　非同一性　学説文献にはアブラハム・リンカーンの修辞的定式である「国民の、国民による、国民のための政府[90]」を民主制の定義として理解する傾向がある[91]。しかし区別が必要である。民主制原理は公共の福祉とは別の次元にある。民主制は「誰が統治するか」をいうものであり、「どのような目的のために統治されるか」をいうものではない。民主制は正統性の源、国家権力の「担い手」に関わるものである[92]。これに対し、公共の福祉は国家権力の行使の目標に関わる。民主制とは国民から出発する支配（国民の政府〔government of the people〕）であり、国民自らが行う支配であり、他国の保護権や占領権ではない（国民による政府〔government by the people〕）。しかし国民のための支配（国民のための政府〔government for the people〕）という目標は、民主的支配（伝統的概念でいえば国家形式）に先行する。民主制の目標はそれ自体として民主的ではない。古典的国家哲学によれば、公共の福祉はおよそ倫理的に基礎付けられた全ての国家形式に開かれている。古典的国家哲学は、記述的な支配類型と公共善という規範的な国家倫理とを区別する。それによれば全ての国家形式にこの目標を志向する可能性も、この目標から逸脱する可能性も開かれている。この前提において、民主制は選出された指導者層による自己利得体制に堕落し、政党国家的衆愚制に転落することがあり得るのである[93]。

もっとも、今日では民主制に公共の福祉を独占させる傾向が支配的である。それは国民の福祉が要求するものは国民自身のみが認識し、実現し得るからであり、権威的パターナリズムには、最善の意思を持っていたとしても、それをなし得ないからである。こうした理解はアジア・アフリカの権威主義諸国家に対する西洋民主制の道徳的高慢に接近し、これらの権威主義諸国家全てをアメリカ合衆国およびヨーロッパ連合と同質的な民主制に改宗させようという政治的宣教主義を伴う。また、住民の安全、権利、福利に対する結果を気にしたり、国際関係や国際社会の安全への波及効果を考えたりせずに、およそ独裁に対する反抗であれば民主的進歩だとして祝福する傾向も伴う。公共の福祉ではなく民主制だというわけである。二〇一〇年以降北アフリカのアラブ諸国において権威主義政府に対する革命運動が隆盛した際、「アラベリオン」はヨーロッパ各メディアによる先走った喝采を受け、またヨーロッパ諸政府による拙速な支援を受けたが、ヨーロッパ諸政府はこの政治的転換により現地住民の生活条件が改善するか、対外関係（イスラエル問題！）を少なくとも悪化させることはないか、またこの転覆により硬化した独裁の権威主義の雨がイスラム主義という全体主義的な雨樋に流れ込むのではないかということを、十分に検討していなかったのである。

（3）通約不能性　民主制に公共の福祉を独占させる者は、民主的に選出された合議体によって発せられたという理由のみによって規範を内容的批判に対して聖域化させてしまいかねない。それによって道徳の範疇は権力の範疇によって圧倒されてしまう。権力と道徳とが区別される場合にのみ、公共の福祉には民主的行為の目標およびその批判基準としての独自性が保たれる。言い換えれば、民主制に相応しいのは政治的自由のパトスであり、政治的道徳のパトスではない。民主制は道徳ではない。そうではなく民主制は道徳を切実に必要とする。

他方、公共の福祉もまた民主的正統性を代替することはできない。一八世紀の啓蒙絶対主義君主は、自国の発展に著大な成果をもたらしたが、それによって民主的参加を求める市民層を満足させたわけではない。啓蒙絶対主義の現代的形式はヨーロッパ連合であり、それは未だ国家としての構造を確立していないが、微かな民主的正統性を示すに過ぎず、加盟国の民主的正統性の水準を著しく下回っている。[94] 諸国家からなる超国家的結合体における民主制の欠損はヨーロッパ諸国民がそこから享受する大きな利益によって補填されるというテーゼがある。EUの諸機関に不足している民主的「インプット」は、公共の福祉を助成するような成果の「アウトプット」によって埋め合わされるというのである。[95] しかしこうした埋め合わせの試みには、一種の論点すり替えの論理的誤謬が混入している。相互に補填されるべきだという二つの項は別の次元に存在している。（民主的）正統性の欠損はその（公共の福祉という）倫理的・共和主義的質によっては補填され得ないのである。

基本法の権力分立的民主制においては、民主的正統性の水準は国家決定が有する公共の福祉にとっての重大性を当然に埋め合わせるものではない。[96] 連邦憲法裁判所という、憲法争訟における最終決定権を有し、それ自体としてはいかなる統制にも服さない国家機関は、他の国家機関に比して最も正統性の水準が低い。憲法が議会制統治システムに対する独立性を保障しているその他の指導機関・統制機関、すなわち連邦銀行および連邦会計検査院も、憲法という微かな一筋を通して自らの民主的正統性を獲得している。[97] これらの指導権能・統制権能が超国家的機関に移譲され、応急的に民主的な色彩を与えられたに過ぎない今日の啓蒙絶対主義の手に落ちるということになれば、さらに正統性の水準は低下することとなる。

第五節　実際的な不可欠性

いかに学説が懐疑論、アポリア論、不可知論を弄しようとも、それは自由な民主制の実践の前に挫かれる。自由な民主制は理念として、論拠として、そして利益の複数性や競合、社会生活に属する紛争に対する対抗として、公共の福祉を必要とする。国家の統一性が一般的かつ共通の関心事という理念を必要とするのは、まさに政治指導が政党の競争、政党綱領とその権力欲に委ねられているからである。

善良な観察者であれば、選挙戦を公共の福祉の実現に向けた提案による政党の競争であると解釈できるかもしれない。しかし、そのような提案は通常、レヴァントの絨毯商人の宣伝文句程度の真剣さしか帯びていない。出鱈目な選挙公約は、選挙戦での勝利の後、事情の已む無きによって無に帰す。公共の福祉を言う者は票を得ようとしているのである。それを嘆くことはできよう。しかし公共の福祉の名における偽装と欺瞞は、少なくともこの理念の力の徴表である。

政党候補者は選挙戦での成功によって議会権力を手に入れると、彼らは政治的必然の法則に従って、自らが政党役員ではなく公職の担い手、「全国民の代表者」であることを示さなければならない。[98] 議会多数派は、国民の信頼を失うことなしには公然かつ平然と自らの選挙支持者を依怙贔屓し得ない。この信頼こそ議会多数派が必要とするものであり、負担となる法律に耐えるよう国民に求めるときには——これはしばしば避けられないことであるが――特にそうである。立法者はこの信頼を調達し、法律の受容を確保しなければならない。立法者が個別の集団あるいは全ての集団に対して犠牲を求めることができるのは、立法者がそれを万人の共通の利益によって正当化できる場合に限られる。自由と財産に対するセンシティヴな介入、これまでの国家給付の削減、「社会保障水準〔soziale Besitzstände〕」の切り下げには正当化が必要である。政治的賢慮によりその時の多数派は、政治的に距離のある社会勢力によって乱されうる社会平和を維持するため、そして彼らの協力を必要とする場合にプロジェクトの意義を納得させるために、彼らと折り合いをつけることを考える。多数派は、その支持者と反対者とを区別なく包括するところの公共性の管財人であることを示さねばならない。議会主義は政党の権力競争および不均質な市民利益を受け入れ、それを公共の福祉に向けた言説へと転調させる。

法律家は、権能と手続に従って正しく成立し、憲法の内容的基準に反していない法律には拘束力があり、名宛人の法的服従をもたらすという法的観点に立ってよい。実際、法的には立法者は理由付けの義務を負っていない。(99) しかし政治の現実においては、立法者は関係者に対しても一般公衆に対しても理由付けを強制される。(100) 民主制における代表者と被代表者との間には応答性、(101) すなわち万人の横断的な福祉を顧慮した意見と応答の相互関係が支配する。論拠としての公共の福祉である。

この正当化強制は、石炭火力発電所、鉄道路線、空港など複数の公的利害の間や公的利害と私的利害との間に抵触が生じる大規模計画を策定するところの行政府にも課せられる。(全てのではないとしても理解ある) 市民による決定の受容を望めるように、これらの利害は、評価され、衡量され、調整され、公共の福祉という理念に向けて一つの結論へと導かれ、理由付けられなければならない。

司法部は、法的に保護された公益や私益の間の衝突について裁判するために、公共の福祉に立ち戻る。連邦憲法裁判所は「公共の福祉に鑑み、優先する法益の保護のために基本権から引き出される根本決断」を見て取っている。(102) 連邦憲法裁判所は、議会の立法高権に対する職能会議所の規則自律権の限界を画した事例では、国家は

「その立法権によって集団利益に対する公共の福祉の番人たる任務[103]」を遂行するのだと判示し、また現在の被選期間中に生じた課題が特に困難であることを理由とした連邦議会の早期解散を連邦最高機関に認めなかった事例では、「連邦首相、連邦政府および連邦議会が憲法上かような諸任務に全力で取り組まなければならないということは、公共の福祉に向けたそれらの義務、それらに国家権力が委託されていること、そして究極的には国家性の意味から導かれる[104]」と判示するなど、公共の福祉の根拠に依拠しているのである。

議員が法律で自分自身の歳費を定めていることに対して、公衆が反感を抱くことは少なくない。議員が歳費を定めることは憲法上予定されたことである[105]。しかし歳費の定めが内容的にどのようなものとなろうと、それは自己奉仕〔Slebstbedienung〕、つまり立法権の濫用であると認識され、不道徳の烙印を押されてしまう[106]。悪しき外観だけで議会の名声は傷つく。歳費問題における権能と手続について争うことはできる。しかし注目すべきは、国家権力は権力者の利益のために行使されてはならないのだという政治的公衆の道徳的反省である。この反省は、歳費権能のように議員のある種の自己奉仕を許している憲法規範があるからといって決して揺らぐことはない。法治国家的民主制の実践に欠くことのできないものは、学説によっても無視され得ない。学説はそれを主題として受け入れなければならないのである。このことは政治学と同様に国法学にも妥当する[107]。

第六節　憲法律の主題としての公共の福祉

1　一八世紀の指導的憲法

近代民主制の設立文書である一八世紀のアメリカおよびフランスの憲法文書は、公共の福祉の理念を受容し、それぞれのやり方でその伝統に連なっている。アメリカ合衆国憲法（一七八七年）は、自らの結合を完全化し、正義を実現し、国内の平穏を保障し、国防に配慮し、公共の福利を増進し、自由という幸福を自らと自らの子孫のために維持するというアメリカ国民の意思を宣言している。[108] フランスの人および市民の権利宣言（一七八九年）は、市民の要求が「以後単純かつ確実な諸原則に基礎付けられ、常に憲法の護持と万人の幸福に（"au maintien de la Constitution et au bonheur de tous"）向かうものとなるように[訳註XV][109]」という目標を追求している。フランス人権宣言は、人および市民の権利の保障に必要な軍事力は万人の利益のために（"pour l'avantage de tous"）設立されたものであり、万人の委託を受けた者の特殊利益のために（"pour l'utilité particulière"）ではないということを特に強調している。[110] 一七九三年の（ジャコバン）憲法は簡潔に、共通の幸福が社会の目的である（"Le but de la société est le bonheur commun"）と宣言している。[111] この簡潔な文章には、被統治者は統治者と自己を同一視し、自らの私的利益を統治者が定義するような全体利益のために犠牲にせよという、ジャコバン体制の要求が体現されている。[112] 同様の言葉で、しかし人間および市民の権利宣言というリベラルな文脈において、一七八九年にアベ・シエイエスは次のように定式化している。「政治社会の目的は万人の最大の福祉のみである（"L'objet d'une association politique n'est que le plus grand bien de tous"）」。彼にとって国民の意思と国民の福祉は互いに結び付いていた。「全て公権力は国民に由来し、国民の利益のみを目的とする（"Tous les pouvoirs publics viennent du peuple, & n'ont pour objet que l'intérêt du peuple"[113]）」。

2　基本法のテクスト診断

基本法における公共の福祉の概念の利用は僅かである。基本法は「公共の福祉〔Wohl der Allgemeinheit〕」を所有権利用の目標、収用の目的および損失補償の衡量基準、[114] 鉄道網の拡大・維持において連邦に与えられる保障任務の基準、[115] 連邦大統領および連邦政府構成員による宣誓の主題として、[116] 挙げている。

さらにそれを越えて、憲法解釈は公共の福祉に対する夥しい数の書かれざる言及を発見している。それは特に基本権制約の基準に見出される。例えば、職業選択に対する介入はより具体的な目標と過剰禁止の適用に対するより厳密な要求とに服するのに対して、「公共の福祉の合理的衡量」は職業活動の自由に対する介入を正当化する[117]。個人の自由な自己決定は、「公共の利益が要求する」程度でのみ制約され得る[118]。団結の自由は、法律の留保なく保障されているにも拘らず、「少なくとも、同等の憲法的価値が認められる公共の福祉の利益を保護するためには制約され」得る[119]。法律上の利益が存続するという信頼に対する基本権的保護は、公共の福祉に基づく優越的な理由に屈する[120]。その他の明示的・非明示的目標は、その目的を実現するために適合かつ必要かつ適切な手段である場合に限り、法律の留保の枠組みの中で可能な基本権制約の理由として承認されている[121]。これらの目標は基本法の規律領域を越えている。しかし、これらの目標はその規範的序列において基本法の上位に存在するのではない。むしろそれらは憲法の優位に服する。これに対し国家の目標やその他の公的関心事については憲法の留保は存在しない[122]。

全体として見れば、診断結果は乏しい。基本法は訴求的でプログラム的な規範や目標および任務の宣言を、計画的に差し控えている。基本法はただ国家生活の枠組秩序に徹しようとしている。枠組秩序はそのようなものとして、とりわけ立法者に政治裁量による目的設定、その優先順位の決定を委ねている[123]。もっとも、憲法解釈がますます膨れ上がり憲法規範に蓄積されると、この枠組みは狭くなる。このことは、あらゆる問題について憲法にその解決を求めようとする社会傾向に対応している。具体的な基準がない場合には、社会国家条項がその欠缺を埋めるが、これは公共の福祉という理念よりも少しだけ具体的であるに過ぎず、主題としての広さと概念的不明確さを同じくしており、二一世紀の「国家の万能薬」として認可されている。政治修辞学、そして法学もまた、「社会的」という簡潔な憲法上の形容詞を、自らが憲法上の要請として描きたい願望や要求を映し出すスクリーンとして利用しているのである。

3　憲法における公共の福祉条項の価値と無価値

ボン基本法とは異なり、ラインラント＝プファルツ州憲法は明示的に公共の福祉に向けた国家権力の一般義務を定めている。

一条二項：国家は人間の個人的自由と独立性を保護し、個人および国内の共同体の幸福を公共の福祉の実現を通じて増進する任務を負う。

三項：公権力の権利義務は公共の福祉の自然法的要求によって基礎付けられ、限界付けられる。(124)

バイエルン州憲法は三条一項二文においてより簡潔に「国家は公共の福祉に奉仕する」と定めている。二〇〇五年、数名のバイエルン州民はバイエルン最高裁判所を廃止する馬鹿げた法律に対抗する法学的武器として公共の福祉の保障を文字通りに理解しようとした。しかし、彼らはバイエルン憲法裁判所によって、この法律が公共の福祉の原則と矛盾しないということを教えられた。判旨によれば、公共の福祉という概念の内容は、議会制民主制においては最終的には立法者によって形成される。その限りで、それはメタ法学的で政治的な起源のものである。憲法によって与えられた形成権限の枠内で裁判所組織を公共の福祉に資するように確定することは、第一義的に立法者の責務《ザッヘ》である。立法者がここで実質的衡量を行い、それが一義的に反証され得るとか明白に誤りであるというのでない限り、その衡量は憲法裁判所も承認しなければならず、それを無視することは許されない。而して、立法者の評価と衡量は明白に誤っているとはいえず、従って憲法によって課せられる公共の福祉の任務に抵触するものではない、とされた。(125)

ここでは、憲法律における明示的な公共の福祉の定位が、民主的法治国家の慣例的な規範において通常妥当する以上の固有かつ裁判上意味のある言明を、多くはもたらさないということが示されている。もっとも、そこには国家倫理的かつ国民教育的な訴求が含まれている。

それ自体として特に国民教理問答たらんとする野心を有するわけではない基本法は、連邦大統領、連邦首相、連邦大臣の職務宣誓において公共の福祉に向けた義務を想起させている。彼らは、ドイツ国民の福祉のために力を尽くし、国民の利益を増進し、国民から害を除き、基本法および連邦法律を遵守するとともにこれを護持し、自らの義務を良心に従って履行し、万人に対して正義を行うことを宣誓する[126]。これは合法性以上のものである。それは公共の福祉の道徳性であり、而してこの道徳性には法的な職務義務の萌芽が含まれているのである。

公共善を顧慮せよという、市民の不文の倫理的基本義務は、所有権の行使は同時に（自明なものとして前提されているその私益性とともに）公共の福祉に資するものでなくてはならないという要請（基本法一四条二項二文）に断片的に表現されている[127]。私的所有者のエートスに対する類似の期待は、各州憲法に見られる[128]。各州憲法には、経済は全国民の福祉および全国民の需要の充足に資するものではなくてはならない[129]、とか、個人の経済的自由は公共の福祉の必要に限界を有する[130]、といったプログラム規定が含まれている。ヴァイマール憲法はさらに進んでおり、全てのドイツ人は個人的自由にも拘らず、「自らの精神的・肉体的な力を、全体の福祉が要求するように利用する」倫理的（ただしまた倫理的に過ぎない）義務を負っていた[131]。これらの規定はいずれも私人を直接に拘束するものではなく、立法者による変換を必要とする（ただし立法者がそもそも規律権限を有しており、基本権の障壁に阻まれないことを前提とする）。

第七節　書かれた憲法の背後の理念

1　断片的秩序としての基本法

解釈者は基本法を国家の善き生の法的計画として解釈することを試みる。[132] それは民主的正統性の必要、法治国家的・連邦主義的組織構造、自由および平等という基本権に妥当する。憲法は人間の尊厳から婚姻および家族の保障、対外的平和から国内的安全、そして社会的安全に至る国家目標を予め与えている。[133] その前提はある種の全体論的憲法理解である。しかしそれは学説による投影であり、部分秩序・枠組秩序であるに過ぎない基本法の像ではない。基本法上の規範を足し合わせても、それは依然として公共の福祉の完全かつ完結的な計画とはならない。それらの諸規範はそのような計画の要素、それどころか極めて重要な要素を含むものではある。しかしそれは未だ全体的な指導イメージを生み出すものではない。そのようなものを憲法解釈論が事後的に創り出すことはできよう。それは全ての様々な公共的関心事がその憲法的価値の有無や成文・不文の別に関わりなく一つの目標統一体をなし、諸価値の対立が調整され、重みを異にする諸規範が均衡を得るような全体である。しかしそれらは全て法的な決定因子に過ぎないであろう。公共の福祉の目標はおよそ法的なものを超えているのである。

それ故に、もし公共の福祉に従って法定疾病保険を改革するのであれば、受給者、給付者、給付仲介者の正統な需要と、被保険者、雇用者、そして国民経済の経済力を綜合的に考慮しなければならないし、私的保険会社の基本権的地位を尊重しなければならないであろう。憲法上の諸基準――受益者および負担者の基本権、社会的国家目標、連邦主義的権能、財政憲法上の必要――が相互調整される必要があろう。さらに、憲法上の諸基準はヨーロッパ法の諸基準と調整されねばならない。――これらは全て、その日その時についてではなく社会と国家に対する長期的な帰結を見据え、継続的に、そして現実的可能性の留保、すなわち公共の福祉の伝統によって排斥・忌避され、あらゆる倫理的・法理学的〔juridisch〕考慮を挫くあの鉄の必然〔necessità〕の留保を尊重してなされる。関連する憲法諸規範はそれ自体としては善き生〔vita bona〕ではなく、それが可能であるための法的条件であるに過ぎない。このことは自由権についても妥当する。公共体の善き生は、自由を抽象的に保障することではなく、それを現実に履行すること、すなわちプレスの自由それ自体ではなくて善き新聞に、職業の自由ではなく職業の成功に、所有権保障ではなく公共の繁栄に、婚姻および家族に対する国家の特別の保護ではなく幸福な共同生活に存するのである。憲法は、国家および社会におけるアクターが、その枠組を生で満たすことを期待している。

2　前 - 実定的メタ憲法

これらの全ての要素は規範に文言化することができない。憲法律における実定化によって公共の福祉という理念を執行可能な法的形式に定式化することはできない。法の適用者は、公共の福祉という理念それ自体に何も包摂することはできない。しかし公共の福祉という理念は、憲法制定その他あらゆる法定立および法適用の前提となってこれらを嚮導するものであるが故に、実定化を必要ともしないのである。この点で、公共の福祉という理念は正義の理念と比定できる。憲法制定者はこの二つの理念に効力を与える必要はない。それは憲法制定者がそれらの理念の持つ前 - 実定的な効力を前提し、自らがそれに義務付けられていると考え、自らの作品をそれに合致させるからである。

実定的な憲法律の背後にはメタ憲法が存在しており、それは成文化された規範の意味を可視化し、その解釈を導く前 - 実定的指導理念および秩序原理を含んでいる。それが公共の福祉や正義といった理念であり、（より低い抽象度では）補完性原理や連帯原理、法治国家的配分原理、権力分立、そして職務の原理である。これらの前 - 実定的原理は、多かれ少なかれ、憲法テクストの個別の箇所に透けて見える。だが、その効力はそれによって基礎付けられるのではなく、ただ確認されるに過ぎない。

もしも憲法制定者が明示に公共の福祉という理念を奉じ、その実践的な諸帰結を法規範のかたちにしていたとしても、憲法制定者はこの理念それ自体に立ち返ることを不要とはしなかったであろう。というのも、憲法律を含む全ての規範は、有効になるためには解釈を必要とするからである。この解釈は法理学的解釈学の準則によっては完全には決定されないから、ある種の解釈学的エートスなしには成立しない(134)。国家的解釈者、例えば裁判官は、私的恣意、党派性、私力や私益を禁じる公共の福祉というエートスに拘束される。実定法はメタ実定的な条件から養分を供給されている。把握し難い理念に不確実に立ち返ることを不要とするような密な規律が実定法に存在し得るとしても、実定法の現実化は最後的にはやはりこの理念のもつ指令力に依存する。法適用の方法論に対するさらに深い省察は、法適用者のエートスを不要とすることはないのである。

3　問題の所在〔sedes materiae〕――共和制

従って、公共の福祉というエートスは、実定法的憲法規範による形式的承認を必要としない。むしろ後者こそ、その適用や変換にかようなエートスを必要とする。ただし、様々な国家目標の中で最も一般的な国家目標である公共の福祉が、少なくとも含意的に、基本法の諸々の実定的基本規範の一つに所在を有していないか、という問題が残っている。基本権と法治国家原理は、公共の福祉と多くの点で関連するとしても、考慮に値しない。それらは公共の福祉を前提しているが、公共の福祉を成文化するものではない。民主制原理もこの主題を覆い尽してはいない(135)。問題の所在はそうではなく共和制原理である。確かに今日このことは自明ではない。ドイツでは一九世紀に共和制原理の法学的理解はローマ共和制〔res publica〕の伝統から分離した。「共和制」は世襲君主制に対する拒絶という不毛な概念になり果てた。世襲君主制の終焉とともに、共和制はなおドイツ連邦共和国という国号に用いられているが、その現在的な意義を失ってしまった。共和制はもはや憲法史における化石でしかない。それにも拘らず支配的な教科書や注釈書は〔君主制の〕否定に限定された解釈を堅持しているわけである(136)。しかし最近、国法学はレース・プーブリカとしての共和制という古い意味を思い出し、それを憲法理解にとって実りあるものにする、つまり共和制を公共の福祉に向けた国家行為の義務として解釈し始めているのである。[137]「共和制」はこれに対応するドイツ語である「自由国家〔Freistaat〕」と同じくキケロ的意味における人民のもの〔res populi〕としての共和制〔res publica〕を表現する。国民のための支配としての共和制原理は、国民による支配としての民主制原理を補完するものである。

第八節　公共の福祉の憲法理論の要素

1　統整理念

公共の福祉は完成した作業プログラムでも全ての国家目標の貯蔵庫でもなく、国家任務が礎石として組み込まれた概念構造物でもない。カントの言葉を借りれば、公共の福祉は確立した認識（ないし現に妥当する規範）を要約する構成理念ではなく、思考上不可欠で無条件的で完結的な全体性という困難な目標に向けて悟性の利用を方向付ける統整理念である。[138]カントの『純粋理性批判』において、統整理念は多様な対象を体系的統一体として纏め上げる思考図式をなす。この統一性は現実に存在するのではなく、理性によって投射される。[139]カントが理論的（「純粋」）理性の文脈で統整理念について述べたことは、それが公共の福祉と関連し得るためには実践理性の文脈に、つまり経験的存在という対象的領域から当為の領域に移し替えられなければならない。それは実践理性の完結的で、それ以上に派生し得ない公準である。公共の福祉という統整理念は、解釈者の気分や政治的な選好から生じるものではない。それは国家という公共体を意味あるものとして理解し得るために思考上不可欠である。この理念において公共体の善き生をなす全ての諸目標、そして相互に衝突することの多い様々な公的・私的な関心は、統一体すなわち諸目標の目標として観念される。この目標は国家の全ての正統な政治的努力と法的規律の消失点をなす。統整理念は指示基準《ディレクティーフ》および批判的是正基準《コレクティーフ》として実定法の前提となる。

統整理念としての妥当の仕方は、公共の福祉は課せられたものであって所与のものではないとか、[140]後験的に妥当するもので先験的に妥当するものではない[141]といった図式的な思考パタンでは理解できない。実際、責任あるアクターはそれぞれの状況において公共の福祉が何を要求するかを確定し、それに従って行為するという任務を負っている。その限りでは公共の福祉から導かれる内容的帰結は後験的なものである。しかしその任務それ自体は先験的に妥当する。この任務は国家公共体の存立と同時に与えられる。公共体の国制がどのようなものであれ、公共体は自らの存在理由《レゾン・デートル》を定め、全体の利益を構成員の利益から区別し、利益間の優先順位を定め、その衝突を裁定しなければならない。

もっとも、この観念的統一体は学説による構成物に留まるものではない。公的関心の間の競合や衝突が調整され、公的関心と私的関心が衡量されなければならない場合には常にこの観念的統一体が実践的関連性を持つ。ただし、実践は問題解決のために公共の福祉の全体的イメージを必要としない。実践にとっては常に個別の観点のみが関連性を有する。例えばプライヴァシーと公的安全、交通需要と環境保護、成長配慮と国家財政の強化との衝突事例においてそうである。つまり公共の福祉という理念は実践にとって常に一定の視野においてのみ現れ、ここでもより具体的な公的関心によって媒介されるのである。

2　具体化の必要

理念としての公共の福祉は、実定法の構成部分ではなくその与件である。この与件は、その抽象度の故に、実定法による具体化を必要とする。それは実定法を代替することも排除することもできない。それは内容的に開かれているが、だからといって無内容ではない。それは初めから特定の法的効果に向けられているわけではなく、事物の領域や状況の違いに応じて様々な法的効果が与えられ得る。その限りで、公共の福祉はその規範的性質においては一つの法原理である。[142] それでも、公共の福祉は存在する諸規範の合成に留まるものではない。公共の福祉には、法的承認の有無に拘らず、一般化可能な国民の全ての需要と希望が集積されている。因みに、問題は抽象的国家の利益ではなく、現実の特定の国家の利益である。[143] それ故、公共の福祉は空間と時間に条件付けられた実存的な項である。

公共の福祉の内容は不動のものとして定まっているものではない。公共の福祉が何を要求するかは変転し得る現実的・法的所与の文脈において定まる。その限りでそれはラインハルト・コゼレックのいう意味における一つの運動概念である。[144] 公共の福祉は特定の措置や規律によって完全かつ最終的に現実化され得るものではない。それは一つの最適化要請である。[145] ある行為や状態が公共の危険であると確定する方が、所与の状況における最適な解決を発見するよりも容易である。

公共の福祉は全ての国家目標のうち最高かつ最も包括的な目標であり、それ故に最も抽象的な目標でもある。それによって内容の特定された個別的な国家目標は、一つの統合的（決して総和的ではない）統一体[146]に纏められる。一段低い抽象度に、物理的安全や社会的安全、自由の実現、自然的生活基盤の保護といった個別的目標がある。さらに低い段階には国家任務、すなわち法的に国家の任務とされている対象の限定された活動領域が存する。例えば国土防衛、警察危険排除、建設計画、社会保険、学校制度、文化助成。さらに低い抽象度に、警察逮捕や課税決定など私人の意思に反してその権利領域に介入する国家権限、そして交通インフラの整備や学校教育、社会扶助など国家により個人に提供される給付がある。[147]

公共の福祉は全ての国家行為の指導イメージである。だが、それは正義という指導イメージと同様、私人の権利領域に介入することを授権するものではない。公共の福祉は実定法による具体化によって、つまり立法府に対しては憲法によって、司法府に対しては憲法と法律によって、行政府に対してはさらに行政立法によってそれぞれ媒介される。しかし法定立と同様に、法適用もまたこの指導イメージに従わなければならない。

3　自由主義的性格

公共の福祉の理論に対しては、憲法上の自由保障を弱体化させることになるのではないかという猜疑の目が向けられている。(148) こうした疑念には理由がない。統整理念は前立憲的な権威主義的価値観念の掃溜めではない。むしろ公共の福祉の理論はそれが実現される枠組みであるところの憲法に依存する。それは基本法の権能秩序・手続秩序とその内容的基準に実体を有する。もしも「善き生」を簡潔な実質的定式にするならば、それは法の支配や自由の現実性という定式になる。

公共の福祉という理念は、直接に市民の自由権に抵触するには余りに抽象的に過ぎる。抵触し得るのはむしろ具体的な公的関心である。例えば国内安全が情報保護と抵触し、国民の健康が職業の自由と抵触し得るのである。

4　規律の一般化可能性

自由な民主制において公共の福祉は、国家による規律に馴染むものである限り、開かれた政治過程の対象であり、そこにおいて政党は有権者の支持と多数派形成を巡り、そして利益団体は政党および国家機関に対する影響力獲得を巡り競争する。部分的利益の競争関係は公共善の理念に対する矛盾ではなく、むしろ公共の福祉にとって重要な問題に対する拘束的決定をもたらすところの政治過程を作動させるエネルギー源である。(149) 公共の福祉の具体化は学問やメディア、そして飲食店の常連席の話題である。民主制においてはいかなる市民も生まれながらにして公共の福祉の解釈者である。法律は議会における多数決によって公共の福祉に関する議論を（暫定的に）終決させるものであるが、しばしば妥協の産物であり、他の集団利益を差置いて特定の集団利益を埋め合わせるものである。しかしながら、一般的受容を望むのであれば、この法律は公共の福祉に資するもの、少なくとも公共の福祉と両立し得るものだと示されなければならない。このことは法律が誰にとっても都合の良いものでなくてはならないとか、それが全ての個人の利益になるといったことを意味するものではない。そうではなく法律が集団に対する便益供与《パトロナージュ》に陥っておらず、平等原則に抵触しておらず、そういったことによって正統性を失っていないということである。肯定文で言い換えれば、規律は一般化可能でなければならない。

公共の福祉という理念は、一般化可能な基準のみに従っている限り、例えば困窮状態において扶助を給付し、社会的差異を平準化し、一般的な文化的ないし経済的発展を間接的に振興する限り、国家が少数派、それどころか特定個人の関心事を自らの任務とすることを妨げない。連帯の原理は必要とする者に国家公共が責任を持つことを命じる。基本法の社会的国家目標において弱者の問題は万人の問題となる。

公共体の構成員の客観的な特殊利益は統治者とその支持者の主観的な私益とは区別されなければならない。この私益は国家的決定に流れ込んではならない。このことは公職のエートスから導かれる。(150)

5　公衆

民主制においては、議会と政府が公共の福祉に従った解決に努めるというだけでは十分ではない。議会および政府は、それが信じるに値するものに見えるように、公衆にもその努力を伝えなければならない。自らが国家的な、従って純粋に公共の福祉に方向付けられた審級であることを示すという任務は容易に達成できるものではない。なぜなら議会および政府は政党を母体としており、その政治的運命は政党の帰趨と結び付いているからである。

公衆の認識においては権力分立の各要素〔＝立法・行政・司法〕、政府と野党勢力、国家機関と政党といった憲法上の区別は掻き消え、「政治階級」という漠然とした一体となっている。それによって示されるイメージによって政治システムに対する同意が規定される。「上の連中」が公共の福祉に全力で専心せずに自己の利益を図っており、公共の福祉を犠牲にして安逸な生活を送っているとか、腐敗が蔓延してしまって選挙によるエリートの交代も何も役に立ちそうにないといった印象を国民に持たれてしまうと、民主制の信頼基盤は弱体化してしまう。革命の道徳的原因は、旧体制における公共の福祉の忘却なのである。(151)

6　引照項としての「国民」

民主制の国民概念と共和制の国民概念とは完全に重なり合うわけではない。(152)全ての国家権力が由来するところの法的に構成された「国民」とは国籍保持者の結合体のことである。(153)議会構成員が代表し、政党への忠誠と党議拘束を越えて説明責任を有するところの「全国民」はこれによって構成される。この結合体に対して議会構成員は奉仕の責務も負っている。

しかしその福祉を国家権力の設立目的とするところの公共性とは、構成員資格によって組織された国家結合体を越えて、国家権力によってその法的利益が保障され保護されるべき全ての人を含む。ここでは自然人であるか法人であるか、国籍保持者であるか外国人であるかは関係ない。公共の福祉の引照項は従って基本権主体の総体としての「社会」でもある。(154)それは構成員資格によって組織された法的結合体ではなく、法の外における流動的な開かれた項である。公共の福祉はドイツの国家権力やドイツ憲法の妥当要求と同様の範囲に及ぶ。もっとも、公共の福祉は全ての当事者に対する均一的な責任を定めるものではない。そうではなく公共の福祉は憲法によって予め与えられたあらゆる段階的区別、すなわち人が国籍という身分法的紐帯によって継続的に、通常はまた排他的かつ不可避的にドイツ国家に結び付けられているのか、それとも単に時間的・対象的に限定された、滞在地・労働場所・財産の所在によって条件付けられた関係があるに過ぎないのかということによって与えられる区別を反映するのである。

誰がどの点で公共の福祉の参照領域に属し、誰が属しないのかということを厳密に区別したり、「ドイツ国民」というものを、連邦大統領や連邦政府の構成員が職務宣誓によって、ドイツ連邦議会議員が宣誓なしにエートスにより奉仕すべき福祉の荷受人として厳密に定義したりする実践的必要性は、それ自体としてはない。利益を享受する公共性の範囲は、公共の福祉と部分の福祉の区別さえ維持されていれば不確定でよい。[155]

しかしながらこの問いは政治的茶番劇を惹き起こした。そのきっかけは現在ドイツ連邦議会の所在地となっている帝国議事堂西玄関の「ドイツ国民のために〔Dem Deutschen Volke〕」という碑文である。これは歴史的に見れば皇帝ヴィルヘルム二世から国民代表に贈られた献辞である。しかし献呈目的は議会がその自己理解に基づいて奉仕するところの共和制的目標と一致する。この碑文は実質的に見れば「人民の福祉は最高の法律である」というキケロの命題を翻訳するものである。しかるに、再統一後にドイツ連邦議会がこの建物に入ると、抗議が表明されることとなった。この抗議は議会の中から、そして政治的公衆から起こり、最終的に一つのアート・プロジェクトに結実した。つまり北の光庭に外壁の碑文と同じ書体の、ただし二倍の大きさの一メートル二〇センチの蛍光文字で書かれた「住民のために〔Der Bevölkerung〕」という碑文を設置するということが、ドイツ連邦議会の芸術審議会を二〇〇〇年一月二六日に通過し、同年四月五日に総会で議決されたのである。これを手掛けたアーティストは自らの計画を次のように理由付けている。すなわち、「ドイツ国民のために」という碑文は外国人住民に対して攻撃的であり、ドイツ国民に含まれない人間を排除するものであるから、この碑文には恐怖を覚える。「ドイツの」と「国民」という二つの概念は救い難いほど評判が地に落ちている。このプロジェクトは初めからナショナリズムの重荷を背負っている。なぜならあのブロンズ製の活字は対ナポレオン戦争時に拿捕された大砲で鋳造されたものだからだ、というのである。[156] ドイツ連邦議会はこのアート・プロジェクトを引き受けたが、このアーティストの理由付けを共有しなかった。このアート・プロジェクトが「ドイツ国民のために」という献辞を否認しようとするものなのか、相対化しようとするものなのか、風刺しようとするものなのか、愚弄しようとするものなのか、補足しようとするものなのか、それともポリティカル・コレクトネスの規則に従って意味付けを変えようとするものなのか、解釈は観察者に委ねられている。どのような解釈になろうと、この設置とそれによって惹き起こされた論争は、ドイツ人のアイデンティティの苦境をその随伴現象である自己逃避、自己否定、自己憎悪とともに記録するものである。つまりこの国で公共の福祉を合理的に論究することを困難にする精神状況が記録されているのである。なぜなら公共体の善き生がどのようなものであるべきかという問いに賢明に答えることができるのは、公共体の存立、つまりその生そのものを受け入れている者だけだからである。

7　国家的視点と超国家的視点

公共の福祉は相対的な項である。公共善が市民の国内的視点において私益の制約として現れるとすれば、対外的に他国および超国家的組織・国際組織に対してはナショナルな超個人的な自己利益の基礎として立ち現れる。国家は自らと市民の全体関心を世界共同体の中で主張しなければならない。

国民国家の「聖なる利己〔sacro egoismo〕」は今日ますます超国家的な連帯義務に拘束され、超国家的共同体の公共の福祉に向けて方向付けられている。国際法の競争的契機は、協力的契機や世界警察的契機、そして世界福祉的契機によって覆い隠されている。相互依存は度合いを増し、それとともに国家間の利他主義の必要が高まっている[157]。賢明に理解された国家の自己利益から見るだけでも、自分自身の安全のためには新種の伝染病との戦いやテロの予防において他国を経済や後方活動の面で支援することは必要である。国民国家は自らの領土において人類の有形的・文化的遺産の受託者としても自己理解する。普遍的人権という理念は実定法としての形を獲得し、国家に対する制裁力を獲得している。国家は相互に干渉可能になった。国家は伝統的な主権の要素を超国家的結合体や国際機関のために放棄し、連帯を約束している。ヨーロッパ通貨同盟の危機においては、加盟国の自招危難による財政苦の事例において条約法に根拠のない[158]超国家的連帯の可能性が、ヨーロッパ単位の公共の福祉の兆しを見せながら探られており、被支援国と支援国の負担能力はそれがどこまで要求し得るかという観点で検証されている。国際法共同体では世界憲法に向けた傾向が胎動している[159]。国家レヴェルの公共の福祉は超国家レヴェルの公共の福祉によって相対化され得る。今日、国家レヴェルの公共の福祉という主題に接触不安を抱く法学は超国家的結合体の公共の福祉を唱えるに飽き足らず、リアルな権力状況を無視して思弁を巡らせたり、実効的に妥当しているヨーロッパ法や国際法から離れてコスモポリタン的ユートピアに浮遊したりしてしまう危険に向かっているところである。(160)

8　公共の福祉のビジョンとしての国歌

理論的省察の達成できないことも、詩であればなすことができる。ホフマン・フォン・ファーラースレーベンが一八四一年に作詞した「ドイツ人の歌」第三節、現在のドイツ国歌は、公共の福祉というものの詩的に簡にして要を得たプログラムである。公共の福祉は「統一と法と自由」から、つまり国民の内的結束、法の支配、そして自由の現実性から生じる。しかしこれらは全て既に存在するもの、保障されたものとして立ち現れるわけではない。却ってこれらは全て「万人が獲得に向けて努力する」目標である。「統一と法と自由」という三幅対はそれだけで公共の福祉なのではなく、ただその「担保」、前提、保障であるに過ぎない。公共の福祉それ自体は、祖国を自らの輝きにおいて繁栄させせんとする幸福である。つまり古典的伝統にいうところの善き生〔vita bona〕である。公共の福祉の荷受人は「ドイツの祖国」、ドイツ人の国土と国民である。ドイツ人は統一と法と自由に向けた共通の努力の中で国家となる。倫理的基礎は市民の連帯である。そしてこの連帯は感受と行為の中でその真価が問われる。「兄弟の如く心と手を携え」。これこそ祖国愛である。それは「統一と法と自由」という国家的・憲法的価値から燃え上がる。しかしそれは、国土と国民をコスモポリタン的原理によって置き換える現実逃避したポスト国民国家的な憲法パトリオティズムのような紙切れの構成とは何ら関わりを持たない。(161) 反対に、ここで呼び覚まされるのは古典的意味における祖国愛、つまり倫理的価値を追求し、統一と法と自由を通じて幸福な生を見出すことによって繁栄するところの現実の祖国に対する愛なのである。

第九節　基本権的自由の諸条件における公共の福祉

1　公共の福祉に係る国家の限定的諸権能

国家は公共の福祉に対する包括的責任を負う。国家の全ての行為は憲法の企図においてはこの指導イメージに向けて方向付けられている。しかしその活動可能性はそれを下回る。それは国家の人的・物的手段が十分でないからというだけではなく、本質的には憲法が高権的権力の射程と行使を制約しているからである。基本権と左右対称に対応する基本義務は存在しない。公共の福祉にとって重要なアジェンダは基本権というレジームに服するのであり、せいぜい特別の条件と限られた観点においてのみ基本権レジームに接近し得る。例えば基礎教育と高等教育、学術と文化、情報と世論、衛生制度と社会福祉、労働と資本である。それ故、ドイツにおける人口動態上の欠損は公共体の生活水準のみならず、その生存、つまりその生命基盤すら長期的に危うくするものであるが、国家はこれを自力で解決することができない。国家には、家族のために適切な法的枠組条件を整備し、財政支援を提供し、子供に優しい環境のために広報し、補填的な移民を促進する可能性しかない。学校教育から年金保険に及ぶ人口減に係る諸問題に対応することは国家の任務に属する。しかしこの事柄それ自体には国家の規律権力は及ばない。それは個人の高度に人格的な決断に依存するのである。

そもそも公共体の意思およびエネルギーの淵源は、基本権によって保護された個人的自由の空間に存する。個人的自由は宗教的・世界観的・倫理的・政治的な行為動機を含む。公共体は国家が自由に処分することのできない資源によって生存しているのである。(162) 全体主義的な体制ですら人間の全ての欲求を馴致したり組織したりすることはできない。法治国家はもとよりそれを決して試みることはない。法治国家は個人の自己決定の優位を前提し、外的行為の枠組秩序を定立することで満足する。法治国家は志操の問題にまで干渉しないし、個人に対して要求するのは法形式を採って定義された最小限の倫理を守ることに過ぎず、道徳を道徳として実現することは求めないのである。

基本権的保護領域に含まれる範囲においては任務を自らのものとし、それを自らに留保し、或いは私人と競合することを、国家は自由に行うことができない。却って国家が経済的・社会的競争に参入したり、それを規制したりしようとすれば、それは利害関係者の基本権に照らして正当化されなければならない。この正当化のためには、国家が自ら取り組もうとする任務が公共の福祉にとって重要であり、それ故に公共的意味があるというのでは十分ではない。なぜならこうした性質があるからといって、憲法が公的任務を少なくとも原則として仮想的に基本権的自由の主体に配分することは妨げられないからである。そうではなく、所与の状況において私人ではなく国家のみがその特殊な資格と機構とによって公共の福祉に係る諸要求を充足しうるのだということ、そして国家の介入が態様と範囲において合目的的であり、必要であり、適切であるということを国家は明らかにしなければならない。実際にも多くの点で、国家は製造業・商業・サーヴィス業において公共の福祉に反しない自由の行使のための法的枠組条件を提供しているに過ぎない。

基本権の妥当範囲においては、公共の福祉に係る権能は国家と社会の関係において補完性原理によって現実化される。優先されるのは私人による自律的な公的任務の遂行である。[163] このことと類似的に、私人が公共の福祉に属する諸任務に公共団体と同様に対応し得るという場合には、これまで国家的任務とされてきたものの私化〔Privatisierung〕は正当化され得る。[164] もっとも、公共の福祉にとって重要な事物領域全体に対する国家の最終責任を私化することはできない。かような最終責任は衛生制度、エネルギー供給、交通インフラ、銀行制度に関する保障任務において明瞭に示されている。[165]

国家による正統な物理的強制力の独占を揺るがすことはできない。[166] 国家は立法、行政、裁判権という高権的権限を放棄してはならない。せいぜい特別の事例において私人にその行使を「貸与」し得るに過ぎない。しかし憲法上、非国家的アクターを端的に排除しているのは少数のセクターに過ぎない[167]。とりわけ強制力の行使を必要とする事項（国内安全、国土防衛）、社会的諸利益との高権的距離を要する事項（司法、経済監督）、あるいは公職の持つ客観性、遵法性、恒常性の保障を必要とする事項がそれである。国家が公共の福祉について最終的に責任を負う番人としてその諸任務に対応できるような、法の実効性を確保し、基本権保障を果たす能力、そして基本権の拘束を受けない社会的権力に対して紛争事案において優越的な法の権力を対抗させる能力を有するところの国家組織を、自由な国制は前提としているのである。国家の対内主権は公共の福祉に係るその能力の条件である[168]。公共善の内容およびその実現に向けた権能に関する紛争においては国家が最終的決定権を持つ。国家は基本権的補完性原理に従い、ある任務領域に自らが臨在する必要があるか否かを決定する[169]。

2　公共の福祉に係る権能としての基本権

ヴィルヘルム・フォン・フンボルトは国家に対する諸学問の自由を次のような診断によって基礎付けている。「学問機関が究極的目的を達成したならば、それらは国家の諸目的をも、しかもはるかに高い見地から、すなわちそれによってはるかに多くのことが統合され、そして国家によって起動されうるのとは全く異なる力や手段が調達され得るような見地から、遂行することが可能なのである」（訳註xvi）[170]。そのような希望を基本権は一般的に有しており、かような基本権に基づいて公的諸任務は私人に委ねられている。つまり官憲的権力による中央集権的な計画策定と制御によって将来もたらされ得るよりも、基本権的自由によってより効率的に公共の福祉を実現するための力と手段がもたらされるのだ、というわけである。その反対を示そうとした社会主義の画期的な大実験は二〇世紀において悲惨な失敗に終わった。

基本権は公共の福祉の実現に協働する市民の権能として解釈され得る。というのも、その対象は私の領域を超えて公の領域に踏み込んでいるからである[171]。このことは両親の権利、メディアの自由、団結の自由、所有権保障に妥当する。公共体の福祉は、市民が基本権を行使するか否か、行使するとしてどのようになのか、ということに著しく依存する。しかし公共の福祉に係る国家の権能と市民のそれとは通約不可能である。国家は公共の福祉に奉仕する目的的営造物として組織されている。しかし市民がこれに奉仕するか否かは自由である。基本権によって市民に保障される自由は国家による強制の不在として消極的に定義される。[172] 従って基本権は個人が法的に有する自由によって何をなすのかを――その自由を無私的に行使するのか私益のために行使するのか、その行使が公共にとって有益であるのか有害であるのか、賢明であるのか愚かであるのか、そしてそもそも行使するのかしないのか――個人に委ねている。

基本法は所有権保障において消極的な自由理解に対して積極的な自由理解を対置している。つまりその行使は（正統なものと前提される私益と）同時に「公共の福祉に資する」ものでなくてはならない（基本法一四条一項二文）。しかしこの内容的決定因子は憲法的要請として直接的法効果をもたらすものではなく、憲法上の倫理的期待であるに過ぎない。[173] それは憲法上の公共の福祉がいかに達成され得るのかを提示するものではある。しかしそれは進んでそれに向けて行動するように所有者を強制するものではない。強制をなし得るのは、憲法上の期待を変換するところの法律だけであろう。しかし法律も具体的な一つの公益（つまり公共の福祉の一要素）を追求し得るに過ぎず、所有権の中に貯蔵された潜在的自由を犠牲に供する場合には常に過剰禁止に照らして正当化されなければならないから、その期待を汲み尽くすことはできないであろう。公共の福祉の期待と法律上の規律可能性の範囲との差異は自由の故に除去不能であるということは、全ての基本権に当て嵌まる。公共善は、国家行為によって惹起したり、規制したり、代替したりできないような、市民による自発的な道徳的・知的・物理的給付を必要とし続けている。

3　公共の福祉に係る法の外における潜在力——徳と利益

法は消極的自由と公共の福祉に係る積極的期待との間の溝を埋めることができない。政治理論は法の外における二つの潜在力、すなわち徳と利益を指摘している。

(1)　徳モデル　　中世政治哲学は君主制における公共の福祉を支配者の徳に基礎付けた。これを受容することがかつての君主鑑の前提であった[174]。従って、今や民主制を市民の徳に基礎付けることは論理一貫したものであるように見える。

モンテスキューにとって市民の徳はまさに自由国家の特別な駆動力をなすものであった。他方、彼はそれを君主制については否認したのであるが。彼によれば君主制の原理は名誉であり、専制の原理は恐怖であるというわけである。徳、より正確には政治的徳（"vertu"）はかつてのローマの徳〔virtus〕と同様、無法の暴力も法律による強制も当てにする必要のない共和主義者の情熱である。徳が意味するのは、節度、無私益性、犠牲心、国家に対する献身、祖国と法律に対する愛である[175]。これは市民が一層公共の努力に身を捧げるべく、彼らに私的努力に対する禁欲を要求する一種のスパルタ的理念である。共和制は修道院の性質を帯び、共和主義者は一種の世俗修道士に姿を変える。「修道士たちは何故にかくも自らの修道会を愛するのか。それは修道士であることを彼らと両立困難にするものと同じ理由による。彼らの規律は、普通は憧憬の対象となるようなことを全て彼らから奪ってしまう。かくして彼らには、それが彼らに圧力を加えるものであるにも拘らず、彼らの規律に対する愛のみが残るのである。規律が強くなればなるほど、つまり規律が彼らの好みを厳しく制約すればするほど、規律によって彼らに残された選好はますます強められるのである」[訳註xvii][176]。フランス革命は徳の理想像を体現するものであった。一七九三年のジャコバン憲法によれば、フランス共和国はその憲法の財産を全ての徳の保護（"la garde de toutes les vertus"）に委ねている[177]。ロベスピエールにとって、徳を確かなものにする手段は恐怖であり、徳は恐怖の正統化事由であるかの如くであった。「徳なき恐怖は致命的であり、恐怖なき徳は無力である」[178]。徳という言葉は恐怖政治により後世長く不信の対象となり、それ以降この言葉は政治語彙から禁圧されてしまい、今なお意味論的代替物を見出していない。

しかし公共の関心事に完全に献身し、経済市民《ブルジョワ》という私益的観点をその私益とともにそれに劣後させる政治市民《シトワイヤン》というモンテスキューの共和主義的指導イメージは生き残った。カール・マルクスはここから彼の一七八九年の自由主義的人権に対する批判を展開し、それが政治市民としての人間ではなく経済市民としての人間を固有かつ真の人間とし、政治公共体を人権維持のための単なる手段に格下げし、そして政治市民を「利己主義的な自然人《オム》の奉仕者」としてしまったと論じた[179]。実際にも、マルクスに感化された現実社会主義国家は徳モデルを利用して一種の教育独裁を樹立し、自由というものは共産主義的に救済された政治市民になって初めて与えられるものだから経済市民的階級意識の残滓が克服されない限りは自由に与ることはできないのだと臣民に宣言してみせたのである。

これに対して、ルードルフ・スメントにとってこの概念対はヴァイマール憲法の基本権を個人主義と多元主義という二つの危険から救済することに資するものであった。「国民が行為統一体となり自らに与えられた歴史的任務を果たし得る形式を国民に附与し、我々が全員で一致して国民としての共通の歴史的・倫理的使命を引き受ける形式たらん」とする（ヴァイマール）憲法の基本思想を維持することを狙いとして、「全体の枠組みにおける彼らの公民的な特別の職務的・身分的権利」としての基本権を附与された政治市民に対して、憲法を犠牲にしてでも自らの私益だけは確保しておこうとする経済市民が対決させられる[180]。スメントの統合主義的な基本権エートスに遠く微かに反映されているのはヘーゲルの国家像であり、それはもちろんはるかにきめ細かな像であるが、求心力に視野を限定するのではなく、むしろこの求心力を遠心力と均衡させるものである。しかしスメントにおける基本権の指導イメージの背後に近く明瞭に存しているのは、古いプロイセン的な官吏の理想像である。スメントの基本権理論の核心は既にノヴァーリスのロマン主義的国家構想に見える。曰く、「すべて公民は国家の官吏である」[181]。

（2）利益モデル　　利益モデルは政治市民ではなく経済市民から、すなわち私的利益の主体としての個人、ありのままの人間から出発する。道徳的パトスや倫理的英雄精神は要求されない。市民は自らの特殊欲求を断念することも、共和主義的な修道院戒律に服することも必要ではない。利己主義は国家によって非難されるのではなく、却って正統化され、保護される。まさに国家秩序が全面的利己主義の諸条件を整えるからこそ、国家秩序は同意を調達するものとなる。正しく理解された私益は国家の存立基礎を保全する。そのような私益は長期的に存立し得るように、短期的には自己を制限する。

フランス貴族であったトックヴィルは、一五〇〇年前に若き大衆民主主義国家アメリカにおいて、深慮ある私益の教えの力によって、その支持者が私的利益の一部を犠牲にして残余の私益を守ろうとすることで利益計算に良心が吹き込まれる様を観察した。彼は活力ある新しいエートスを認識し、「盲目的献身と本源的徳の時代」がはるか遠くなったことを確信する。「正しく理解された私益の教説は特段高尚ではないが、しかしそれは平明で確実である。この教えは大きな目標を目指すものではないが、大きな苦労なしにあらゆる目標に到達する。……この教えは人間の弱さに驚くほど適合しているので、あらゆる土地で支配的な影響力を容易に獲得している。また、この教えは私益を私益に対抗させて拍車のかかった情熱を制御するものであるので、この影響力を維持することはさほど難しくない[訳註xviii]」。アメリカ人たちは、全て人間は自分の利益を追いかけるものだということを否定しない。しかし彼らは、誠実性が誰にでも利益をもたらすのだということを示そうと熱心に努力している、と彼は言うのである[182]。

利益モデルは徳モデルに対し、いくつかの点で優れている。利益モデルは持続的な道徳的努力の強制や私人に対する義務付け、全体的政治化を伴うことなく、市民活動を解き放つ。市民はまず政治教育という煉獄山[訳註xix]の登攀を強要されることなく、直ちに憲法によって約束された自由を享受する。公共の福祉は市民にとって行為の主観的目標ではなく、客観的効果を意味する。個人は全体の地平において思考する必要はなく――そのような要求は通常は実践において失敗に終わる――、彼の個人的関心の地平だけで思考すればよい。全ての当事者はそれによって最善の選択を行う。アダム・スミスは次のように冷静に確認している。「我々は食べるのに必要なものを肉屋や酒屋やパン屋の好意に期待したりはしない。そうではなく彼らが自分の利益を主張することに期待している。我々は彼らの隣人愛ではなく自己愛に頼るのであり、我々は自分たちの需要を述べるのではなく、彼らの利益を語るのである。乞食を除いて誰も彼の同胞の好意に頼りすぎたくないし、乞食すら決してそれに頼りきりにはしない(訳註xx)(183)」。

経済競争においては多数の利己心が働くが、同時に相互に牽制され抑制される（開かれた競合による実効的権力分立）。そしてその利己心は自らを振興してくれる公共の福祉にとって最終的には実りあるものとなるが、しかもそれは努力してのことではないし、そもそもその効果すら自覚されている必要もない。蜂の寓話は、如何に私的な悪徳から公的な善行が生まれるかを次のように簡潔に述べている。曰く、「大悪党すら遂には／公共の福祉に仕えざるを得ない(184)」。

利益競争が最終的には自ずと公共の最善を実現するだろうという希望は、経済的自由の理念だけではなく、権力エリートたちの競争を糧とする民主的・政治的自由の理念によっても担われている(185)。政党によって頻繁に展開される信頼ならない馬鹿げた公共の福祉の濫発競争においても、そこには政党とは市民の様々な利益を採り上げ、多数派形成のために加工し、そうして公共の福祉に向けても選別するものなのだというリベラル民主主義の理性の力が働いているのである。

競争原理は学問、技術、文化という、その革新と進歩が自由な対決において遂行される文化を捕捉している。それは宗教の前でも決して停止しない。宗教も、賢者ナータンの指輪の寓話が示すように、その真実性を他の宗教との競争で示すべきなのである。全ての領域においてアダム・スミスの国民経済によって古典的に代表される楽観主義、すなわち主体性と利益が伝統的な桎梏と保護から公開の広場に解放されているところでは、それらは国家的計画者や実力者、命令権者といった見える手より賢明な見えざる手によって嚮導され、客観的かつ間接的には全体への寄与がもたらされるのだという楽観主義が作用しているのである。

4　基本法の混合的モデル

(1) 私益の基本権的正統性

利益モデルはその端緒からして基本法の基本権秩序の説明範型として考慮される。基本権は私益を保護し、正統化する。それ故、所有権保障において所有権は「同時に」公共の福祉に奉仕すべきだという負担が課されるとき、所有権を私益のために行使できるということは自明なものとして前提されている。職業の自由という基本権は営利活動を保護する。団結の自由は組織された集団的利己主義、つまり社会の配分闘争を正当化する。意見表明の自由、プレスの自由、政党の自由、文化および学問の自由は承認、周知性、名声、影響、満足感を求める努力の中で名誉心、自己顕示欲、利益衝動、自尊心を解き放つ。これらの情熱によって、純粋な利他心に対する道徳的訴求や国家による公共の福祉のための動員命令によっては提供され得ないであろう遂行エネルギーが活性化される。基本権的自由は市場と競争社会において自己実現する。それは市場経済的諸要素を契約の自由、職業の自由、団結の自由、所有権および相続権において解放し、保障する。しかしそれが公共の福祉と両立し、公共の福祉を促進するように発展するためには、法的な枠組条件も必要である。

私益は公共の利益となる活動の推進力である。公共体の善き生にとって重要なのは善き意図ではなく、善き効果である。そして善い効果が必ずしも高貴な無私的動機から生じるとは限らないのは、同じく高貴な無私的動機だけでは未だ公共の利益となる効果が保障されないのと同じである。アダム・スミスであれば、今日、私益を通じた間接的な道が多くの場合において直接的な道よりも公共の福祉に至るための善き道であるという自らの観察が確認されていると考えることができるだろう。「社会にとっても、個人がそのような目標を意識的に追求していないということは、必ずしも最悪の事態を意味するわけではない。それどころかまさに彼が自分の利益を追求することを通じて、彼が実際にそれをなそうと意図していた場合よりも有効に、社会の利益を増進させていることがしばしばある。自分の行為が公共の福祉に役立つのだと嘯いている者が、善い結果をもたらしたことはこれまで聞いたことがない。そして実際、それは気取りに過ぎないのである……[訳註xxi][186]」。政治的諸問題における判断力は大学、メディア、教会といった世界改良の幻想と現実との摩擦が生じない「経験に疎い空間」（ヘルマン・リュッベ）においてよりも、むしろ家族、職業、専門に関わる経験の土壌、日々の要求を満足させることが重要となるところにおいて[187]形成される。民主制が市民に期待する公共心〔common sense〕とは、「自らの生活状況を評価することを知り、自らの利益を認識し、それ故にまた自らの法的その他の義務を既に自らの利益に基づいて履行するような、道徳的に成人した市民の実践的判断能力である[188]」。

もっとも、憲法の期待は個別的な市民の志操にではなく、その社会的行動に向けられている。最終的には生活の質の社会全体の水準が重要となる。

（2）憲法の闘技原理　利益モデルには、自由権の基礎にある闘技原理が対応する[189]。これらの自由権は広範囲に渉り市場と競争社会に関わる。企業家、雑誌編集者、ジャーナリスト、学者、利益団体、宗教共同体、これら全ては正当化されない国家の規制や介入から基本権により保護される。しかし彼らは基本権的自由を享有する競合者に対しては保護されない。基本権は競争の機会とともに、競争のリスク、失敗、破産の可能性も開くものである。法治国家は競争がフェアであるための諸条件を保障するが、競争における幸運を保障するものではない。ここにリベラルな基本権構想の厳しさが示されており、かつて共産主義的に強制によって指導・監護された中東欧社会にとってこれに慣れるのは容易ではないのである。基本権社会は経済的、社会的、政治的、文化的利益競争、そしてそれどころか宗教的な利益競争すらその生命の源とする[190]。政治的影響力、文学的名声、学問的評価、道徳的権威は開かれた競争においてのみ獲得されるべきであり、そこで常に新たに獲得されるのでなくてはならない。基本権主体が自らの利益のために労働し、宣伝し、闘争することこそ、公共の福祉のエネルギー源である。自由な民主制は政党による有権者獲得競争の刺激、その権力闘争および創造的野心の対抗関係を生命の源とする。しかしそれは政党が多数派形成を可能とし、公共の福祉と両立することを証明することを目指して、市民の多様な利益を採取・加工することからも生命力を得ている。

利益モデルは租税国家の基礎である。[191] 租税国家は私人による営利活動を正統なものと前提し、営利活動を自由に展開させ、租税国家が経済的成果に関与することを通じて最終的に営利活動を自らの利益にする。このようにして租税国家は自らの公的任務、特に社会給付の財源調達手段を開発する。租税国家は経済社会の寄生者である。しかし租税国家は、私益がもはや充足を望み得ず、それによって私的な給付意思、すなわち租税国家のエネルギー源が枯渇するほどに税負担率を拡張してはならない。過剰な課税を行うならば、課税本来の生命ある基礎を破壊してしまうであろう。租税が課せられるのは、市民が所得を獲得し、売上を伸ばし、財産を保有し、あるいはその他法律によって納税義務と結び付いた経済的成果の構成要件を充たす場合に限られる。営利機会を放棄し、その才能を死蔵し、落伍者として生きることを決断し、それによって計画的に社会国家的再配分システムの非課税受益者の列に加わることは私人の自由である。しかし租税国家は、社会の構成員のうち十分な数の者がその経済的可能性を実り豊かに行使することに対する期待の上に成立している。租税国家の期待を保障するのは経済的私益である。この私益は計画することも意図することもなく多くの点で公共の福祉に資する。利益を企図して営利活動を行う者は市場の需要を充たし、これにより国民総生産に貢献する。彼は雇用を創出し、本人や同僚の生活上の必要を供給する。最後に彼は租税の基質を創出し、自らの給付能力を基準として、国家が公課を通じて財政的需要を充足できるという結果をもたらす。

租税について確認したことは一般化され得る。市民の給付能力と自発的給付の用意は自由な公共体の生存基盤である。それらは国家の処分権力に先行する。私益は、市民が基本権において認められた自由を実際に行使する原動力となることによって、公共の福祉を媒介する。基本権の活動性は憲法上の本源的期待の一つであり、私益はその唯一のではないにせよ本質的な刺激剤である。意欲が欠如し、オブローモフ気質が蔓延すると、権利は空転する。婚姻が避けられ子供も生まれないと、婚姻と家族に関する基本権的保護や両親の権利は不要となる。企業家の創意工夫、ジャーナリストの衝動や学問的業績への情熱が減衰すると、その分だけ職業・プレス・学問の自由の意義は縮減する。リベラルな基本権は近代ヨーロッパで発展してきたような活動的な人間を前提している。それ故に、この真にヨーロッパ的な法制度が容易くヨーロッパ以外の諸文化に移植し得るものであるかは、疑いの持たれるところである。

いずれにせよ、右のように、利益モデルは端緒において現代社会の所与に対応している。このモデルは社会的な対立や紛争の苦境から一種の多元主義的な徳を創出する。現代人の宿命である様々な矛盾は実りあるものとして、軋轢は有益なものとして理解されるのである。

(3) 市場の社会国家的修正　社会における利益競争を嚮導する見えざる手に対する自由主義のナイーヴな信頼は、現在では崩壊している。有能な者にとっての自由な道が、有能でない者、競争に対する経済的・物理的・知的能力を持たない者にとっての不自由、従属、恥辱を招きかねないということは、経験の示すところである。そして経済的自由は競争を通じて均衡する利己心をもたらすだけではなく、カルテル形成と合併を通じて肥大化する利己心をも生み出し得るものであり、その結果として経済的自由は自由を危殆化し縮減させる権力に転じてしまう。こうした挑戦に立憲国家は社会国家的目標において対処している。立憲国家の見える手は今や、社会的正義を基準として全住民にとって包括的な生活保障という目的のために社会における自己規整の結果を修正する。

社会における利益闘争の結果や私的自治一般に今日一貫して向けられている懐疑は、ある領域には及んでいない。それは労働協約の自治である。ここでは社会国家による規整圧力も手を止めている。それは関連する社会的権力が無力だからというのでは決してなく、社会国家は力比べに訴えるつもりがもともとないからである。連邦労働裁判所の最高裁判例や労働法学説の大部分はここに高度の理性が働いていると見ている。判例および学説は経験に踊らされることなく冷静に労働協約に正しさの実質的保障を認めている。[192] 見えざる手に対する古い信仰が壊れず生き残った最後の保護区である。

人間として尊厳ある生の現実的条件に対する社会国家的配慮は経済的諸要素に限定されない。基本権的自由の行使のための観念的・物質的・法的・文化的前提が社会における自己規整において創出されない限り、社会国家的配慮はそれらにも及ぶのである。[193]

（4）徳モデルへの不可避的な回帰　利益モデルは確かに倫理的努力の負担から免れているが、エートスを不要とするわけではない。利益モデルは倫理的需要を発生させる。最もリベラルな国家も法律上の義務なしでは成り立たない。しかし権威主義的国家であっても、全ての個人に義務の履行を強制する手段は十分ではないであろう。法治国家は市民の自発的な法的服従、すなわち法治国家のエートスに対する理解を原則として信頼している。競争（政治的・経済的・精神的）はルール内でのみ、つまり全てのプレイヤーによってそれ自体として受容されているいわばスポーツの競技ルール内でのみ可能である。そこには、機会平等およびフェア精神という要請のほか、驕らず勝ち潔く負けることのできる能力が含まれる。倫理的共通性という基本的部分なくして公共体は存立し得ない。[194] このことは社会国家的目標によっても示される。この目標に体現されるのは国家の特定のエートスだけではない。それは市民のエートス、公共心にも訴えかける。社会国家によって社会の構成員のうち給付能力ある者から給付を必要とする者へと媒介される再分配は、負担者の側における基本権的正当化の問題だけではなく、その受容可能性という政治的問題を発生させる。再分配は与える者と受け取る者との連帯を前提とする。しかし連帯は公共体の倫理的前提の一つであり、個別の市民から見れば徳の一つである。[195] 連帯は社会国家的立法者によって課せられる移転犠牲者の消極的な受忍のみに存するのではなく、むしろまた本質的に、隣人と公共のために給付を行うという積極的な用意に存する。一般的に確認できることは、（恣意的な）自由の法的保障が道徳性という法以前的な憲法的期待と一致するということである。この期待は道徳的最高能率には向けられていない。ジャコバン流の厳格主義的な徳とは無縁である。市民が互いと公共体に対する法的義務を自分の利益としてだけでも履行すれば、通常は十分である。(196)

伝統的な行動範型や道徳的な直観の喪失――それは技術的進歩の結果でもある――により、学問的に基礎付けられた倫理、特に経済倫理や学問倫理、環境倫理、生命倫理、医療倫理など各分野に特有の倫理の需要が高まりつつある。ここには、国家による介入を必要とせずに、各分野の秩序需要を理論と実践の自由な協働において人と事柄に即して充足するということに向けた前途有望な契機が示されているのである。それにも拘らず、専門的能力と倫理的能力とが乖離してしまい、倫理の専門家による素人統治に専門家（企業家・専門学者・医者等）の活動が隷属させられてしまうという危険も浮き彫りになっている。すなわち、倫理の専門家は自らの神学的・哲学的・社会学的・政治学的予備知識を全体的ディレッタンティズム樹立のための無能力代償的権能(197)であると考えており、そこには「思想的エリートは歴史の過程に身を置いて考え、法則性を知り、それにより現世において人類を待つ偉大な将来を知っており、それ故にこれに対応する道徳的・政治的な市民の義務の教師かつ番人として振る舞うべき権利と使命を有するものであり、理論的生成項である公共の福祉に対する一種の特別管轄権を有している(198)」のだという想定がある。この国においては学位がなくとも高尚な道徳の国民説教師、世界改良家、被抑圧者の弁護人や終末的災厄を阻止する者として読者を得ることができる。キリスト教的来世信仰が退潮し、それによって現世的な幸福の希望、不幸の心配、救済の約束、意味の渇望が発生したため、その分だけ感受性が高まっているのである。別の理由もある。諸問題の複雑性に個人の判断力が追い付いておらず、政治的道徳主義はその埋め合わせを買って出ているのである。(199)

しかし、あるいはまさにそれ故にこそ、時代と事柄に即した倫理を発展させるという任務が今日一般的に承認されているのである。それは社会の個別セクターにとってだけではなく、市民身分にも一般的に当て嵌まる。基本権行使に係る倫理は、政治市民《シトワイヤン》という高貴な理想像に依存していない。この倫理は当事者が利益の観点を超えた先へと自発的に成長する可能性を開いているが、それは欲望と傾向を持ったあるがままの人間を前提としているのである。憲法が描いている市民の指導イメージとは公共の事柄に対する自己犠牲ではない。そうではなく、隣人に配慮し、自己拘束と倫理的責任ある行為を心構えながら人格を自由に発展させるというものなのである。

（5）私益の任意放棄　市民が自発的に私益的目標の追求を放棄することは禁じられていない。市民はそれによって基本権的自由を放棄しているわけではなく、むしろ行使しているのである。基本権的自由は政治市民《シトワイヤン》と同様、経済市民《ブルジョワ》にも与えられている。基本権的自由は政治市民《シトワイヤン》に自らの道徳的水準を下回るように強いることも、経済市民《ブルジョワ》に自己否定を強いることもない。自らの理解する公共的事柄に無私に尽くそうとする者は、それに対して報酬が与えられるとか、それだけを理由として租税などの負担を免除されるとか、私益を追求する者に比して特権を与えられるなどとは期待してはならない。あらゆる特権は平等原則に照らして正当化されなければならない。このことは環境利益や市民利益の管財人を標榜する団体にも当て嵌まる[200]。

　公的任務の無私的かつ任意的な履行として一般的に承認されている現象は自由な社会福祉活動であり、その中心は教会による社会奉仕活動である。それは国家と市場との間の「第三セクター」を形成するものであり、基本権的（および国家教会法的）自由保障を基礎として国家の助成と結び付いて発展してきたものである。自由な主体、特に教会は、国家が自らサーヴィスを提供する必要を軽減し、社会の活動範囲を拡大し、公的任務の脱中心的かつ多彩な実現をもたらし、制度としての国家の自由にならないであろう公共体の事柄に向けられた諸力を活性化させる。基本権主体と名宛人との正規の距離はここで近接する。国家は自由な主体に対し規制的というより促進的に応じ、自由な主体は国家に対し防禦的というより協力的に振る舞うが、それによって自由な主体が基本権として保障された独立性を犠牲にしなければならないということはない。

　法秩序は公益団体に対する租税優遇措置によって、公的任務のためにする私人の無私的行為を尊重している。

しかし、同様の活動を市場条件のもとに収益を意図して行っている納税義務を負う営利企業に比してより高い国家倫理的性質を、租税免除特権を享受する公益団体に初めから認めてしまうとすれば、それは見当外れであろう。なぜなら、営利企業は経済需要に対処し、自らと企業構成員の生活上の必要を供給し、そして国家的公共性に対し財源をもたらすものであるからである。(201)

第一〇節　公共の福祉に対する国家の最終責任

《現代の自由な国家は自らの自由主義的性格を放棄しなければ直接には保障することができない諸前提を生命線としている》というベッケンフェルデの命題ほどに専門分野の外でも頻繁に引用されている国法学者の命題は存在しない。(202)難しい問題を含む社会発展を打つ手なく傍観したり、さらには公共体の倫理的基礎が危機に陥ったりしている時ですら、政治家はこれを引用して自らの職務的良心を満足させている。(203)確かに、基本権は国家の手段を限定するものである。しかし、基本権は破滅の宿命に従うことを国家に命じるものではない。そうではなく、公共の福祉に対する国家の最終責任は存在し続けているのである。

基本権行使に対して影響を及ぼすための国家の正統な手段は、情報提供、助言、勧告、警告であり、演説、討論、広報、協定、協働によって媒介される。政治が良き意思を備える限り、政治はこの手段によって効果を挙げることができる。このことは例えば景気制御や全体経済の均衡、エイズ予防、排外主義的潮流への対抗、あるいは女性の平等な地位のための対策に示されている。これに対して、未出生児保護のための同様の試みは連邦憲法裁判所が明示に憲法上の要請として要求している任務であるが(204)、政治的に不適切であると考えられているため、行われていない。影響力行使のための最も有効な手段は学校教育である。国家の教育権は憲法上の中立・寛容義務により限定されている。だが、その限界の中で、国家の教育権は、青少年に自由の責任ある行使を準備させる基本権教育の豊かな可能性を提供している。しかし国家教育は法律の要求とは異なり、合法性のみを目標とするものではなく、最終的には公民道徳を目標とする。まさにそれ故に、自らの〔「一人前の」〕市民を教育しようとする国家の努力は憲法上の限界に突き当たる。(205)

影響力行使の定評ある手段は、助成であれ、租税上の誘導や優遇であれ、公共に資する基本権利用の国家的促進である。国家は小麦と雑草に一様に給付をばら撒く義務を負うものではない。雑草を刈ることが自由権によって拒絶されるとしても、平等権は雑草にも肥料をやることを――少なくとも端的には――命じるものではない。そうではなく、国家は乏しい公的手段を与える際には、公共の利益と専門的質によって、促進すべき私的アジェンダを区別できるし、区別しなければならない。防禦権は侵害的作用を行う国家に対しては「良い」基本権行使と「悪い」基本権行使とを区別することを禁じるが、給付作用を行う国家の障害となるものではない。平等原則は憲法上の期待の実行に向けられた区別を容認する。財政の効率性と経済性の原理は、まさにかような区別を要求する。国家は私的な給付仲介者の便宜を図ってよいし、国家それ自体のように中立性義務に拘束されることのないような全体的生活設計(訳註xxii)提供者と敢えて協働することも許容される。原型的な給付仲介者は教会である。

国家はもっぱら公共の福祉という目標を志向する場合に限り、公共の福祉に対する責任を全うすることができる。基本権的自由の保障者自身は自由ではない。徳モデルによって市民に要求される禁欲性の要請は、国家権力の担い手に対しては極めて厳格に妥当する。公共の福祉の実践的変換にとって最も重要な媒体は職務〔Amt〕の原理である。(訳註xxiii)

（藤川直樹　訳）

［原註］

（1）*Otto von Freising*, Chronica sive Historia de duabus civitatibus (1143-1146, 1156/57), vor allem VIII.

（2）*Otto von Freising* (Fn. 1), VII, 34, 35.

（3）キケロの文章では „Ollis salus populi suprema lex esto“ (De legibus, III, 8)。

（4）意味論については Art. „Gemeinwohl“, in: Joachim Ritter (Hrsg.), Historisches Wörterbuch der Philosophie, Bd. 3, 1974, Sp. 248ff.; *Wolfgang Wehlen*, Geschichtsschreibung und Staatsauffassung im Zeitalter Ludwigs des Frommen, 1970, S. 9, 36ff., 91, passim; *Peter Hibst*, Utilitas Publica – Gemeiner Nutz – Gemeinwohl. Untersuchungen eines politischen Leitbegriffs von der Antike bis zum späten Mittelalter, 1991, S. 121ff.; *Herfried Münkler/Harald Bluhm* (Hrsg.), Gemeinwohl und Gemeinsinn. Historische Semantiken politischer Leitbegriffe, Bd. I, 2001.

（5）*Thomas von Aquin*, De regimine principum, ad regem Cypri, I/1 の公共の福祉哲学の冒頭はこの意味で理解される。

（6）Vgl. *Karl-Peter Sommermann*, Nationales und europäisches Gemeinwohl, in: Hans Hubert von Arnim/Karl-Peter Sommermann (Hrsg.), Gemeinwohlgefährdung und Gemeinwohlsicherung, 2004, S. 201ff. ミヒャエル・アンダーハイデン〔Michael Anderheiden〕は公共の福祉のヨーロッパ化およびグローバル化を彼の国家理論的・国法的研究に組み入れている (Gemeinwohl in Republik und Union, 2006, S. 97ff., 613ff., passim)。

（7）*Cicero*, De re publica, I 39. これについては *Werner Suerbaum*, Vom antiken zum frühmittelalterlichen Staatsbegriff, 1970, S. 1ff. この伝統に連なるものとして *Josef Isensee*, Republik, Sinnpotential eines Begriffs, in: JZ 1981, S. 1 (3f.); *Hibst* (Fn. 4), S. 131ff.; *Rolf Gröschner*, Die Republik, in: HStR II, ^{3}2004, §23 Rn. 19f.

（8）第七節⑶参照。

（9）*Cicero*, De re publica, I, 25.

（10）„Qui autem civium rationem dicunt habendam, externorum negant, ii dirimunt communem humani generis societatem; qua sublata beneficentia, liberalitas, bonitas, iustitia funditus tollitur; quae qui tollunt, etiam adversus deos immortales impii iudicandi sunt“ (*Cicero*, De officiis, III, 6 [28]).

（11）*Cicero*, De legibus, III, 8. ザムエル・フォン・プーフェンドルフ〔*Samuel von Pufendorf*〕の以下の記述はこの伝統に立つ：「国家の最高権力の担い手にとって最重要のルールとは、国民の福祉は最高の戒律である、ということである。何故なら権力は、国家が創設された目的が彼らによって達成されるようにという意図で彼らに移譲されているからである」(De officio honimis et civis iuxta legem naturalem, 1673, 2.11.3 (dt. Übersetzung von *Klaus Kuig*, Über die Pflicht des Menschen und des Bürgers nach dem Gesetz der Natur, 1994, S. 182))。

（12）これについて論拠を紹介しつつ論じるものに *Ernst Meyer*, Römischer Staat und Staatsgedanke, ^{4}1975, S. 105ff.; *Rolf Gröschner*, Römischer Republikanismus, in: Kristian Kühl/Gerhard Seher (Hrsg.), Rom, Recht, Religion, 2011, S. 15 (23ff.).

（13）職務原理については第二部〔本書未収録〕。

（14）ソールズベリのジョンはこのように論じた（典拠を示すものとして *Hibst* (Fn. 4), S. 182, 312f.)。さらに典拠を示すものとして *Wehlen* (Fn. 4), S. 11.

（15）詳細は *Josef Isensee*, Gemeinwohl im Verfassungsstaat, in: ders./Paul Kirchhof (Hrsg.), Handbuch des Staatsrechts der Bundesrepublik Deutschland (=HStR) Bd. IV, ^{3}2006, §71 Rn. 21ff.

（16）*Aristoteles*, Politik, 1252 b.

（17） *Albertus Magnus*, Politica I. 3 C. 4 (Ed. Paris 8, 233 b):「全て政治体は公共善のために存する。私益のためではない〔Ominis politia est ad commune bonum, et nulla ad privatum〕」。公共の福祉に関するアルベルトの理解については *Manfred Groten*, Albertus Magnus und der Große Schied (Köln 1258), 2011, S. 20ff.

（18） カロリング期に指導目標として妥当したのは秩序〔ordo〕、平和〔pax〕、平穏〔quies〕、正義〔iusititia〕であった（*Wehlen* (Fn. 4), S. 39f.）。

（19） *Aristoteles*, Politik, III, 9, 1280 b. この国家理解および近代世界におけるその追憶については *Josef Isensee*, Staat, in: FS für Paul Kirchhof, Bd. 1, 2013, §1, Rn. 1ff., 11ff., 16ff.

（20） アリストテレス的意味における実りある生の一つの解釈として *Robert Spaemann*, Glück und Wohlwollen, ^{4}1998, S. 24ff.

（21） *Otto von Freising* (Fn. 1), VI, 36.

（22） トマスの公共善論については *Antoine Pierre Verpaalen*, Der Begriff des Gemeinwohls bei Thomas von Aquin, 1954; *Ulrich Matz*, Thomas von Aquin, in: Hans Maier et alii (Hrsg.), Klassiker des politischen Denkens, 1. Bd., ^{2}1968, S. 114 (126ff.); *Wolfgang Kluxen*, Philosophische Ethik bei Thomas von Aquin, ^{2}1980, S. 231f., 233ff.; *Hibst* (Fn. 4), S. 185ff.; *Bernhard Sutor*, Traditionelles Gemeinwohl und liberale politische Theorie, in: FS für Nikolaus Lobkowicz, 1996, S. 155 (171f.); *Michael Anderheiden*, Gemeinwohl, in: FS für Paul Kirchhof, 2013, §5 Rn. 2ff.

（23） 詳細は *Martin Heckel*, Säkularisierung (1980), in: ders., Gesammelte Schriften, Bd. II, 1989, S. 773ff.; *Klaus Ferdinand Gärditz*, Säkularität und Verfassung, in: Otto Depenheuer/Christiph Grabenwarter (Hrsg.), Verfassungstheorie, 2010, §5 Rn. 19ff., 37ff.

（24） *Georg Wilhelm Friedrich Hegel*, Grundlinien der Philosophie des Rechts, 1821, §337.

（25） *Josef Isensee*, Staat und Verfassung, in: HStR II, ^{3}2004, §15 Rn. 75ff., 145ff.

（26） この道具的概念は第二次ヴァチカン公会議のテクストに見られる。第二次ヴァチカン公会議は公共善を「個人・家族・社会集団にその自己完成を完全無欠に達成することを許容するところの、社会生活のかの諸条件全ての総体」と定義している（Gaudium et spes n. 74, vgl. auch n. 26; ähnlich: Dignitatis humanae n. 6）。既に先立って一九六一年五月一五日のヨハンネス二三世回勅マテル・エト・マギストラ第六五節。狭義概念は *Johannes Messner*, Naturrecht, ^{7}1984, S. 190ff.; *Walter Kasper*, Wahrheit und Freiheit, 1988, S. 23f.; *Sutor* (Fn. 22), S. 158, 169ff.; *ders.*, Katholisches Staatsdenken und demokratisch-pluralistische Gesellschaft, in: Die Neue Ordnung 19 (1965), S. 440 (443f.); *Joachim Detjen*, Gemeinwohl, repräsentative Gewaltenteilung, in: Dirk Lange/Gerhard Himmelmann (Hrsg.), Demokratiebewußtsein, 2007, S. 101 (104).

（27） 近代国家の目的としての公共の福祉を法的安全、正統性、合目的性という三つの柱の上に解釈するものとして *Winfried Brugger*, Gemeinwohl im Kontext des modernen Staates, in: Rolf Gröschner/Oliver E. Lembcke (Hrsg.), Freistaatlichkeit, 2011, S. 139 (141ff.). ——国家目標および国家任務とは区別される国家目的という範疇について一般的に論ずるものとして *Josef Isensee*, Staatsaufgaben, in: HStR Bd. IV, ^{3}2006, §73 Rn. 6ff., 12ff.

（28） *Thomas Hobbes*, De cive, 1647, XIII/2, 3.

（29） *Thomas Hobbes* (Fn. 28), XIII/6.

（30） *John Locke*, The second Treatise of Government, 1689, XI, 135.

（31） *Locke* (Fn. 30), IX, 131.

（32） これら諸範疇に対する概観として *Isensee* (Fn. 27), §73 Rn. 1ff.

さらに第七節2を見よ。

(33) *Thomas von Aquin* (Fn. 5), I/1.

(34) *Aristoteles* (Fn. 16), III, 6, 7 (1278 b-1279 b); *Polybios*, Historien, VI, 3-8; *Thomas* (Fn. 5), I, 1-3.

(35) Hesekiel, 34, 2.――この引用は *Thomas* (Fn. 5), I, 1による。さらに第二部Ⅲ2〔本書未収録〕を見よ。

(36) *Cicero* (Fn. 7), III, 45.

(37) これについては第七節3。

(38) *Erasmus von Rotterdam*, Encomion moriae seu laus stultitiae (1509), ドイツ語訳 Lob der Torheit. Alfred Hartmann, [4]1998, S. 138ff. の翻訳より引用。

(39) *Stefan Zweig*, Maria Stuart (1935), Ausgabe 2007, S. 95f.

(40) *Thomas Hobbes*, Leviathan (englische Fassung), 1651, XIX. 同様の契機は *Thomas* (Fn. 5), I, 2にも見られる。

(41) *Thomas* (Fn. 5), I, 4.

(42) Virginia Bill of Rights vom 12. Juni 1776, Section 3.

(43) *Ernst Fraenkel*, Deutschland und die westlichen Demokratien, [9]2011, S. 85：法と正義の範疇であり権力の範疇ではなく、「あるべき」の範疇であり「ある」の範疇ではなく、規整理念であり社会現実ではない。

(44) *Brugger* (Fn. 27), S. 149ff.

(45) メアリー・スチュアートはシラーの戯曲の中で、彼女に死刑判決を伝えるイングランド大蔵卿バーリー卿に職務のエートスを認めるが、しかし正義との関係が破壊されているということを次のように述べる：「貴卿は自らの利益のために統治しているのではなく、ただ主権者と国の利益のために統治している。それ故にこそ、気高き貴卿は国家の利益が正義に見えないことに不信を抱くのだ」(*Friedrrich Schiller*, Maria Stuart, I, 7, V. 794-798).

(46) *Friedrich Meinecke*, Die Idee der Staatsraison ([1]1924), 1957, S. 500.

(47) 古典的研究として *Meinecke* (Fn. 46). 今日の憲法学的視点として *Hans Hugo Klein*, Bundesverfassungsgericht und Staatsraison, 1968, S. 33; *Eckart Klein*, Die Staatsraison der Bundesrepublik Deutschland – staats- und völkerrechtliche Elemente, in: Günther Heydemann/Eckart Klein (Hrsg.), Staatsraison in Deutschland, 2013, S. 89ff.

(48) *Detjen* (Fn. 26), S. 104.

(49) *Carl Schmitt*, Gespräch über die Macht und den Zugang zum Machthaber, 1954, S. 28.

(50) 詳細は *Josef Isensee*, Verfassungsrecht als „politisches Recht", in: HStR VII, [1]1992, §162 Rn. 90ff.; *Eckart Klein*, Der innere Notstand, ebd., §169 Rn. 61ff.; *ders.* (Fn. 47), S. 95ff.

(51) *Hans H. Klein* (Fn. 47), S. 33.

(52) *Thukydides*, Geschichte des Peleponnesischen Krieges, III, 37ff. (Debatte über die Mytilener), V, 84ff. (Melierdialog). これについては *Guido O. Kirner*, Polis und Gemeinwohl, in: Münkler/Bluhm (Fn. 4), S. 31 (42ff.).

(53) *Friedrich der Große*, Politisches Testament von 1768, dt. in: Politische Testamente der Hohenzollern (hrsg. von Richard Dietrich, 1981, S. 256 (370f.)). このプロイセン国王の国家哲学および国家理性については *Meinecke* (Fn. 46), S. 321ff.; *Theodor Schieder*, Friedrich der Große, 1983, S. 102ff., 284ff.; *Johannes Kunisch*, Friedrich der Große, 2005, S. 103ff.

(54) *Josef Isensee*, Die heikle Weltherrschaft der Menschenrechte, in: FS für Eckart Klein, 2013, S. 1085 (1091ff.).

(55) しかしまた、国家理性を想起することは、善悪問わぬ我武者羅の誠実をも意味し得る。それはイスラエル支援がドイツの国家理性に含まれるとする連邦宰相メルクルの宣言に見られる。

(56) „In nomine sancte et individue Trinitatis. Rectorum, iudicum ac tocius populi Sancte Colonie pari voto ac unanimi consensus imcommutabile decretum. Rei publice status

salutari consilio tunc ordinatus esse cognoscitur, quando generali bono omnium equali pietate providetur. Nos itaque utilitati universorum pie consulentes communiter per totam sacrosanctam Coloniam statuimus …" (*Leonard Ennen/ Gottfried Eckertz* [Hrsg.], Quellen zur Geschichte der Stadt Köln, Bd. I, 1860, Nr. 73, S. 550). 訳釈として *Groten* (Fn. 17), S. 7.

(57) *Carl Schmitt*, Der Begriff des Politischen (Fasssung von 1932), 1963, S. 121f. („Hobbes-Kristall").

(58) *Thomas Hobbes*, De cive, 1647, XIII, 2ff.

(59) 詳しくは*Ernst-Wolfgang Böckenförde*, Gemeinwohlvorstellungen bei Klassikern der Rechts- und Staatsphilosophie, in: Münkler/Fischer (Hrsg.), Gemeinwohl und Gemeinsinn im Recht, Bd. III, 2002, S. 43 (56ff.).

(60) *Frédéric le Grand*, Testament du Roi v. 8. Januar 1769, in: ders., Œuvres, Bd. 6, 1847, S. 243.

(61) *Josef Pieper*, Noch wußte es niemand, Autobiographische Aufzeichnungen 1904-1945, ^{1}1976, S. 197.

(62) *Schmitt* (Fn. 57), S. 55――プルードンの言葉の修正である。まず既に *ders.*, Staatsethik und pluralistischer Staat (1930), in: ders., Positionen und Begriffe, 1940 (Nachdruck 1988), S. 133 (143). Vgl. auch *ders.*, Römischer Katholizismus und politische Form, 1923, S. 37――公共の福祉〔salut public〕への言及がある。この点について詳細は *Heinrich Meier*, Die Lehre Carl Schmitts, 1994, S. 41ff.

(63) Dazu *Michael Stolleis*, Gemeinwohlformeln im nationalsozialistischen Recht, 1974.

(64) *Pieper* (Fn. 61), S. 197.

(65) Die politischen Parteien im System des deutschen Verfassungsrechts, in: Gerhard Anschütz/Richard Thoma (Hrsg.), Handbuch des Deutschen Staatsrechts, Bd. 1, ^{1}1930, S. 285 (289).

(66) *Johann-Jacob Moser*, Von der Teutschen Reichs-Stände Landen, 1869, S. 1187.

(67) 例証的なのは *Peter Tischleder*, Die Staatslehre Leos XIII, 1925, S. 137ff.

(68) この隠喩は *Meinecke* (Fn. 46), S. 500.

(69) カール・シュミットの政治神学においては、原罪によって自然法の認識可能性が阻害されるが故に、啓示信仰と並んで自然法〔lex naturalis〕には居場所がない。この点につき *Meier* (Fn. 62), S. 41.

(70) 構成原理と統整原理という対概念は *Immanuel Kant*, Kritik der reinen Vernunft, ^{2}1787, B 536ff. (Meiner-Ausgabe 1956, S. 504ff.). Vgl. auch *ders.*, Kritik der Urteilskraft, ^{2}1793, B 437 (in: ders., Werke, hrsg. von Wilhelm Weischedel, Bd. V, 1966, S. 86).

(71) *Hans Kelsen*, Was ist Gerechtigkeit?, 1953, S.40. Ebenso *ders.*, Reine Rechtslehre, ^{1}1934, S. 15f.

(72) *Kelsen* (Fn. 71), S. 23ff., 32f., 34ff.

(73) *Kelsen* (Fn. 71), S. 34.

(74) *Kelsen*, Rechtslehre (Fn. 71), S. 16.

(75) So *Niklas Luhmann*, Recht und Automation in der öffentlichen Verwaltung, 1966, S. 91; Michael Stolleis, Gemeinwohl und Minimalkonsens, in: Aus Politik und Zeitgeschichte, B 3/1978, S. 37ff.; *Horst Dreier*, in: ders. (Hrsg.), Grundgesetz Bd. II, ^{2}2006, Art. 20 (Republik) Rn. 22. ――政治倫理の空虚な定式に対する批判として *Hans Kelsen*, Die platonische Gerechtigkeit (1933), in: Kantstudien XXXVIII/1933, S. 91ff. ――空虚な定式としての公共の福祉というテーゼに対抗するものとして *Sutor* (Fn. 22), S. 160ff.; *Detjen* (Fn. 26), S. 103.

(76) 内部観察として *Ernst Bloch*, Parteilichkeit in Wissenschaft und Welt (1951), in: ders., Gesamtausgabe, Bd. 10, 1977, S.

330ff.; *Hilde Benjamin*, Die dialektische Einheit von Gesetzlichkeit und Parteilichkeit durchsetzen, in: NJ 1958, S. 368; *K. A. Mollmann*, Vom Aberglauben der juristischen Weltanschauung, 1974. 外部観察として *Georg Brunner*, Das Staatsrecht der Deutschen Demokratischen Republik, in: HStR I, ^{3}2003, §11 Rn. 13ff., 17ff., 28ff.; *Josef Isensee*, Rechtsstaat – Vorgabe und Aufgabe der Einheit Deutschlands, in: HStR IX, ^{1}1997, §202 Rn. 59ff., 73f., 75ff.

(77) *Niklas Luhmann*, Legitimation durch Verfahren, ^{2}1975, S. 33ff.

(78) 例えば *Gunnar Folke Schuppert*, Das Gemeinwohl: Über die Schwierigkeiten, einem Gemeinwohlbegriff Konturen zu verleihen, in: ders./ Friedrich Neidhardt (Hrsg.), Gemeinwohl – Auf der Suche nach Substanz, 2002, S. 19 (24ff., 47ff.) に引用あり。反対の立場として *Sutor* (Fn. 22), S. 160f., 169.

(79) これと関連するヨーロッパ法の正統化については後述３（３）。

(80) *Luhmann* (Fn. 75), S. 36f.

(81) ヨアヒム・デッチェン〔*Joachim Detjen*〕はそれ故、「公共の福祉の価値志向的・認識志向的手続」というものを要求している (Interesse und Gemeinwohl, in: Politische Bildung 26 [1993], Heft 2, S. 22 [27])。同様に *ders.* (Fn. 26), S. 105f. 公共の福祉から内容的に基礎付けることの必要性については *Fraenkel* (Fn. 43), S. 82ff.

(82) この立場を採るものとして *Ralf Poscher*, Wozu Juristen streiten, in: JZ 2013, S. 1 (3ff.).

(83) *Immanuel Kant*, Kritik der Urteilskraft (1790), in: ders., Werke (Weischedel-Ausgabe), Bd. 5, 1966, S. 235 (443) ——嗜好の対立について。

(84) *Poscher* (Fn. 82), S. 5, 6.

(85) *Poscher* (Fn. 82), S. 11.

(86) ユルゲン・ハーバマース〔*Jürgen Habermas*〕は倫理的規範を巡る闘争における「唯一正しい解」という目標を少なくとも実践的には堅持する。「十分に根拠づけられた道徳的な期待、非難、自己呵責の言語ゲームからの脱退という疑わしいオプションは哲学的省察においてのみ存し、実践においては存在しない。もし脱退オプションを行使することになれば、それはコミュニケーション的に行為する主体の自己理解を損ねることとなろう」(Wahrheit und Rechtfertigung, Erweiterte Ausgabe 2004, S. 344f.)。ポッシャー〔*Poscher*〕はこの立場を拒否する (Fn. 82, S. 3ff.)。

(87) これについては後述第八節１。

(88) *Schuppert* (Fn. 78), S. 26f. Ähnlich *Dieter Fuchs*, Gemeinwohl und Demokratieprinzip, ebd., S. 87 (100, 104).

(89) *Jean-Jacque Rousseau*, Du contrat social, 1762, II ch. 3. 十分な根拠のある批判として *Hans Kelsen*, Vom Wesen und Wert der Demokratie, ^{2}1929, S. 6ff.; *Hans Welzel*, Naturrecht und materiale Gerechtigkeit, ^{4}1962, S. 159ff.; *Fraenkel* (Fn. 43), S. 264ff.; 265ff., 293f., 325.

(90) *Abraham Lincoln*, Getzsburg Adress, November 1863, Nicolay Copy, p. 2.

(91) 代表的には *Han Herbert von Arnim*, Gemeinwohl im Verfassungsstaat, in: ders./ Karl-Peter Sommermann (Hrsg.), Gemeinwohlgefährdung und Gemeinwohlsicherung, 2004, S. 63 (69f.), mit Nachweise. これに対してディフェレンシエイトしているものとして *Peter Graf Kielmansegg*, Demokratische Legitimation, in: FS für Paul Kirchhof, 1. Bd., 2013, §59 Rn. 18ff.　詳細は後述第七節３。

(92) *Ernst-Wolfgang Böckenförde*, Demokratie als Verfassungsprinzip, in: HStR Bd. II, ^{3}2004, §24 Rn. 10ff.

(93) 前述第二節４を参照のこと。国家倫理の降り急傾斜を用意したのは、ゲアハルト・ライプホルツ〔*Gerhard Leibholz*〕の政党国家論である(例えば Der Parteienstaat des Grundgesetzes, 1951)。紹介と批判として *Christian Nettersheim*, Die Parteienstaats-

theorie von Gerhard Leibholz, Diss. Bonn, 2008.

(94) EUの「民主制の欠損」については *Albrecht Randelzhofer*, Zum behaupteten Demokratiedefizit der Europäischen Gemeinschaft, in: Peter Hommelhoff/Pauf Kirchhof (Hrsg.), Der Staatenverbund der europäischen Union, 1994, S. 39ff.; *Gertrude Lübbe-Wolff*, Europäisches und nationales Verfassungsrecht, in: VVDStRL 60 (2001), S. 246ff.; *Christoph Schönberger*, Die Europäische Union zwischen „Demokratiedefizit“ und Bundesstaatsverbot, in: Der Staat 48 (2009), S. 535 (548ff.).

(95) このような立場を採るものとして *Anne Peters*, Elemente einer Theorie der Verfassung Europas, 2001, S. 567ff.; *Christian Tietje*, Die Staatsrechtslehre und die Veränderung ihres Gegenstandes, in: DVBl 2003, S. 1081 (1095)――拒否的反応を示すものとして *Sebastian Müller-Franken*, Demokratische Legitimation und Globalisierung, in: AöR 134 (2009), S. 542 (552ff.); *Uwe Volkmann*, Demokratie den Staat voraus?, in: AöR 127 (2002), S. 575 (593ff.); *Stefan Haack*, Verlust der Staatlichkeit, 2007, S. 287 Anm. 10; *Josef Isensee*, Die Staatlichkeit der Verfassung, in: Otto Depenheuer/Christoph Grabenwarter (Hrsg.), Verfassungstheorie, 2010, §6 Rn. 111. Vgl. auch *Graf Kielmansegg* (Fn. 91), §59 Rn. 21.

(96) 民主的正統化についての基礎的な文献は *Ernst-Wolfgang Böckenförde*, Demokratie als Verfassungsprinzip, in: HStR Bd. II, ^{3}2004, §24 Rn. 11ff.

(97) これについては *Reiner Schmidt*, Geld und Währung, in:HStR V, ^{3}2007, §117 Rn. 39f.; *Ulrich Hufeld*, Der Bundesrechnungshof und andere Hilfsorgane des Bundesstaates, in: HStR III, ^{3}2005, §56 Rn. 47ff.

(98) 後述第三部〔本書未収録〕を見よ。

(99) *Christian Waldhoff*, „Der Gesetzgeber schuldet nichts als das Gesetz“, in: FS für Josef Isensee, 2007, S. 325ff.

(100) 民主制における公論については *Fraenkel* (Fn. 43), S. 231ff.

(101) *Böckenförde* (Fn. 96), §34 Rn. 29, 31ff.; *Isensee* (Fn. 15), §71 Rn. 100ff.

(102) BVerfGE 30, 1 (20)――基本法二一条一項の例として。

(103) BVerfGE 33, 125 (159)――専門医事件。

(104) BVerfGE 62, 1 (43)――一九八三年連邦議会解散事件。

(105) 基本法四八条三項。これについては *Josef Isensee*, Nemo iudex in causa sua, auch nicht das Parlament?, in: FS für Hartmut Schiedermaier, 2001, S. 181 (182ff., 188ff.).

(106) 歳費に対する省察的ポレーミクとして *Hans Hubert von Arnim*, Die Partei, der Abgeordnete und das Geld, 1991, S. 131ff.; *ders.*, Fetter Bauch regiert nicht gern, 1997, S. 65ff.; *ders.*, Die Selbstbediener, 2013ʼ その他多数。ポレーミクの歴史については *Hermann Butzer*, Diäten und Freifahrt im Deutschen Reichstag, 1999, S. 48, 435ff. ――原則的な危険分析として *Wolfgang Löwer*, Aktuelle Gefährdungen des Republikanismus durch den Parteienstaat, in: Verantwortung und Leistung (hrsg. von der Arbeitsgemeinschaft höherer Dienst), 1993, S. 1ff.

(107) 「『公共の福祉』という現象に対して述べるところのない『政治学』はデンマークの王子抜きに上映されるハムレットに似ている」(*Fraenkel* (Fn. 43), S. 292)。

(108) アメリカ合衆国憲法（一七八七年九月一七日）前文。

(109) 人間及び市民の権利宣言（一七八九年一一月三日）。

(110) 一二条。

(111) フランス共和国憲法（一七九三年六月二四日）一条。

(112) 同時代の適切な解釈を示すのは詩人アンドレ・シェニエ〔André Chénier〕の言葉である。「その構成員が加入によって共通の確信と公共の福祉から逸脱した態度と利益を我が物とするような様々な団体や社団を持つ国家が選ばれるとすれば、それは不幸で誤ったことである。国家の他に団体なく、祖国の他に社団なく、公共の福祉の他に利益なき国家は幸いである。それはすなわち全ての制度は人間を互いに接近させ、諸制度のどの一つとしても人間を分断しない国家であり、全ての市民が臣民であると同時に主権者であるような国家である。」(*Fraenkel* (Fn. 43), S. 349 の引用による)

(113) *Emmanuel Joseph Siéyès*, Préliminaire de la Constitution. Reconnaissance et exposition raisonée, Paris 1789, S. 42, 47（ドイツ語版 Einleitung zur Verfassung, in: ders., Politische Schriften 1788-1790, S. 239 [253, 256]）の人権宣言草案二条、二八条。

(114) 基本法一四条二項二文、三条一文・三文。

(115) 基本法八七e条四項：「公共の福祉、特に交通の必要のため」。

(116) 基本法五六条、六四条二項。法的具体性を欠く「基本的に自明の」倫理的義務を含む公共の福祉プログラムとしての職務宣誓については *Joachim Detjen*, Verfassungswerte, 2009, S. 152f.

(117) 職業活動の自由の制限について方向性を示した判決として BVerfGE 7, 377 (405ff.)――薬局判決。

(118) BVerfGE 33, 125 (158f.)――専門医事件。

(119) BVerfGE 103, 293 (306f.)――休暇算入事件。

(120) BVerfGE 43, 291 (391); 75, 246 (280); 105, 17 (44).

(121) 目的定式の分析として *Christoph Engel*, Das legitime Ziel des Übermaßverbots. Gemeinwohl als Frage der Verfassungsdogmatik, Preprint aus Max-Planck-Projektgruppe Recht der Gemeinschaftsgüter, 2002, S. 7ff., 30ff; *ders.*, Das legitime Ziel als Element des Übermaßverbots, in: Winfried Brugger/Stephan Kirste/Michael Anderheiden (Hrsg.), Gemeinwohl in Deutschland, Europa und der Welt, 2002, S. 103ff.; *Schuppert* (Fn. 78), S. 35ff. (Nachw.).

(122) 連邦憲法裁判所の裁判は文化の自由など留保なき基本権については憲法内在的制約しか妥当しないとするが、やっかいな問題を含む。このような制約は必要があれば憲法テクストからの三百代言的演繹によって導き出されてしまう。批判として *Josef Isensee*, Der Vorbehalt der Verfassung, in: Festschrift für Walter Leisner, 1999, S. 359 (388ff.) mit Nachw.

(123) 枠組秩序としての憲法という理解については *Josef Isensee*, Verfassungsrecht als „politisches“ Recht, in: HStR Bd. VII, 1992, §162 Rn. 43ff.; *Matthias Jestaedt*, Grundrechtsentfaltung im Gesetz, Tübingen 1999, S. 72ff. (Nachw.).

(124) この憲法規定本来の「父」であるアードルフ・ジュスターヘン〔Adolf Süsterhenn〕による注釈は極めて抽象的な次元で思考しており、カトレイン〔Cathrein〕とペッシュ〔Pesch〕の意味におけるカトリック的自然法論・社会論への接近を示す（*Adolf Süsterhenn/Hans Schäfer*, Kommentar der Verfassung für Rheinland-Pfalz, 1950, Rn. 3-5）。

(125) BayVerfGH, Entscheidung vom 29.09.2005, in: NJW 2005, S. 3699 (3707f.).

(126) 基本法五六条、六四条二項。

(127) 法的関連性については BVerfGE 80, 137 (150f.); 89, 1 (5); 104, 1 (12); *Walter Leisner*, Sozialbindung des Eigentums, 1972; *ders.*, Eigentum, in: HStR VIII, ^{3}2010 (^{1}1989), §173 Rn. 143ff.; *Josef Isensee*, Grundrechtsvoraussetzungen und Verfassungserwartungen an die Grundrechtsausübung, in: HStR IX, ^{3}2011, §190 Rn. 212ff.

(128) 基本法におけると同様の定式としてバイエルン州憲法一五八条一文、ベルリーン=ブランデンブルク州憲法四一条二項二文、ザクセン州憲法三一条二項二文、ザクセン=アンハルト州憲法一八条二項二文、テューリンゲン州憲法三四条二項二文。――「その〔財産の〕使用は公共の福祉に反してはならない」という否定形の定式としてブレーメン州憲法一三条一項二文、ヘッセン州憲法四五条二項二文、ラインラント=プファルツ州憲法六〇条二項二文、ザールラント州憲法五一条一項二文。

(129) ヘッセン州憲法三八条一項一文、バイエルン州憲法一五一条一項、ブレーメン州憲法三八条一項、ザールラント州憲法四三条一項。

(130) ラインラント=プファルツ州憲法五二条二項一文。

(131) ヴァイマール憲法一六三条一項。ゲアハルト・アンシュッツ〔*Gerhard Anschütz*〕によれば、この倫理的義務は法的義務ではない。彼によれば、立法者が意図したのは、「公共の福祉という上位の要請のために」(ヴァイマール憲法一五一条二項)国家によって強制可能な労働義務を導入することであったとされる(Die Verfassung des Deutschen Reichs, ^{14}1933, Art 163 Anm. 2)。

(132) このような試みとして例えば *Robert Uerpmann*, Verfassungsrechtliche Gemeinwohlkriterien, in: Schuppert/Neidhardt (Fn. 78), S. 179ff. 公共の福祉と憲法との関係については *Isensee* (Fn. 15), §71 Rn. 21ff. Rn. 41ff., 104ff.; *Heinz Christoph Link*, Staatszwecke im Verfassungsstaat – nach 40 Jahren Grundgesetz, in: VVDStRL 48 (1990), S. 20ff.

(133) 国家目標と国家任務については *Isensee* (Fn. 27), §73 Rn. 12ff., 27ff.; *Link* (Fn. 132), S. 27ff.; *Karl-Peter Sommermann*, Staatsziele und Staatszielbestimmungen, 1997, S. 116ff., 198ff., 326ff.

(134) これについては *Isensee*, Vom Ethos des Interpreten, in: Festschrift für Günther Winkler, 1997, S. 367 (391ff., 393ff.).

(135) 前述第四節3(2)。

(136) これがなお支配的な解釈である。例証的なのは *Klaus Stern*, Das Staatsrecht der Bundesrepublik Deutschland, Bd. I, ^{2}1984, S. 580f.; *Roman Herzog*, in: Maunz/Dürig (Hrsg.), Grundgesetz, Stand 2010, Art. 20 III Rn. 3, 5ff.; *Ernst-Wolfgang Böckenförde*, Demokratie als Verfassungsprinzip, in: HStR II, ^{3}2004, §24 Rn. 95f.; *Dreier* (Fn. 75), Art. 20 (Republik) Rn. 20ff.; *Hartmut Maurer*, Staatsrecht I, ^{6}2010, §7 Rn. 16; *Peter Badura*, Staatsrecht, ^{4}2010, D 26f; *Friedrich E. Schnapp*, in: v. Münch/Kunig, GG-Kommentar, Bd. 1, ^{6}2012, Art. 20 Rn. 9; *Fabian Wittreck*, „Republik" als verfassungsunmittelbare Grundrechtsschranke, in: GS für Dieter Blumenwitz, 2008, S. 881 (887ff., 898f.).

(137) これが最近の見解である。この見解を採るものに *Josef Isensee*, Republik – Sinnpotential eines Begriffs, in: JZ 1981, S. 1ff.; *Konrad Hesse*, Grundzüge des Verfassungsrechts der Bundesrepublik Deutschland, ^{20}1995, Rn. 120f.; *Wilhelm Henke*, Die Republik, in: HStR I, ^{1}1987 (^{2}1995), §21 Rn. 8f., 20ff.; *Löwer* (Fn. 106), S. 1ff.; *Gröschner* (Fn. 7), §23 Rn. 16ff., 46ff., 63ff.; *ders.*, Der Freistaat des Grundgesetzes, in: ders. (Hrsg.), Freistaatlichkeit, 2011, S. 293 (305ff.); *ders.*, Republik, in: FS für Paul Kirchhof, Bd. I 2013, §24 Rn. 1ff., 13ff.; *Michael Andersheiden*, Gemeinwohl in Republik und Union, 2006, S. 232ff., 267ff.; *Hans-Detlef Horn*, Demokratie, in: Depenhauer/Gradenwarter (Hrsg.), Verfassungstheorie, 2010, S. 743 (753f.); *ders.*, Zur Legitimation und Legitimität der Republik, in: Gröschner (Hrsg.), Freistaatlichkeit, 2011, S. 109, 113ff.; *Karl-Peter Sommermann*, in: v. Mangoldt/Klein/Starck (Hrsg.), GG, ^{6}2010, Art. 20 Rn. 14ff.

もっとも、この新しい実質的共和制理解は、既に誇張された解釈やイデオロギー的道具化をも誘発している。例えば *Günther Frankenberg*, Die Verfassung der Republik, 1996, S. 121ff. (213) および *Albrecht Schnachtschneider*, Res publica res populi, 1994. この政治学的野生に対する根拠ある批判として *Stefan Huster*, Republikanismus als Verfassungsprinzip?, in: Der Staat 34 (1995), S. 606ff.; *Rolf Gröschner*, Freiheit und Ordnung in der Republik des Grundgesetzes, in: JZ 1996, S. 637ff.; *Gerd Roellecke*, Rezension: Günther Frankenberg, Die Verfassung der Republik, in: Der Staat 36 (1997), S. 149ff.; *Eckart Klein*, Der republikanische Gedanke in Deutschland, in:

DÖV 2009, S. 741 (745 Anm. 48).

(138) このように表現するものに*Fraenkel* (Fn. 43), S. 85, 259; *Sutor* (Fn. 22), S. 162f.; *ders.* (Fn. 26), S. 443; *Graf Kielmansegg* (Fn. 91), §24 Rn. 19.

(139) *Immanuel Kant*, Kritik der reinen Vernunft, ^{2}1787, B 699ff. Vgl. auch 536ff., passim. これについては*Johannes Hirschberger*, Geschichte der Philosophie, 2. Bd., ^{6}1963, S. 296ff.

(140) しかしこのように表現するものに*Hans Ruffel*, Grundprobleme der Rechts- und Staatsphilosophie, 1969, S. 227.

(141) しかしこのように表現するものに*Fraenkel* (Fn. 43), S. 256ff., 292ff., 340, 349f. 批判として*Sutor* (Fn. 22), S. 162f.

(142) 原理の基準としての法的帰結の開放性については*Franz Reimer*, Verfassungsprinzipien, 2001, S. 181f.

(143) 前述第二節2。

(144) Vgl. *Reinhart Koselleck*, Geschichte, in: Otto Brunner/Werner Conze/Reinhart Koselleck (Hrsg.), Geschichtliche Grundbegriffe, Bd. 2, 1975, S. 593 (594).

(145) この限りでこれをローベルト・アレクシ〔*Robert Alexy*〕の意味における原理に範疇化することもできる（Theorie der Grundrechte, ^{1}1985, S. 75ff.）。これについては*Reimer* (Fn. 142), S. 282, 329ff.

(146) この概念対については*Philip Kunig*, Das Rechtsstaatsprinzip, 1986, S. 8f., 113ff.

(147) 形式的範疇については*Isensee* (Fn. 27), §73 Rn. 1ff., 25ff.; ロルフ・グレシュナー〔*Rolf Gröschner*〕は具体化の諸形式を「共和的な正統性の鎖」と解釈する (Fn. 137, §23 Rn. 70)。

(148) 例えば*Wittreck* (Fn. 136), S. 898f.

(149) 公共の福祉の具体化と実現については*Brugger* (Fn. 27), S. 152ff., 155ff. 利益団体の役割については*Detjen* (Fn. 81), S. 23f.

(150) 後述第二部Ⅲ4〔本書未収録〕。

(151) この意味において二〇一三年のオランド政権下のフランスを分析するものに*Olivier Guez*, Es liegt was in der Pariser Luft, in: FAZ v. 24.4.2013, Nr. 95, S. 28.

(152) 国家および国民〔Volk〕の様々な概念については*Josef Isensee*, Staat und Verfassung, in: HStR Bd. II, ^{3}2004, §15 Rn. 137ff. (Nachw.).

(153) 基本法の国民概念については*Manfred Birkenheier*, Wahlrecht für Ausländer, 1976, S. 134ff.

(154) 同様に、*Dietrich Murswiek*, Parlament, Kunst und Demokratie, in: FS für Hartmut Schiedermair, 2001, S. 211 (220ff.).

(155) 基本法五六条一文、六四条二項。

(156) ハンス・ハーケ〔Hans Haacke〕のテクストとアート・プロジェクトの経緯については*Murswiek* (Fn. 154), S. 11ff. ハンス・ハーケの帝国議会議事堂プロジェクトを巡る論争に関する論文及び文書として*Michael Diers/Kasper König* (Hrsg.), Der Bevölkerung, 2000.

(157) この傾向については*Christian Tomuschat*, Der Verfassungsstaat im Geflecht der internationalen Beziehungen, in: VVDStRL 36 (1978), S. 7ff. (38ff.).

(158) 欧州連合の機能に関する条約一二五条の「無救済〔No bail-out〕」原則。同条約一二二条二項一文も参照。

(159) これについては*Bardo Fassbender*, The United Nations Charter as Constitution of the International Community, 1998; *ders.*, The Meaning of International Law, in: Ronald St. John Macdonald/Douglas M. Johnston (Hrsg.), Towards World Constitutionalism, 2005, S. 837ff.

(160) 急速に数を増やしつつある文献から方向性を示すものを抄録すれば*Alfred Verdros*, Vom Gemeinwohl der Menschheit (1960), in: Hans Klecatzky/René Marcic/Herbert Schambeck (Hrsg.), Die Wiener Rechtstheoretische Schule, Bd. 1, 1968, S. 811ff.; *ders.*, Das

bonum commune humanitatis in der christlichen Rechtsphilosophie (1963), ebd., S. 861ff.; *Hans Ryffel*, Grundprobleme der Rechts- und Staatsphilosophie, 1969, S. 227; *Christian Calliess*, Gemeinwohl in der Europäischen Union -Über den Staaten- und Verfassungsverbund zum Gemeinwohlverbund, in: Brugger u.a. (Hrsg.), Gemeinwohl in Deutschland, Europa und der Welt, S. 172ff.; *Stefan Oeter*, Gemeinwohl in der Völkerrechtsgemeinschaft, ebd., S. 215ff.; *Bardo Faßbender*, Zwischen Staatsraison und Gemeinschaftsbindung - Zur Gemeinwohlorientierung des Völkerrechts der Gegenwart, in: Münckler/Fischer (Fn. 59), Bd. III S. 231ff.; *ders.*, Der Schutz der Menschenrechte als zentraler Inhalt des völkerrechtlichen Gemeinwohls, in: EuGRZ 2003, S. 1ff. (Nachw.); *Markus Juchtenfuß*, Versuch über das Gemeinwohl in der postnationalen Konstellation, in: Schuppert/Neidhardt (Fn. 78), S. 367ff.; *Dieter Plehwe*, Europäische Universaldienstleistungen zwischen Markt und Gemeinwohl, ebd., S. 389ff.; *Karl-Peter Sommermann*, Nationales und europäisches Gemeinwohl, in : von Arnim/Sommermann (Hrsg.), Gemeinwohlgefährdung und Gemeinwohlsicherung, 2004, S. 201ff.

(161) これがユルゲン・ハーバマース〔*Jürgen Habermas*〕における憲法パトリオティズムのやり口である（Faktizität und Geltung, ^{4}1994, S. 642f.; *ders.*, Die Einbeziehung des Anderen, ^{2}1997, S. 155ff., 180ff.）。同じ線に立つものに*Brun-Otto Bryde*, Die bundesrepublikanische Volksdemokratie als Irrweg der Demokratietheorie, in: Staatswissenschaften und Staatspraxis, 1994, S. 305ff. これとは異なる企図を示すのはドルフ・シュテルンベルガー〔*Dolf Sternberger*〕であり、彼は伝統的パトリオティズムを憲法的諸価値の分だけ拡充するものとしてこの概念を導入している（Verfassungspatriotismus, Schriften Bd. 10, 1990）。立ち入った記述と批判を展開するものに*Volker Kronenberg*, Patriotismus in Deutschland, ^{2}2006, S. 189ff., 202ff. さらに*Otto Depenheuer*, Integration durch Verfassung?, in: DÖV 1995, S. 854ff. も参照。

(162) Vgl. *Ernst-Wolfgang Böckenförde*, Der Staat als sittlicher Staat, 1978, S. 37.

(163) これについて詳しくは*Josef Isensee*, Subsidiaritätsprinzip und Verfassungsrecht, ^{2}2001, S. 281ff., 365ff., 370ff.; *ders.* (Fn. 27), §73 Rn. 65ff., 70ff.

(164) *Martin Burgi*, Privatisierung von Staatsfunktionen, in: HStR Bd. IV, ^{3}2006, §75 Rn. 30ff.

(165) *Hermann Butzer*, Sicherstellungsauftrag, in: HStR Bd. IV, ^{3}2006, §74 Rn.1ff., 39ff.

(166) この範疇は*Max Weber*, Wirtschaft und Gesellschaft (1922), Studienausgabe (hrsg. von Johannes Winckelmann), 1964, 2. Hbd., S. 1042ff. に遡る。これについては*Andreas Anter*, Max Webers Theorie des modernen Staates, 1995, S. 35ff. 憲法的意義については*Josef Isensee*, Das staatliche Gewaltmonopol als Grundlage und Grenze der Grundrechte, in: Festschrift für Horst Sendler, 1991, S. 39ff.

(167) 排他的・本質的・競合的国家任務の区別に関する古典的研究として*Georg Jellinek*, Allgemeine Staatslehre, ^{1}1900, S. 226ff. 今日の国家任務論については*Isensee* (Fn. 27), §73 Rn. 27ff.

(168) *Isensee* (Fn. 152), §15 Rn. 98ff. Vgl. auch *Detjen* (Fn. 81), S. 25f.

(169) これについては*Isensee*, Subsidiaritätsprinzip (Fn. 163), S. 379ff.

(170) *Wilhelm von Humboldt*, Über die innere und äußere Organisation der höheren wissenschaftlichen Anstalten in Berlin (1810), in: ders., Werke Bd. IV, 1964, S. 255 (260).

(171) Vgl. *Detjen* (Fn. 116), S. 155.

（172）基本権の積極的自由理解との区別における消極的自由理解については *Josef Isensee*, Was heißt Freiheit?, in: FS für Edzard Schmidt-Jortzig, 2011, S. 269 (282ff.).

（173）これについては *Josef Isensee* (Fn. 127), §190 Rn. 212ff.; 一般的に憲法的期待の法理〔Figur〕については ebd., Rn. 204ff.

（174）古典として *Erasmus von Rotterdam*, Institutio principis christiani, 1516; *Veit Ludwig von Seckendoff*, Teutscher Fürstenstaat, 1656. このジャンルについては *Hans Hattenhauer*, Geschichte des deutschen Beamtentums, ^{2}1993, S. 87ff.; *Michael Stolleis*, Geschichte des öffentlichen Rechts in Deutschland, 1. Bd., 1988, S. 113ff. 201ff., 342ff. 類似のジャンルである弔辞〔Leichenpredigten〕については *Erk Volkmar Heyen*, Christliche Amtstugenden in zwei lutherischen Regentenpredigten, in: ders. (Hrsg.), Jahrbuch für Europäische Verwaltungsgeschichte (= JEV) 14 (2002), S. 299ff.; *ders.*, Vom Abklingen obrigkeitskritischer pastoraler Beamtenethik: Gottesfurcht und Gerechtigkeit in Trauertexten von Geistlichen und Laien, in: JEV 19 (2007), S. 119ff.

（175）*Montesquieu*, De L'esprit des lois, 1748, Livres III, V.

（176）*Montesquieu* (Fn. 175), V, 2.

（177）一七九三年憲法一二三条一文。

（178）*Maximilien Robespierre*, Rede vom 5. Februar 1794 vor dem Nationalkonvent (dt. in: Robespierre, Ausgewählte Texte, dt. von Manfred Unruh, 1971, S. 581ff. [594]).

（179）このような記述は *Karl Marx*, *Zur Judenfrage*, 1843, in: *ders.*, Die Frühschriften (hrsg. von Siegfrid Landshut), 1953, S. 171ff. (194).

（180）*Rudolf Smend*, Bürger und Bourgeois im deutschen Staatsrecht (1933), in: ders., Staatsrechtliche Abhandlungen, ^{2}1968, S. 309 (311ff., 323f.). ヘアベルト・クリューガー〔*Herbert Krüger*〕はこの端緒を『一般国家学〔Allgemeine Staatslehre〕』へと体系的に変換した（^{2}1968, S. 940ff., passim）。S. auch ders. (Fn. 23), S. 24.

（181）*Novalis*, Glauben und Liebe oder der König und die Königin, in: *ders*., Schriften, 2. Bd. (hrsg. von Jakob Minor), 1923, S. 146 (150).

（182）*Alexis de Tocqueville*, De la Démocratie en Amérique, 2. Teil von 1840, II. Teil, 8. Kap. (dt: Über die Demokratie in Amerika, hrsg. von Jacob P. Mayer, 1976, S. 610-613). モンテスキューの共和主義的な徳理念に対する批判の中で、バンジャマン・コンスタンは、一八一九年、イングランド人について次のように述べている。「フランスの解放以前に既に最も自由に執着していた現在の唯一の国民は、生活の享楽を最も重んじる国民でもあった。彼らが自らの自由に執着したのは、そこに彼らが愛する享楽の保護を見出したからであった。かつて、自由が支配するところでは、制約を我慢することはできた。今日、この制約がどこかで課せられると、それに順応するためには隷従が必要である。今日、自由によってスパルタ人を養成するよりも、奴隷民族からスパルタ国民を養成する方が、むしろ可能であろう」(Von der Freiheit des Altertums, verglichen mit der Freiheit der Gegenwart, 1819, zitiert nach: *ders*., Über die Freiheit, 1946, S. 27 [45])。

（183）*Adam Smith*, An Inquiry into the Nature and Causes of the Wealth of Nations, ^{5}1789, 1. Buch, 2. Kap. (dt.: Der Wohlstand der Nationen, hrsg. von Horst Claus Recktenwald, 1978, S. 17).

（184）*Bernard Mandeville*, The Fable of the Bees or Private Vices, Publick Benefits, London 1732, dt.: Die Bienenfabel, 1988, S. 18.

（185）*Joseph H. Schumpeter*, Capitalism, Socialism and Democracy, 1942, 4. Teil, 22. Kap. (dt.: Kapitalismus, Sozialismus und Demokratie, ^{2}1950, S. 427ff. 国法の観点から *Armin Hatje und Markus Kotzur*, Demokratie als Wettbewerbsordnung, in: VVDStRL 69 (2010), S. 135ff., 173ff.

(186) *Adam Smith* (Fn. 183), 4. Buch, 2. Kap. (S. 371).

(187) 「汝の義務は何ぞ?日々の要求なり。〔Was aber ist deine Pflicht? Die Forderung des Tages〕」(*Goethe*, Maximen und Reflexionen, in: *ders.*, Werke, Hamburger Ausgabe, Bd. XII, ^{5}1963, S. 518 [n. 1088])。

(188) *Hermann Lübbe*, Gemeinwohl und Bürgerinteressen, 2006, S. 11f.

(189) *Bernd Grzeszick*, Hoheitskonzept - Wettbewerbskonzept, in: HStR V, ^{3}2006, §78 Rn. 9ff., 19, 30ff.; *Paul Kirchhof* (Hrsg.), Gemeinwohl und Wettbewerb, 2005; *ders.*, Erwerbsstreben und Maß des Rechts, in: HStR VIII, ^{3}2010, §160 Rn. 99ff.; *Walter Leisner*, Wettbewerb als Verfassungsprinzip, 2012, S. 47ff. Vgl. auch die Staatsrechtslehrerreferate zum Thema „Gemeinwohl durch Wettbewerb?", in: VVDStRL 69 (2010).

(190) 最後の点に関しては *Joseph H. Kaiser*, Die Repräsentation organisierter Interessen, ^{1}1956, S. 122ff.; *Paul Mikat*, Zur rechtlichen Bedeutung religiöser Interessen, 1973.

(191) これについては *Josef Isensee*, Steuerstaat als Staatsform, in: FS für Hans Peter Ipsen, 1977, S. 409ff. (bes. S. 423-425, 434-436); *Klaus Vogel*, Der Finanz- und Steuerstaat, in: HStR Bd. 1, ^{3}2004, §30 Rn. 51ff.

(192) Vgl.: BAGE 22, 144 (151); 29, 72 (82); 33, 140 (149); 38, 118 (129). Vgl. auch BAGE 18, 217 (221f.); 40, 327 (335); 41, 163 (168f.). これについては *Bernd Rüthers*, Kampfparität im Arbeitskampfrecht, in: JurA 1970, S. 85 (105ff.); *Wilhelm Herschel*, Zur Präzisierung des Koalitionsbegriffs, in: AuR 1978, S. 321/322f.; *Rupert Scholz*, Koalitionsfreiheit, in: HStR Bd. VII, ^{3}2010, §175 Rn. 35f. このトポスに批判的なのは *Josef Isensee*, Die verfassungsrechtliche Verankerung der Tarifautonomie, in: Die Zukunft der sozialen Partnerschaft, Veröffentlichungen der Walter-Raymond-Stiftung Bd. 24, 1986, S. 159 (177-179). 私法上の契約における正しさの実質的保障という教理の源泉は *Walter Schmidt-Rimpler*, Vom System des bürgerlichen Handels- und Wirtschaftsrechts, in: Hedemann u.a., Zur Erneuerung des Bürgerlichen Rechts, 1938, S. 84, 86 und passim である。アンチテーゼと批判として *Werner Flume*, Allgemeiner Teil des Bürgerlichen Rechts, Bd. 2, Das Rechtsgeschäft, ^{3}1979, S. 8.

(193) 詳しくは *Isensee* (Fn. 127), §190 Rn. 160ff.

(194) Vgl. *Detjen* (Fn. 81), S. 29; *Sutor* (Fn. 22), S. 166——自由の前提としての徳。

(195) 連帯原理の憲法理論的分析として *Otto Depenheuer*, Solidarität und Freiheit, in: HStR IX, ^{3}2011, §194.

(196) *Lübbe* (Fn. 188), S. 10ff. による、ゲマインジンとの対比におけるコモン・センスの解釈を参照せよ。

(197) これについては *Odo Marquard*, Inkompetenzkompensationskompetenz (1974), in: ders, Abschied vom Prinzipiellen, 1982, S. 23ff.

(198) *Lübbe* (Fn. 188), S. 21.

(199) *Hermann Lübbe*, Politischer Moralismus. Der Triumph der Gesinnung über die Urteilskraft, 1987.

(200) ここに団体訴訟の適法性に関わる問題が示されている。これについては *Eberhard Schmidt-Aßmann*, „Gemeinwohl im Prozess", in: GS für Winfried Brugger, 2013, S. 411 (416ff.).

(201) それ故に公益企業体に対する租税免除は、負担の一般的平等という憲法的要請に対して正当化される必要がある。公益団体、慈善団体、教会団体に対する租税特権の法的諸問題に対しては、Gutachten der Unabhängigen Sachverständigenkommission zur Prüfung des Gemeinnützigkeits- und Spendenrechts, 1988, S. 80ff, 341ff.; *Josef Isensee*, Gemeinwohl und Bürgersinn im Steuerstaat des Grundgesetzes, in: FS für

Günter Dürig, 1990, S. 33ff.; *Anna Leisner-Egensperger*, Verfassungsrecht der steuerlichen Gemeinnützigkeit, in: FS für Josef Isensee, 2007, S. 895ff.; *Stefan J. Geibel*, Gemeinnützigkeitsrecht als Gemeinwohlförderung: eine Skizze, in: GS für Winfried Brugger, 2013, S. 429 (431ff.).

(202) *Böckenförde*, Staat (Fn. 162), S. 36.

(203) このことを示すのは一九七六年の連邦宰相の記述である：*Helmut Schmidt*, Ethos und Recht in Staat und Gesellschaft, in: Gorschenek, Grundwerte in Staat und Gesellschaft, 1977, S. 13 (17ff.).

(204) BVerfGE 88, 203 (204 Ls. 10, 261). 保護任務は保護請求を一般的意識において維持・活性化させるべく国家を義務付ける。学校教程、そして健康問題に関する啓蒙、家族生活に関する助言や性的啓蒙を推進する公的諸制度、並びに放送プログラムもまさに関係する。

(205) 憲法の観点から見た国民教育の問題、正統性、限界については、*Uwe Volkmann*, Darf der Staat seine Bürger erziehen?, 2012, S. 17ff.

［訳註］

(i) ここに訳出したのは*Josef Isensee*, Gemeinwohl und öffentliches Amt: Vordemokratische Fundamente des Verfassungsstaates, 2014の第一部である。章タイトルとして、右原書の副題を訳者（藤川）の判断により加えた。

(ii) 公共の福祉の類義語に対するここでのイーゼンゼーの立場はこのように明確である。そこで以下の訳出にあたっては、bonum communeを（共通善ではなく）公共善と訳し、また公共の福祉に関わる文脈でallgemeinないしAllgemeinheitの語が用いられるときは、公共の語を充てることとする。

(iii) 訳出にあたり、岡道男訳「国家について」『キケロー選集8』（岩波書店、一九九九年）三七頁以下を参照した。曰く、「国家は国民のものである。しかし、国家とはなんらかの方法で集められた人間のあらゆる集合でなく、法についての合意と利益の共有によって結合された民衆の集合である」。

(iv) 岡道男訳「法律について」同訳・前掲訳註（iii）二七六頁以下はsalus publicaを「国民の安全」と訳しているが、キケロの文脈を具象化するため参考までにこれを引用すれば：「王の命令権をもつ者を二名置くこと。……戦地では彼らは最高の権限をもつべきであり、誰にも従ってはならない。彼らにとって国民の安全が最高の法律でなければならない」。

(v) 「必然と悟性の国家［Not- und Verstandesstaat］」についてイーゼンゼーは特に出典を明示していないが、ヘーゲルの著作においては*Hegel*, Grundlinie der Philosophie des Rechts, 1821, §183に見える。因みにこれと対比されるのが「理性的」な「倫理的現実」としての国家（§257f.）であり、後者を「倫理的理性国家（Sittlicher Vernunftsstaat）」と呼んで対照させることができる（vgl. *W. Pauly*, Hegel und die Frage nach dem Staat, in: Der Staat 39 (2000), 381ff.）。

(vi) 訳出にあたり、山本光雄訳「政治学」『アリストテレス全集15』（岩波書店、一九六九年）一一三頁以下を参考にした。

(vii) ここでは藤野渉＝赤沢正敏訳「法の哲学」岩崎武雄責任編集『世界の名著44　ヘーゲル』（中央公論社、一九七八年）五九二頁の訳に従った（ただし一部改変）。

(viii) 訳出にあたり、本田裕志訳『市民論』（京都大学学術出版会、二〇〇八年）二五三頁を参考にした。

(ix) 訳出にあたり、柴田平三郎訳『君主の統治について』（岩波文庫、二〇〇九年）二〇頁を参考にした。

(x) ラテン語原典を底本とする沓掛良彦訳『痴愚神礼賛』（中公文庫、二〇一四年）一七〇頁以下の軽快な翻訳があるが、イーゼンゼーが利用したドイツ語版とは細部に相違も感じないではない。ここではドイツ語版に従った。

(xi) 訳出にあたり、古見日嘉訳『メリー・スチュアート』（みすず書房、一九九八年）一二〇頁以下も参考にした。

（xii）ここでは原文のドイツ語訳から訳出した。政府は「公共の福祉のために〔zum allgemeinen Wohle〕」設立された云々という箇所は、英語原文では「公共善のために〔for the common benefit〕」、同様に「公共〔Allgemeinheit〕」・「公共体〔Gemeinwesen〕」は「共同体〔community〕」。その他、訳出にあたり高木八尺＝末延三次＝宮沢俊義編『人権宣言集』（岩波書店、一九五七年）一六九頁〔斎藤真訳〕も参考にした。

（xiii）著者はここで特にフランス語を示していないが、フリードリヒ大王の『遺訓』冒頭の原文（Œuvre de Frédéric le Grand VI, 1847, S. 215〔原註（60）に示された頁とは異なる〕）は次の通り。“Notre vie est un passage rapide du moment de notre naissance à celui de notre mort. Pendant ce court espace, l'homme est destiné à travailler pour le bien de la société don't il fait corps. Depuis que je parvins au maniement des affaires, je me suis appliqué avec toutes les forces que la nature m'avait données, et selon mes faibles lumières, à render heureux et Florissant cet État, que j'ai fait régner les lois et la justice j'ai mis de l'ordre et de la netteté dans les finances, et j'ai entretenu l'armée dans cette discipline qui l'a rendue supérieure aux autre troupes de l'Europe”.

（xiv）ここでは岸田達也訳「近代史における国家理性の理念」林健太郎責任編集『世界の名著65』（中央公論社、一九八〇年）四一〇頁の訳に従った（ただし一部改変）。

（xv）以下の訳出にあたり、高木＝末延＝宮沢編・前掲訳註（xii）一三〇頁以下〔山本桂一訳〕を参考にした。

（xvi）訳出にあたり、梅根悟訳「ベルリン高等学問施設の内的ならびに外的組織の理念」フィヒテほか『大学の理念と構想』（明治図書、一九七〇年）二一五頁を参考にした。

（xvii）訳出にあたり、野田良之ほか訳『法の精神　上』（岩波文庫、一九八九年）一〇七頁を参考にした。

（xviii）訳出にあたり、松本礼二訳『アメリカのデモクラシー　第二巻（上）』（岩波文庫、二〇〇八年）二一四頁を参考にした。

（xix）ダンテ『神曲』の一場面が念頭にある。

（xx）訳出にあたり、大河内一男監訳『国富論』（中央公論社、一九八八年）二六頁を参考にした。

（xxi）訳出にあたり、英語版と大河内監訳・前掲訳註（xx）七〇六頁を参考にした。

（xxii）「全体的生活設計〔ganzheitlicher Lebensentwurf〕」については、おそらく世界観的・宗教的な生活設計が念頭にあるものと思われる。

（xxiii）ここに訳出した *Isensee*, Gemeinwohl und öffentliches Amt, 2014 の後編（第二部「公共の福祉の媒体としての職務」）は、まさにこの職務の原理を扱っている。本訳書においては残念ながら収録されなかったが、イーゼンゼーの公共の福祉論が職務理論との密接な連関において展開されていることは注意が必要である。

第四章

基本法上の租税国家における公共の福祉と市民精神

Gemeinwohl und Bürgersinn im Steuerstaat des Grundgesetzes:
Gemeinnützigkeit als Bewährungsprobe des Steuerrechts vor der Verfassung

第一節　法倫理上の要請と租税法上の利益

公益性という言葉は、美しく鳴り響く。それは、私益と集合利益の自発的な放棄であり、隣人と一般性に対する自己拘束であって、社会的な標準を大きく超える市民倫理を告げるものである。私的な組織は、公益性があると認められるためには、公共の福祉の諸目的を無私的、専属的および直接的に促進するものであることを示さなければならない。すなわち、利益追求を自発的に放棄し、社会の利益闘争から法的に保障された距離をとり、公共体（*res publica*）の事柄を自己のものとしなければならない。公益性とは、社団的な組織における共和的な市民精神を表すものである。公益性に係るこの貴族的な自己像は、租税法という規範体系の下層にある卑しい出自をほとんど忘れさせてしまうものである。(訳註 i)

租税法などにおいて法倫理上の基本問題を追究することは、一般的な試みでない。租税法は、他のあらゆる法分野にもまして、立法者の命令（Diktum）という性格を帯びている。しかし、まさしく実定法上の偶然性において、租税法は公平性に特段敏感であり、それが必要となる。市民が租税という形式において国家に対して負わなければならない金銭的な犠牲は、国家の反対給付により個別的な均衡を図られておらず、国家への拘束および国家の担税力に対する侵害可能性のみにより根拠付けられている。これにより、市民的自由という条件における市民的義務という問題が、具体的かつ知覚可能なかたちで設定されることとなる。まさしく公益法は、特別に画される例外的な領域において、実定法上の租税規則を排除するものとして、そこに含まれるメタ法的な基盤を露にするものである。通常極めて非哲学的な租税法において、「公益性」、「物質的、精神的および道徳的な領域における一般性の促進」、「無私性」、「慈善性」などという国家倫理上の諸範疇が援用されている。これにより、公共の福祉に係る市民倫理上および国家倫理上の基本問題が生じることとなる。公共の福祉は、国家行為の諸規則の(1)

規則をなすものであり、それ自体憲法の中心的な指導原理である。公共の福祉という立憲国家の構想は、租税法という小宇宙に反映されており、そこで具体的に検証されなければならない。公共の福祉とは、星空において思弁的に追求されるものでなく、地上で金銭というかたちで財政負担の条件および配分のうちに追究されるものである。そのメタ法的な基盤を解明するための前提として、実定法の表層と公益性の現実について一瞥しておこう。

公益性は、納税義務の免除および軽減に係る租税法の構成要件の一つであり、極めて散文的なものである。公益的、慈善的または教会的な社団は、法人税その他の租税について、理念的な活動範囲のほか、財産管理および目的事業とみなされる収益事業においても、減免されている。(訳註ii) さらにより限られた範囲では、寄附資格という、しばしばより魅力的な「大きな」公益性が与えられている。(訳註iii) 税務官庁の認定により、租税以外の諸優遇として、手数料法上または社会保障法上の利益、国庫からの補助、さらに社会的な評判という租税国家の恩恵に伴う理想的な付随物がもたらされることもある。(2)

第二節　公益性の動向

1　拡張化と平準化

公益性という資格が欲せられることは、驚くことではない。今日、承認された公益団体（その多くは社団および財団である）の数は、二〇万に達すると推計されている。(3) この数字は既に、公益性に対する実際の要求はさほど高いものであり得ないという印象を与える。事実、この二〇万により、極めて混雑した社会が現れている。そこには、ドイツ公共民間扶助協会、ドイツ詐欺会社撲滅センター、(訳註iv) 白い環（der Weiße Ring）、グリーン・ピース、ドイツ学術のための寄附者連盟、ボン大学法学生自治会（法学図書館の維持のためのボン大学法学生自治会）、ドイツライン・マイン・ドナウ運河・水運協会、バイロイト友の会、ドイツカトリック家族連盟、ドイツスポーツ連盟、ドイツアルペン協会、ハンブルク外洋クラブ、ドイツ吹奏楽団・民族音楽団連邦協会、ドイツ連邦軍在郷軍人会(訳註v)などが含まれる。病院、画廊、研究機関および消費者相談所の各主体、カリタス連盟、FKKスポーツ協会、チェス協会、繋駕協会、山岳保安協会、学生組合の同窓会、反原子力市民運動、敬虔財団、そして天空へと飛翔するドイツ飛行協会は、公益性を自称している。(4)

このように不均質であるが、公益性という法的紐帯が果たして存在するという諸組織に共通すべきものを認識することは大変難しい。法律上の諸規定は、あまり助けにならない。公益目的および寄附優遇目的の規範化されたカタログは、構成要件の多くにおいて、過度に抽象的であり、曖昧であり、矛盾があり、不透明である。これは、特に寄附法について妥当する。その主要な要素は、法律外の規定に隠されており、憲法上の要請である法律の留保から逃れている。(5)

規範化されたカタログは、「文化」、「教育」、「郷土心」、「国際協調」、「男女同権」、「自由と平和における再統合」、「民主的国家制度」一般、「国際精神、文化および国際協調主義のあらゆる分野における寛容」など定型表現に過ぎず、果たしていかなる現実の活動が租税優遇されるべきか明らかにされていない。(6) ここで掲げられている諸目標は抽象的であり、多様な活動を包含できるものである。ある社団の定款上「環境保護」という法律上の目標が記載されていても、これにより現実に意図されていることは明らかでない。ツルの孵化地など自然保護区の確保、ビオトープの設定と保全、森林の廃棄物除去、環境意識向上のための国民教育的な刊行物の編集、絶滅危惧動植物種の特別保護活動、関連する研究計画の金銭的な助成、広告、示威運動または（事実上または推定上）環境破壊的な建設計画に対する（合法または非合法の）封鎖措置など政治活動への全面的な参加による国家または公共性に対する影響行使であるかもしれない。(訳註vi)

このように規範の目が粗いため、公益性が真正な領域を超えて、政治的、経済的および余暇的活動という分野にまで実際上拡張されることはほとんど妨げ難い。

今日では、市民運動や政治団体も公益性を自称することがある。原型的な公益団体は、定款上記載された公共の福祉に係る任務を自己の金銭給付または現物給付により実現するものである。これに対し、この種の新しい政治団体は、国家による何らかの形式における給付を要求するのである。

公益団体は、ますます経済活動に従事するようになり、経済的無私性の要請という法的拘束は、ますます破れようとしている。(7) 公益団体は、内的な経済需要を自給することで（病院であれば洗濯、サッカークラブであれば食事という需要）、供給者に対する自足性を得ようとしている。また、経済的な機会を活用し（スポーツによる広告）、租税優遇に伴う評判を市場化しようとしている（赤十字による保存用血液の販売）。(8) 公益性は、収益事業において、租税優遇の衣を羽織っている。これは、法律上の明示的な規定（典型は租税通則法六七a条によるスポーツ行事）、税務官庁の単なる黙認または財政的狡智と私的実力に基づくものである。公益法は、スポーツにおけるアマチュア精神の止むことなき称揚により枷を嵌められている。育成世代のうち三流の選手でさえ練習費の補償を期待しており、税務官庁は、これをクラブに対する寄附というかたちで七〇〇マルクまで、トップ選手についてはそれ以上の金額まで非課税としている。社団の名誉職は、費用補償の法的資格となり、それはさらに寄附資格へ変換できるものである。(9) 公益性は、費用補償の文化という温室へと変容してしまっている。

「社団文化」という言葉は、麗しく、同意されやすい。しかし、この言葉は、公益性が古典的な利他性から現代的な余暇性という個人的な自己実現のためのタックス・ヘイブンへと変貌していることを、雲のように覆い隠してしまう。人間的な団体は、その本質上、理想的な団体精神を育むため社交性という腐植土を要するものである。しかし、社交性は理想主義の付随的な結果であるのか、理想主義は社交性の課税上の口実であるのか、その判断は実務上しばしば困難である。これは、団体を介することで租税優遇される旅行文化についても同様であり、そこでは公益的な役務が「国際協調」と個人的な旅行のいずれのためであるのか、遠人愛と空間移動に対する個人的な欲求のいずれから生じたものであるのか、判断が困難である。慈善的・宗教的・メセナ的な任務を利他的に一般性に資するあり方で実現するという原型的な団体ばかりか、余暇の過ごし方を企画し、会員の自己実現を支援するような団体も設立されている。これは、主として、決してもっぱらではないが、公益性という形式において組織されたスポーツの多くについて、それが青少年の扶助、障碍者の支援、地域的・地方的・全国的な威信などに資するものでない限り、妥当する。このような団体は、確かに現行法上狭義では、[10]経済的「無私性」という要件を充たすものである。しかし、実質的には、会員の固有の利益に向けられており、余暇活動の便宜を図っているに過ぎない。ヨットは、本来課税後の所得により購入されるべきものである。しかし、ヨットクラブを結成することで、寄附控除の対象とすることができる。ゴルフクラブは、会員から高額の寄附を当然自発的なかたちで期待するため、会費を驚くほど低く抑えることができる。それは、累進性の程度に反して寄附を行う会員の負担とならず、社会的に非難し難い間接的なかたちでクラブの排他性を確保する。[11]

2　未訪の改革

公益性は、瓦解しつつある。受益者の範囲は量的に拡大し、その条件は質的に緩和し、その特質は平準化するという傾向が見られる。公益性の展開は、中世における修道会制度との類似性を示すものである。当初の修道的な厳格さと禁欲的な理想は、時の経過により実践的な適応を施された。厳格さは丸められ、道徳は緩められ、教会禄の富による快適で寄生的な生活様式が生まれた。しかし、重要な差異がある。中世では、原始的理想による退廃への抵抗が示された。クリュニー会の改革精神は、公益性の今日の光景には未だ顕れていない。

公益寄附法の諮問に係る独立専門委員会の答申（一九八八年）も、およそ厳格なものでなかった。一方では実践的な譲歩があり、他方では体系へと向けた慎重な検討が行われた。[12]確かに、連邦財務大臣による委員会の招集（一九八六年）は、租税優遇の野放図な増大が限界に達し、公平性・体系性・簡素性の回復が図られる兆候であり得た。その時点では、公益性に係る優遇を拡張する一六本の法案のみが連邦議会および連邦参議院に係属しており、諸団体による関連する無数の要求は両議院の扉前で塞き止められていた。[13] しかし、冒頭の委員会答申が知られることは、ほとんどなかった。既得の租税権益が審議の対象とされ、ドイツの社団文化が財政上否認されつつあると見たその執行部による抗議が騒然と展開されたからである。全政党の代表者は、委員会の答申に対し、それがそもそも公表され、その五五〇頁を読むことができるようになる前から、一致して遺憾の意を示し、競い合うように批判を繰り広げた。[14] 今や社団という政治的な顧客は驚愕しており、その支持を求める立法上の政治活動が旧来の方向で再開された。連邦政府は、一九八九年三月一三日、「社団課税の向上と簡素化のための法律（社団支援法）案」[15] を提出した。同法案と連邦参議院によるその修正案[16] は、これまでの支援措置についてそれを容認するばかりか、税額控除限度額・非課税額・概算課税制度などを新設し、特に余暇のうちこれまで支援の対象とされていなかった領域についてまで租税優遇を認めることで、公益性の拡張を図ることを目指すものであった。スポーツには、それに「類似する活動」も付加された。これは具体的には、連邦政府の理由書によれば、チェス、模型飛行機、スカート、ブリッジ、囲碁、ドッグ・スポーツ、卓上サッカーなどである。公益性という栄誉は、植物・小動物の育種のほか、それと同じ価値のある活動として、家庭菜園、アマチュア無線、映画、写真、謝肉祭について初めて与えられた。連邦政府は、「これらの活動は、一般性の促進において、植物・小動物の育種と同じ価値がある」[17] と述べ、公共の利益（*bonum commune*）という観点から、このビーダーマイヤー的な生活様式の課税上の正当化を図っている。[18]

公益性という聖域は、社団の課税上の権益として、その幹部の強力なロビー活動により守護され、さらに禁忌とされた。これは、その数百万人に及ぶスポーツクラブの会員を、民主制における潜在的な圧力として用いるものであった。全政党の政治家は、いかなる犠牲を払っても、ここで戦端を開くことは避けようとし、いざというとき、この数百万人に及ぶ会員が有権者としても上部団体の執行部および財務役員の号令に従うかどうか、試すことはしなかった。社会的嫉妬により通常容易に刺激される世論は、静かであった。航空機燃料の租税優遇という特定業界の利益について一九八八年以前に生じたスキャンダルがここで再現されることはなかった。特権は、あまりに広くばらまかれ、その規定においてあまりに膨大であり、その作用においてあまりに区々であったからである。特に、政党による「公益」寄附という洗浄装置を用いた迂回的な資金調達、ドイツ労働組合連盟による住宅に係る公益性の悪用（「ノィエ・ハイマート」）など、近年における公益性の具体的な濫用事例において成功したような、メディアによる抽象的な法素材に係る適切な情報処理は欠如していた。

にも拘らず、第五七回ドイツ法曹大会（一九八八年）租税法部会は、この「大きな」公益性に対する実効的な改革を求めてほぼ全員一致で宣言した。「寄附に係る租税優遇は、隣人または一般性に資する公共の福祉の促進に係る諸目的という正当化可能な程度に制限されなければならない。特に社団的に組織された個人的な余暇活動は、除外されなければならない。[(19)]」

3　クリュニー会的なある反時代的奇跡

公益性を退廃的な現象においてのみ観察し、あたかも租税国家におけるソドムとゴムラとして弾劾することは、誤りである。これに対し、正当な事例の方がはるかに多いのである。全体像を調整するため、注目されないある事件を紹介したい。ただし、これは、公益法に課された人間的な標準、そればかりかあらゆる基準を超えるものであるため、模範となり得ないものである。

一九七〇年代、マザーテレサが世界的な名声を博したとき、リップシュタットにおいて「マザーテレサ支援者の国際協会」が設立され、税務官庁により、寄附資格があると承認された。寄附は、豊富に集められた。しかし、一九八一年八月、同協会は、その寄附者に対し、同年末に解散すること、その事業は承継されないこと、また寄附金は寄附者に対しその後返還されるであろうことを報告した。これは全て、マザーテレサの希望であった。マザーテレサは、救済の必要は現在充たされていると考え、寄附意識が枯渇し、財政的な需要が増大する時代に備えて用心を重ね、危険を回避することを拒み、神の愛の宣教者会とともに貧者のうちの最貧者と同じほど貧しく留まり、安らかでないまま、神の思し召しに全てを委ねることで、現世における信仰の価値を証明したいと望んだのである。同協会の別れの知らせには、マザーテレサによる感謝の手紙が添えられていた。

本日は、あなた方にお願いします。私たちが持てるものを使い果たしてしまう時まで、もうお金は、あなた方がよくされてきたように、銀行を通して、あるいは直接のかたちでも、お送りにならないでください。神の思し召しに全てを委ねる喜びを、あなた方と分かち合いたいと思います。

繰り返そう。これは、法的に要求できるあらゆる基準を超える、一つの奇跡である。

第三節　憲法上の摩擦面と正当化問題

公益性は、構造上および正統性の燻る危機にある。それは、法律上および事実上の形成において、憲法上の要請および租税法上の指導理念により正当化されなければならない。

公益性に基づく租税優遇は、それ自体所与の納税義務という法律上の規則の例外をなすため、正当化を要する。それは、例外をなす理由があり、その重要性が規則から逸脱する程度と均衡する限りで、存続する。[20]

1　負担の公平

租税法律は、租税の実質的な公平の核である負担の公平という法論理上の要求を具体化するものである。租税という無条件で対価性のない公課は、一般的な負担としてのみ正統性がある。公平でない租税は、「組織的な略奪」(21)である。古典的な人権宣言以来、平等という基本権は、租税負担の公平と結び付いている。一七八九年フランス人権宣言は、共同の租税は、不可欠であり、全ての市民の間でその能力に応じて平等に配分されなければならない(訳註vii)、と定めている(22)。

租税法上の区別は、その負担が大きいほど、正当化が必要となり、公平性が重要となる。租税負担の重いドイツでは、租税負担の軽い米国より、その要求が大きい。その米国では、レーガン租税改革において、特別な租税優遇を廃止し、歳入中立のまま税率を引き下げることで、全員の利益を図り、租税法を簡素化し、公平性の問題を緩和することが黄金率とされていた(23)。

公益性は、負担の公平性と多くの局面で摩擦をもたらす。これは、租税優遇される者とされない者の関係において妥当する。後者は、通常、納税義務のある法人であり、さらに、公益性の資格からア・プリオリに排除されている自然人である。ここで、特別の利益は、通常の負担と相互に比較され、それと合憲的な理由により均衡していなければならない。これは、主として、公益団体がその本来的または理念的な活動範囲のほか経済的な活動において享受する非課税額、税額控除限度額および簡素な手続について妥当する。平等原則上の抵触は、社団による食堂経営または慈善施設による営利売買など、目的事業その他の収益事業を優遇することで、同一または同種の事業の競争条件が侵害され得る場合、経済的基本権との抵触へと至る。公益性のダンピングは、基本権違反である(24)。

スポーツ、娯楽、衛生および趣味が個人により行われるならば、個人的な生き方の問題として、課税後の所得から支払われなければならないのに対し、運動、健康および遊興の欲求が社団という形式で発散されるならば、寄附を介した租税優遇が与えられ得る理由について、給与所得に係る源泉税および所得税の納税義務を負う個人は、疑問を示すことができる。

平等の問題は、公益性の資格を享受する団体相互の間でも、実質的な共通性に係る最小限の基準が存在しない限りで、生じ得る。資格に伴う利益が現実における諸前提の差異を考慮せず拡張されたことで、公益法は、あのラベル詐欺に起因する平等の問題に感染することとなった。これは、名目上の教授が増員され、異なる種類および水準の教育機関が大学という名称を付与されて以来、学校法では周知のものである。内部的な不平等は、主として、公共の福祉の利他的な実現という倫理的な要求に応える真正な公益団体と、会員が余暇を過ごすための器に過ぎない寄生的な公益団体の間において現れている。

内部的な平等性と均質性を保つことは、信望にのみ関する事柄でない。寄附資格の増加により各団体の寄附市場における機会は減少する。確かに寄附経済は、ゼロサム・ゲームでないかもしれない。しかし、寄附資格者の増加に伴い寄附の総量が全体として増加するという証拠もほとんどない。むしろ、通常の寄附者は、特別支出限度額の範囲において、研究・慈善のための寄附と、自分の家庭菜園クラブまたはスカート・クラブのための寄附という選択肢のうち、異例の倫理的な高潔心がない限り、後者を選ぶと考える方が自然である。そもそも経験則によれば、事実上の寄附行動は、課税上の寄附資格に依存するものである。課税所得が多いほど節税の欲動は大きくなり、博愛は特別支出限度額の範囲でのみ行われ、隣人愛は課税上有効な寄附証明書の交付と引き換えにのみ示される。

寄附法の実践上の意義は、過小評価されるべきでない。ドイツ人の生活は、揺り篭から墓場まで、租税優遇されるギブ・アンド・テイクの関係と切り離せない。出産通知または還暦祝賀会への招待状では、贈り物などをする代わりに、公益目的のため関連する団体に寄附することが、ますます奨励されるようになっている。葬儀は、自然経済から貨幣経済への移行を経ても、廃れていない。上流階級および上流中産階級の伝統的な死亡通知では、故人を偲んで香金を送るための寄附口座の番号が目立たないかたちで記載されている。ただし、寄附証明書および特別支出控除額は、最終的に寄附者と相続人のいずれに与えられるのか、これは未決のままである。いずれにせよ、今日では、友情、礼儀、敬虔および隣人愛は、寄附において、調整弁と測定器と計算単位を与えられている。寄附は同時に、税務行政によりその成果を監督される善行であり、贈与の代用でもある。これにより、寄附者という幻想の酷使と人類同胞への共感は不要となる。

2　法倫理上の自己矛盾

社会租税国家は、租税市民の可処分所得について、社団というかたちで競泳から競馬[25]に至る趣味に用いられる限りで減免し、法律上の扶養義務により拘束されているという意味で可処分でない家族の所得について、課税することで、倫理上の自己矛盾に陥る。これにより、担税力原則という所得税における負担の公平性に係る統制的原理は無視されるばかりか、家族内の子供が社団内の小動物より所得税において劣遇されることで、連邦憲法裁判所の明示的な要求に反するかたちで、基本法上の要請である家族の特別な保護は無視されたままとなる[26]。

ただし、今日の公益法から、家族の形式について新しい節税モデルを導くことはできるかもしれない。家族の生活は、課税上有意な異なる部門ごとに分割され、すなわち教育、健康、住宅、競技、スポーツまたは旅行について管轄し、控除可能な寄附を受けられる、公益社団のものとされるべきであるに過ぎないかもしれない。

3　私的不法の租税支援

租税国家は、公益法により、(抽象的な)「公益」目標の追求において法律または倫理に違反する団体を支援することで、法治国家との矛盾に陥る。教室事例は、寄附優遇される市民運動のうち、環境・景観保護の名目で原子力発電所の建設地を占拠するものである。正統な目的により違法な手段は治癒されない。[27]「一般性」というその促進により租税優遇されるものは、国民意思の体現である実定法においても回避できないかたちで示されている。租税優遇は、今ここにある（*hic et nunc*）法秩序の枠組みにおいてのみ与えられるものであり、これを「高次の」正統性により超克し、市民的または軍事的な不服従を支持することは許されない。この問題について、法状況は明らかにされている。[28]ありうべき正統な公益性がこの枠組みにより条件付けられることは、法秩序の統一性および無矛盾性という法治国家の要請に基づくものである。

4　予算逃避性

租税優遇は、既に法的疑問を示されている法形姿である。[29]租税優遇は、あるいは優遇による補助[30]であるといえるとしても（*cum grano salis*）、やはり真正な補助とは本質的な差異がある。租税優遇は、促進されるべき任務に係る事物管轄権と独立して、租税立法者により与えられ、さらに国家の予算循環の外部にあることで、議会の統制から免れている。議会は、国家給付のあり方について決定しない。租税法律により通常の租税負担の弁済と法律上の行為プログラムの実現の間で選択を与えられた、納税者本人が決定するのである。租税債務法という、それ自体合法性および平等性のため厳格でなければならないものは、その限りで、潜在的な租税債務者の裁量に委ねられている。憲法上、優遇による補助は、行為に係る選択肢の一つひとつそれ自体のみならず、その間の選択もまた正当化できる限りでのみ、許されるものである。

第四節　公益的活動の類型論

公益性は、瓦解しつつあり、法律上および事実上の形成において、憲法的追究のための明瞭かつ一貫した対象でない。公益法は、あまりに抽象的であり、その現実は、あまりに矛盾しているため、公益性は、同一の法制度と見なし難いほどである。正統性について重要であるのは、「国際協調」、「郷土心」または「環境保護」など、法律上または定款上の抽象的な諸目標でなく、公益団体が直接行う実際上の具体的な任務である。これを前提とすれば、租税優遇される活動について五つの理念型を区別することができる。[31]

1　国家もその内容および形式において義務を負う公共的任務の実現（競合的な公共の福祉の任務）
2　国家により代替し得ない基本権上の特質に刻印された任務の実現（多元的な公共の福祉の任務）
3　教会目的の実現
4　政治活動
5　自己実現および余暇活動の組織化

1　競合的な公共の福祉の任務

競合的な公共の福祉の任務において、私人および国家の行為は通約可能である。その舞台は、ゲオルク・イェリネックにいう「競合的な国家任務」である。[32]その例は、社会福祉、青少年扶助または文化支援である。

2　多元的な公共の福祉の任務

私人による慈善的、教育的または文化的な給付は、それが一般性および一般化可能性の義務を負う国家に否定されている特別な宗教的または文化的な参加（Engagement）により担われ、刻印されるとき、すなわち教会病院または教会私立学校における教会的なもののように、公共の福祉の私的な役務により基本権主体の特性が作用するとき、固有性および不可通約性を帯びることとなる。公益団体とその寄附者は、社会的な多元性の上にあるのでなく、その中に留まる。公益団体は、学術および文化など国家には接近し難い舞台で活動し、宗教および道徳など国家には禁止されている内心性を源泉とする。(33)私人による競合的な公共の福祉の活動は、国家による活動と主体においてのみ区別され、私人による多元的な公共の福祉の活動は、それと内容においても区別される。両者は、現実上多くの場合混在している。

3　教会目的

教会目的の実現という、公益性の第三の類型は、租税通則法五四条における構成要件のとおり、以上の類型と部分的に重複する。これは、公法上の法人という宗教的結社の地位に基づくものであり、ヴァイマール憲法一三七条（基本法一四〇条）により予定されている。その憲法的な正統性の基礎は、宗教的自由という基本権でない。租税通則法五四条にいう教会目的は、公法上の組織形式により特権を与えられる宗教的結社についてのみ、宗教的自由の保護範囲と部分的にのみ重なるに過ぎないからである。(34)これに対し、教会目的は、宗教的自由の保護範囲を超えており、その財政的、人員的、組織的な必要にも及ぶものである。その正統性の基盤は、国家教会法上、教会の法人という地位およびそれに伴う租税高権が保障されていることにある（ヴァイマール憲法一三七条五項・六項、基本法一四〇条）。この連関について誤解する者のみが、租税通則法五四条という租税特別法に対して、平等原則に基づく疑問を呈することができるのである。[35] 公法上の法人である宗教的結社にのみ租税優遇を制限することは、憲法上の事理に適うものである。[36] 教会に係る租税優遇のうち、一九一九年以前に設けられたものは、ヴァイマール憲法一三八条一項および基本法一四〇条により、消極的な国家給付として暫定的な存続保護を受けることとなる。[37] 以下では、教会目的の特別性について無視できるものとする。

4　政治活動

連邦財務大臣の租税通則法適用通達によれば、政党支援および政治的意思形成に対する影響行使などの政治目的は、原則として公益目的に含まれない。[38] これは、正当である。前三類型の公益団体は、公共的任務の実現に向けた給付を自ら行うのに対し、政治団体は、公共団体のそれを求める。公益団体は、歴史的記念建造物を修復するための資金を調達し、政治団体は、ゲマインデの行動を求める。公益団体は、公共の福祉のプログラムを法律上示されており、政治団体は、その新たな制定を求める。公益団体は、実定法上確保された社会的合意の範囲で活動し、政治団体は、政治的不和および闘争という開かれた地平で活動する。

そのため、適用通達に反して、市民運動その他の政治団体まで公益性の資格をますます求めるようになると、その変質が生じる。ただし、その機会があるのは、（抽象的な）政治目標が租税通則法において公益目的として承認される団体のみである。これは、例えば、環境保護について妥当する。ある一つの政治目的は、課税上優遇され、それと競合または抵触する政治目的（エネルギー保障、成長配慮、完全雇用など）は、租税通則法五一条以下に定める公益性の型に合わないため、優遇されない。特定の政治目標の片面的な租税優遇は、民主制の観点からは恣意的である。政治的競争における租税法上の初期条件は、平等原則に違反する。ここで理解されるのは、公益法は、競合的および多元的な公共の福祉の活動に向けられているものであり、政治活動にそぐわないということである。政治は、対象の限られた目標と特定の事物領域に解消されるものではない。政治は、公益法の基準であり、基準でなければならないような、既成の行為プログラムに拘束されない。政治は、その計画において開かれており、その行動において臨機応変でなければならない。政治は、社会上既存で法律上既成の合意で満足することができない。政治は、その合意を解消し、破棄し、彼岸にまで導くことができる。それが故に、政治過程は、社会的空間においても内容上の基準に拘束されない。政治過程の憲法上の初期条件および枠組条件は、全ての者に対する機会の形式的平等である。(39) しかし、これは、現行の公益法に欠けているものである。

もちろん、租税法上、以前から（もっとも過剰なあり方で）政党そして近年では地域的政治団体が優遇されており、それと同じく市民運動および政治団体も優遇されることには理由がある。(40) 自由民主制は、市民意思の組織的な媒介を要するからである。そこで、所得税法一〇b条二項における国政上の目的のあり方が形成された。(訳註viii) もちろん、これは、法律上および理論上さらなる説明を要するものである。ただし、公益性の概念は、真実性の原則および明瞭性の原則により、政治活動から改めて明白な距離を確保されるべきものである。政治活動の正統性は否定できないが、異なる源泉に由来するからである。(41) これは、職業団体についても同様である (*mutatis mutandis*)。職業団体は、その活動が利他的でないという理由のみで、公益性の規範領域に含まれないものである。(42)

明らかにしておこう。公益団体は、公益性の資格により、活動事項に係る公共的な広告もしくは提言または専門的な諸目標もしくは組織化された利益の主張などという付随的な政治活動、すなわち本来的な活動に関連しそれと従たる意義に留まる政治活動まで禁止されていない。(43) これは、例えば、ある社会奉仕団体が、地域の病院計画または法定の医療保険制度改革に係る議論において、専門知識を提供し、団体利益を主張する場合である。

5　自己実現と余暇活動

これまで検討してきた公益団体と完全に異なり、会員またはそれと密接な関係にある者のスポーツまたは趣味による余暇の過ごし方のためにあり、その個人的な自己実現の外部的な条件を調える公益団体がある。このような団体は、一般利益でなく、団体に所属し、それと密接な関係にある者の利益のためにある。いわば、一般利益的でなく、会員利益的である。それが図るのは、個人的な利益であり、公共的な利益でない。それ故、主観と客観といういずれの相においても、それは「一般性」に資するものでない[44]。

会員利益的な余暇クラブも、無私性という法律上の要件を形式的には充たしているかもしれない。これは、租税通則法五五条によれば、団体が原則として利益追求を行わないということを意味する。しかし、公益性の指導像は、最初二つの理念型において明らかな通り、より広義の無私性、すなわち利他性である。これは、物質的利益の放棄ばかりか、非物質的利益の放棄をも意味する。これは、団体の私益ばかりか、その背後にあり、その担い手となり、その資金を供与する者の私益からの禁欲も意味する。この広義の理解においてのみ、すなわち寄附が他者または全ての者のために行われる寄附者の真正な犠牲であり、自分の所属するチェスクラブまたはゴルフクラブに対するように、利益の全部または一部が寄附者に還流する給付でない場合においてのみ、寄附に係る租税優遇も正当化され得るのである。論旨を明らかにするため、無私性に係る新しい法律上の定義について、提案しておこう。

（1）無私性とは、一般性または隣人のため、私益を放棄することである。

（2）社団的な団体は、団体、会員またはそれと密接な関係にある者のため、従たる意義に留まらない利益を図るとき、私益的である。第一文にいう利益は、経済的な利益または社交性、スポーツもしくは余暇形成の涵養その他の非経済的な利益である[45]。

以下の議論では、無私性および私益について、この広義の理解を前提とする。

第五節　憲法的期待——基本権的自由から生じる公共の福祉

公益団体により公共の福祉が促進され得るという論拠により、その租税優遇の正当化を図ることは自然な思考である。ただし、これは、短絡的である。納税者も、公共の福祉を促進するのであり、そればかりか、より疑いなく促進するのである。この点については、後述しよう。[46]そのためには、自由という条件における公共の福祉の構想および立憲国家における公共の福祉の諸権限について、考察が必要となる。[47]

公共の福祉の促進は、国家の独占でなく、市民、自由団体、国家官僚組織など公共体の全ての分肢の事項である。いずれにせよ、国家には専属的な実現に係る任務および権限として、軍事的または警察的な手段による安全保障、通貨高権、裁判権など僅かなものが留保されているに過ぎない。これに対し、それ以外について、国家の公共的任務は、社会的諸力と分担されている。国家は、組織化され、組織化する項である。国家により外在的なかたちで組織化できないものは、原則として常に、その規律権の外部に留まる。これは、人間の内心性、道徳性、心性、創造性および生命性の領域である。[48]基本権は、一義的には個人および社会の自由のリベラルな保障、すなわち国家に対する防禦権として構想されており、国家による侵害から主体性、プライバシー、良心、宗教、思想、通信、学術、芸術、文化、経済など公共の福祉の本質と多少とも密接に関連する重要な生活領域を遮蔽する。国家は、人口政策に係る手段により国民の生物的存続を保障したり、文化政策によりその文化的水準を保障したりすることができない。公共体の身体的および精神的な生存基盤は、国家の意のままでない。

この生存基盤は、市民一人ひとりの活動領域に委ねられている。ただし、これにより理解されるのは、国家による侵害から市民の活動領域を保護する基本権は、国家的なものの否定に尽き得ないということである。公共の福祉という相の下において（*sub specie*）、市民による基本的自由の行使のあり方、そもそもそれが行使されるかどうかは、どうでもよいことであり得ない。公共体のあり方は、市民による自由の行使が――個別的でないにせよ全体として、主観的な意図でないにせよ客観的な結果において――公共の福祉に適うかどうかにより、浮沈する。ただし、基本権は、これにより直ちに、公共の福祉に適うあり方で自由を行使するという、内容において符合し、相称する基本義務へと変化しない。国家からの自由という基本権の形式と内容は、不変のままである。そうでなく、消極的自由権は、メタ法的な積極的期待と符合するのである。ここで期待されているのは、自由の法的可能性を力強く活用する基本権の生命性が十分であり、不可欠な専門知識をもたらす基本権の有用性が十分であり、自由の倫理的な行使を定める基本権の道徳性が十分であることである(49)。

第六節　租税国家における私益と公益

1　市民的徳という理想主義？

基本権の道徳性は、公益性の正統性に結び付き、さらに租税優遇を私人の無私性の対価または私益の放棄の代償として正当化することに繋がり得るかもしれない。しかし、私益の放棄は、必ずしも公益の増加をもたらさない。一般性の客観的な促進のみが、全ての者に妥当する納税義務の軽減を負担の公平という要請に対して正当化することができる。実質的な租税利益は、公共体のため客観的に有用である私人の負担との実質的な均衡を要するものである。それは、私人の任意の犠牲でなく、意義のある犠牲とのみ結び付くことができる。租税法上の優遇は、誠実性を報奨したり、国家市民的徳を補償したりすることに資するものでない。仮に国家により支払われ、金銭により均衡を図られるものであれば、それはもはや徳でないだろう。

そもそも、私益の放棄は、立憲国家における公共の福祉という相の下において（*sub specie*）、それのみで政治的な徳であり得るのか、疑問である。法律家の議論では、利益に囚われない政治的理想主義は、既に公共の福祉に向けられたものであるという無反省の表象が繰り返し立ち現れる。[50] しかし、公共の福祉は、善い意図の問題でなく、善い効果の問題である。そして意図と効果は、既にアダム・スミスにより知られているとおり、[51] 必ずしも符合しない。社会的生活についても、芸術と同じことが妥当する。善いの反対は、ほとんどの場合、「善い意図」である。現実の利益に立脚しない純粋な理想主義は、改良すべき世界の事実上および法律上の条件を無視する、世界改良主義という雲に紛れることが珍しくない。心性の有用性のみでは、基本権の実践的理性の証左とならない。公共体の事柄は、「庶民のための夢」ではない。

2　租税国家における理性の媒体としての私益

憲法による一般市民のエートスに対する期待は、さほど高くない。公共体の利益のため私益を留保なく犠牲にする用意があることは、期待されていない。

憲法は、あるべき人間のみならず、ありのままの人間に対しても基本権としての自由を保障し、個人の利益および社会の少数利益の正統性を前提とするものである。基本権は、私益および集合利益を解放する。これは特に、集合利益の一時的な組織化およびそれによる自律的な交渉と妥結を保障する団結の自由において明らかである。個人は、基本権により、家族上および職業上の生活圏、社会上および政治上の特別な利害について、「私益的」な配慮を行うよう任せられている。

まさしく、この個人的および社会的な地平において、下から上へ、私性から公共性へ、個別性から一般性へ、地域から世界へと展開する公共の福祉の諸条件である、共通感覚、責任精神、経験、判断力が育まれる。公共の福祉は、公共体の実践的生活において、個人および集合体の福祉からもたらされる。公共の福祉は、国家哲学者に対し無媒介の直感として与えられ、同人自身による政治的翻訳により、専制的な国家指導者が誘われることもあるかもしれない。このとき、国家指導者自身は、国家哲学者を自認し、プラトンの夢が実現されることとなる。公共の福祉は、全ての者が共同の決定権と行動権をもつ自由で民主的な公共体においてのみ、討議と合意の開かれた過程でのみ、個人と少数の利益から導かれる。

私益は、基本権の行使に係るエネルギーの自立的で本質的な源泉である。それは、道徳による抽象的な訴求または法律による国家的な命令より、はるかに機能する。国家は、個人の利益追求の欲働の正統性を前提としており、租税によりその経済的な成果に与るというかたちでそれから最終的に利益を得るため、その自由な展開に任せている。これにより、国家は、公共的な任務、特に社会的な任務に係る財源を調達している。租税国家は、経済社会の寄生者である。[52] より語弊がないかたちで表現しよう。租税は、財産権保障、職業の自由および団結の自由により憲法上保障されている経済的自由の対価であり、国家自らによる生産手段の直接的保有の原則的な放棄の対価である。[53]

租税国家は、市民に対し、所得の獲得、消費、財産の保有その他法律により納税義務と結び付けられた構成要件の充足を強制できない。国家は、特に個人の私益、自己保存の利益および自己発展の利益が憲法により用意された経済的機会に至ることを期待できるのみである。

私益が動機であろうとなかろうと、経済的機会を活用する者は、理性の狡智により、多くの点で公共の福祉に資している。市場の需要が充たされ、社会的生産物がもたらされ、本人、家族および職業上依存関係にある者の個人的な生活の必要が配慮される。最終的に租税が納付され、国家の財政需要の充足が資されることとなる。

3　私益の自発的な放棄

このように、市民の私益は、あるいはそれ自体から、あるいは租税国家の媒介を経て、公共の福祉を促進できるものである以上、私益の単なる放棄は、租税優遇を正統化するため、十分ではあり得ない。正当化の標尺は、明らかにより高い地点に置かれなければならない。にも拘らず無私性は、租税優遇に正統性があり得るための必要条件である。ただし、これは、必要条件に過ぎず、十分条件でない。私益の放棄という主観的な給付は、一般性のためとなることが客観的に保障されている場合に限り、租税上の報奨を与えられ得る。しかし、公共的任務のため無私的、専属的および直接的に献身する私人は、共和的憲法においては国家組織および公職管理者のみが服従する厳格な法律の下に自発的に身を置く[54]。この公職に準じる義務の私人による異例の引受けこそが、租税法における国家市民の通常の義務が軽減される代償である。

4　国家の公益性の立憲的な不能

公益性のさらなる（不文の）条件は、公益のための奉仕の自発性である。この基準は、基本権により原則として私益のための自由が開かれている私人のみが充たし得る。私人にとってのみ、私益の放棄は、規範上要請される通例の基準を超える、自律的な倫理的給付であり、基本権の行使である。

これに対し、国家は、そのあらゆる組織的な形象において、憲法により、一般的最善のため、無私的、直接的および専属的に資する義務を負う。ほかでもない、ここにおいて、国家の存在理由（raison d'être）がある。その帰結として、国家は、公益性の立憲的な不能にある[55]。公益性の意義は、私人の特別な自己拘束を承認し、一般性のため自発的な給付を刺激し、報奨を与えることである。これに対し、国家は、いずれにせよ義務である活動について、租税法による刺激を要しない。同じく、国家は、報奨を与えられてはならない。国家は、私人と異なり、その財政的需要を租税により高権的かつ一方的に充足することができるため、市場競争における闘争は不要であるからである。公益性は、公共団体自らがその優遇を要求すると、変質してしまう。これは、地方領域団体が、その廃棄物処理事業または下水道処理事業のうち赤字部分について、所得税は非課税のまま、消費税の納付を受け、財政憲法の外部にある財源を開栓するため、それを私法上の「公益」会社の事業とする場合である[56]。

形式の濫用は、命令制定者が、国家機関（国立大学における機関を含む）に対し、租税優遇される寄附を受領し、その目的に適う使用を税務官庁に向けて寄附受領証により証明する権限を付与することで、予算法を潜脱し、予算に計上されない「黒い金庫」を充たすための途を開く場合にも存在する。[57][58]

第七節　補完性原理

1　納税者による公共の福祉の実現およびその規範と規範性

公益性に係る憲法的基準の一つは、補完性原理である。これは、自助が国家の助力に優位し、基本権による公共の福祉の自律的な実現が国家によるそれに優位すると規定する原理である。[59]公共の福祉の任務が市場経済の条件において十分に実現される限り、それ自体として存在する納税義務を減免し、租税「優遇による補助」を付与することは、事理に適わない。衣食の供給という始原的な公共的任務は、寄附という補助を要することなく、公共の福祉に適い租税をもたらすかたちで市場を通して実現される。これは、国民の大部分の余暇に係る必要についても、原則として同様である。ここでは、需要者および供給者本人の利益が、公共の福祉の生命力ある保障である。

私益という動因および市場機構が不全であるところで初めて、公共の福祉という要求を実現するため、租税優遇が問題となる。これは、収益も短期的な魅力ある応用可能性も約束できない学術における場合であり、それのみで生計を立てられない文化における場合であり、私的所有または私的用益というかたちでは、その利益により費用を賄えない、公的な文化財の保護における場合である。

ただし、「文化」は全て支援に値すると証明しようとするならば、それは誤りである。文化という外衣は、余裕があり、弾力がある。それは、常に伸び広がりゆくものである。それは、古くから謝肉祭、スポーツおよび旅行も含むものとされ、あるいは社団文化、競技文化、食文化、住文化として、あるいは余暇文化、裸体文化として、あるいは上位文化・大衆文化、下位文化として、あるいは政治文化、学術文化として、そして中でも、助力の文化として、展開されてきた。これには、正当な理由がある。(60) 文化という概念は、秘教的なものに達するまで、痩せ細らなければならないものでない。それは、高次から低次まで、生命性から退廃性まで、汗を流す喜びから美学上の緊張、蒼白、倦怠まで、社会的生活の全てを含み得るものである。ただし、「文化」がこのように包括的であるならば、それは租税法の例外的な構成要件となり得ない。租税法律は、構成要件の明確性において特別に厳格でなければならない。これは、納税者の実体的な基本権保護のあり方が乏しいため、その手続的な代償として、一般的な法律の留保を厳格にしたものである、課税の構成要件該当性という要請から導かれる帰結である。(61) そのため、租税法は、平明で、弁別性のある概念を要する。これに対し、「文化」は、全てを統合し、何一つ弁別しない。「文化」という租税優遇の資格は、無制限の優遇を意味する傾向がある。「文化」それ自体は、優遇による補助の説得力ある理由でない。(62)「文化」が大衆の必要であり、力強く、民間祭礼であり得るところでは、それは通常、それに参加する者の課税後の所得からも支払われるであろう。(63)

もちろん、ここでも、通常の期待を寄せ得ない、社会的に取り残された者がいる。しかし、特定の集合において一般的な文化的生活に参加するための経済的手段がないという事情は、それに対応する文化的施設を租税上支援する、正統な根拠とならない。その租税優遇は、実際上の帰結において、貧困者のためにも決してならないであろう。むしろ、ここでは、文化的支援でなく、社会的支援が問題となる。ただし、これは、公益性の正統な中核領域に含まれる。他の全てが基準としなければならない原型的で正統な諸目標は、慈善性、社会福祉、青少年扶助および高齢者扶助にほかならない。

2　国家の負担軽減

公益性の正統性は、私的団体により、国家の本来的な義務である任務に係る負担が軽減されるところで、保障される。[64] これは、私的な社会福祉および慈善性について妥当する。これらの任務に献身する私的団体のおかげで、社会国家による給付は不要となる。これは、私人によるメセナ活動についても、同様である。これにより、学術、教育、文化財保護、その他これらに類似する諸目標に向けられた国家の義務的任務は不要となる。[65] 租税法は、私的団体の財政余力を保全し、これにより、その行為余地を拡張することで、国家による給付義務が現実化することを不要とする。そこで、租税法は、開かれた社会における生活の必要が「下から」の分権的で自由な発意により実現へと導かれる指導像としての補完性原理を表すものとなる。基本権主体による公共の福祉を促進する活動は、国家による同様の活動に対し、原則として優位する。ただし、公共の福祉に係る最終的な責任は、国家に留まる。租税優遇により、国家任務、国家支出および国家官僚の増大は制限され、国家と社会の間の垂直的な権力分立は強化されることとなる。

租税優遇は、国家による公共の福祉の間接的な促進のための有効な手段である。国家が文化的領域において活動する者による自由の行使を支援することで公共の福祉を間接的に促進することは、ドイツ文化国家の伝統に属する。[66] ヴィルヘルム・フォン・フンボルトは、国家により組織され、財政を支援されながら、国家から自由な学術の器である大学を対象として、この原理を以下のとおり定式化している。国家は、大学に対し、「国家に直接かつ端的に関連することを要求してはならない。むしろ、国家は、大学がその終極的な目的を達成すれば、国家の諸目的も、しかもより高次の観点から、つまり国家が動かし得るよりはるかに多くのものが統合され、およそ異なる諸力と梃子がもたらされ得る観点から、実現されるという内的な確信を抱かなければならない[67][訳註ix]」。

第八節　国家から自律的な公共体の生存基盤

公益活動は、特定の限界内においてのみ国家活動に代替し、それよりはるかに広い範囲でそれを補完することができる。立憲国家は、自由を保障するため、その行為手段について範囲ばかりか性質にも応じて制限されているため、この補完を必要とする。質的制限は、特に、世俗性、中立性、宗派平等および距離という多様な義務を国家に課す諸基本権から導かれる(68)。

まさしくこれらの義務を、私的団体は負わない。私的団体は、国家と異なり、基本権に拘束されていない。私的団体は、基本権を行使するのである。私的なパトロンは、信仰における真理、世界観の方向性、学術上の流派または芸術上の努力により、自己を規定することができる。私的なパトロンは、主観的な選好を設定し、偏愛を追求し、競合者の中で自分のものと認める者を支援することが許される。ある公益団体の片面性は、他の多くの公益団体のそれと反対の片面性により均衡される。公益団体が多数あることは、社会国家のあらゆる可能な予防措置より強力に、租税優遇により片面的な社会的権力が成立し、社会的な平衡状態が失われる危険を阻止する方向へと作用する(69)。

立憲国家は、多元的な公共の福祉の任務について、租税により間接的に支援することで、租税優遇される団体に代わり直接自ら補助金について決定するならば解決せざるを得なくなる分配上の困難な諸問題から解放される。立憲国家は、学術および文化を支援しようとするとき、ジレンマに陥る。立憲国家は、その自由を尊重しなければならない一方で、発展の機会を分配する。立憲国家は、平等を保障しなければならない一方で、優先順位を設定する。与えられるべき資源が希少であるため、立憲国家は、評価し、衡量し、選択することを迫られる。国家によるあらゆる支援決定には、法律上困難があり、政治上議論があり得る。こうして、学術および文化という平等に敏感な領域において、追加的な正当化のあり方が理解される。私的なパトロンのおかげで、国家は、基本権上困難な決定から解放される。「優遇による補助」は、予算に計上されないため民主制の観点から批判されるものであるが、[70]議会の必要から自由権を利用するものである。

憲法上の中立性および距離という要請により、国家は、直接自ら行うことも、その市民に対し強制することもできない、公共の福祉に重要な行為を、租税の手段により支援することを禁止されていない。自由という基本権は、国家の侵害を禁止するものであり、その支援を禁止するものではない。宗教的自由という基本権および国家教会法上の国家中立性により、国家は、宗教および教会を組織上および財政上支援すること、また租税法という手段を用いて支援することを禁止されていない。[71]基本法は、ライシテのような接触恐怖症と無縁である。中立的国家は、それと異なり中立性の義務がないため、広く深く関与するかたちで、公共体の宗教的、倫理的および文化的な生存基盤を保全し、更新することができる自由団体を支援する。同時に国家は、自由という基本権の展開を尊重し、支援する。宗教および文化が保護されるのは、それ自体のためであり、そこから国家との関係で生じる何らかの政治的利益のためではない。これは、その間接的な利益が国家にとって歓迎されるべきものである場合でも、同様である。

立憲国家の宿命は、その意のままとならない諸条件を前提として存続することである。[72]ただし、立憲国家は、これのみにより、宿命論に拘束されるという判断を下されない。立憲国家は、強制できないものを促進することは許されている。立憲国家は、公共の福祉に資するため、自らは憲法により禁止される役務を行う社会的諸力に対し、租税法によりさらなる発展の機会を提供することはできるのである。[73]

第九節　租税国家の寛大性

現在繁茂する公益性が剪定され、公益的任務が正当化可能な程度へ縮減され、真実性の原則と明瞭性の原則が再び確立されるならば、私人による公共の福祉の活動に係る法律上および官僚上の障碍を吟味し、無条件に必要かつ相当であると証明されないもの全てを除去することが望ましい。煩瑣な規則、査察行政の画一主義、公益団体と国家行政の均一化、信頼の不保護という仕掛け線などである。[74]

公益法は、外在的な関係で誤りのある寛大性を避けながら、私人の寛大性に対し適切に応接し、公共の福祉の発意、寄附の用意および財団設立者の意思を将来的に刺激し、高揚させ、公共の福祉に係る私的な幻想が国家と異なる新しい探求・検証・利用において展開するままに任せることで、公共の利益（*bonum commune*）が達せられるようにするため、内在的な関係で寛大性を巡らすことができる。そもそも、公共体の財政的および道徳的資源、特に市民精神という希少な資源を大事に扱い、公共の福祉のための市民による自由で非代替的な役務という、自らは行い得ないものに対し報奨を与えることは、租税国家という相においても、立憲国家の任務である。

（田中啓之　訳）

［原註］

（1）租税法の恣意的契機というこの古典的な主題については、*Tipke*, Über „richtiges Steuerrecht", StuW 1988, 262ff. (Nachw.).

（2）現行公益法の記述および分析として、Bundesministerium der Finanzen (Hrsg.), Gutachten der Unabhängigen Sachverständigenkommission zur Prüfung des Gemeinnützigkeits- und Spendenrechts (im folgenden zitiert: Gutachten), 1988, S. 23ff., 233ff., Bibliographie S. 324ff.; *Isensee/Knobbe-Keuk*, Reform des Gemeinnützigkeits- und Spendenrechts, ebda., S. 331ff.; *Joachim Lang*, Gemeinnützigkeitsabhängige Steuervergünstigungen, StuW 1987, 221ff.

（3）参照、Gutachten (Fn. 2), S. 30.

（4）ここで言及された団体のほとんどは、所得税法適用通達一一一二-二において明示的に掲げられるというかたちで特掲されている、四八の租税優遇される受寄者の範囲に含まれている。

(5) 寄附法の法源の現状とそれに対する憲法上の批判として、Gutachten (Fn. 2), S. 231ff.

(6) ここにいう公益性および寄附の資格に係る法源として、租税通則法五二条二項および所得税法適用通達一一一-一に係る別表七(これは、所得税法一〇b条一項にいう特別に促進に値するものと一般的に承認される諸目的の一覧である)。

(7) 資料および批判として、Gutachten (Fn. 2), S. 151ff.; *Isensee/Knobbe-Keuk* (Fn. 2), S. 422ff., 440ff.

(8) 典型的な争訟事例について財務大臣により示された規則として、Schreiben des Bundesministers der Finanzen v. 11. 1. 1982, BB 1981, 230. これについて、*Knobbe-Keuk*, Die Finanzminister höchstpersönlich und das Legalitätsprinzip, BB 1982, 565ff.

(9) 社団の「名誉」職は社団に対し、法的時隔を伴うにせよ否にせよ、年間二四〇〇マルクの費用補償(所得税非課税)相当分を公益性に基づく「指導者免除額」という所得税法三条二六号に定める基準に従うかたちで支払い、社団は名誉職に対し、実質的な最終的な給与として、税務官庁に向けて寄附受領証を作成するという濫用がある。ここでは、法律による介入が図られるべきである(社団支援法政府法案(後掲註(15))による改正後所得税法一〇b条三項。これについて、BT-Drucks. 11/4176, S. 1, 3)。

(10) 法律上の定義として、租税通則法五五条。詳しくは、後述する(第四節5)。

(11) 同実務は、判例により承認されている。BFH, BStBl. II 1979, S. 488ff.

(12) 参照、Gutachten (Fn. 2), S. 80ff.; *Isensee/Knobbe-Keuk* (Fn. 2), S. 371ff. これについて、*Joachim Lang*, Neuordnung der Vereinsbesteuerung?, Steuerberater-Jahrbuch 1988/89, S. 251ff.

(13) ドイツ連邦議会財政委員会は、一九八五年末、公益性の領域における現在のあり方、特に、純粋な余暇形成との区別は満足ゆくものでなく、公益法は「継接ぎの敷物」であり全体としてもはや整合的でないと決定した(参照、Gutachten (Fn. 2), S. 15)。阻止された法律上の計画として、Gutachten (Fn. 2), S. 13f. 国家機関、政党および諸団体の提案および要望の概観として、ebda., S. 287ff.

(14) 啓発的なものとして、一九八八年四月一三日「時事討論時間(Aktuelle Stunde)」における連邦議会討論(BT-StenBer. 11, S. 4716ff.)。

(15) BT-Drucks. 11/4176.

(16) Anlage 2 zum Gesetzentwurf der Bundesregierung (Fn. 15), S. 15ff.

(17) Begründung des Gesetzentwurfs, S. 9f. zu §52 II AO n.F. (Fn. 15). 同様に、Entwurf des Bundesrates zu §52 II Nrn. 4 und 5 AO n.F. (ebda., S. 15).

(18) 「スポーツが優遇されるならば、ドッグ・スポーツも。サッカーが優遇されるならば、卓上サッカーも。ゴルフが優遇されるならば、ミニゴルフも。チェスが優遇されるならば、スカートまたはポーカーも。飛行機が優遇されるならば、模型飛行機も。馬の育種が優遇されるならば、モルモットの育種も。法案によれば、最終的には、スカートクラブが租税優遇されつつドイツ流のゲームと安らぎの顧客をハワイで獲得し、モルモット育種協会がパンパスでチップ大の最新のミニ育種を見学できるようになることは、租税の公平に係る喫緊の要請であるという。これは全て、民法上の扶養義務による担税力の減少について、連邦憲法裁判所の要求するような考慮をしていない、租税法におけるものである。政治家の優先順位における価値関連の組換え(一方では子供および扶助を要する老人、他方ではモルモット)は、憂慮すべきものである」。これは、ドイツ連邦議会財政委員会議長に対する一九八九年四月一三日付書簡におけるクノッペ・コイクによる法案の描写である。同書簡では、同法案の意見聴取手続に専門家として参加するという招待が拒否されている。同法案に対する他の批判として、*Tipke*, Die deklassierte Gemeinnützigkeit, StuW 1989, 165ff.

(19) 勧告Ⅲ三。採択五一：二：四（Verh. 57. DJT, Bd. II, 1988, N 212）。

(20) Vgl. BVerfGE 59, 36, 49; 66, 214, 223f.; 67, 70, 84f. 体系的正義に係る理論と実務の現状について *Peine*, Systemgerechtigkeit, 1985, S. 24ff., 282ff., 301ff. (Nachw.).

(21) Zitat: *Otto Mayer*, Deutsches Verwaltungsrecht I, 3. Aufl. 1924, S. 316. 租税の公平と負担の平等について、*Franz Klein*, Gleichheitssatz und Steuerrecht 1966; *Tipke*, Steuerrecht, 11. Aufl. 1987, S. 31ff. (Lit.), 575.

(22) 「人および市民の権利宣言」（一七八九年）一三条。特に印象深いものとして、フランス憲法（一八一四年六月四日）二条。

(23) この法政策上の原則は、第五七回ドイツ法曹大会（一九八八年）租税法部会において採択されている（勧告Ⅲ一、in: Verh. 57. DJT, Bd. II, 1988, N 211）。同勧告は、「所得税法は、不平等な取扱いを廃し、簡素化を図るために、改正されるべきか」という主題に係る基調報告および研究報告を踏まえたものである（Gutachten von *Paul Kirchhof* in Verh. 57. DJT, Bd. I, 1988, F 78ff.; Referate von *Uelmer*, in: Verh. 57 DJT, Bd. II, 1988, N 9ff., und *Isensee*, ebda., N 32ff., 40ff.）。

(24) これについて、*Knobbe-Keuk*, Die Konkurrentenklage im Steuerrecht, BB 1982, 385, 387ff.; *Tipke*, Steuerprivilegien der Sparkassen, 1972, S. 19ff., 40ff. (Lit.). 財政学上の観点から、*Tretner*, Wettbewerbsneutrale Gewinnbesteuerung, 1963. 典型例として、BVerfGE 36, 321, 334ff.; 43, 58, 70ff. 併せて参照、E 18, 1, 17.

(25) 競馬協会は、公益性を承認されている。Niedersächs. FG EFG 1982, Nr. 355, S. 320f. サラブレッドの育種に係る租税法上の扱いについて、*Hermann-Wilfried Bayer*, Die Liebhaberei im Steuerrecht, 1981, S. 33f., 52ff. und passim.

(26) 指針的な判例として、BVerfGE 61, 339, 342ff.; 66, 214, 223; 67, 290, 297; 68, 143, 152f.; これについて、*Paul Kirchhof*, Ehe und Familie im staatlichen und kirchlichen Steuerrecht, Essener Gespräche 21 (1986), S. 117, 121ff.; *ders.* (Fn. 23), F 51ff.; *Isensee* (Fn. 23), N 54ff.

(27) ところで、ここでも示されるのは、公益性の資格の基準となり得るのは抽象的な目標でなく、業務執行という実際の活動のみであることである。これが、法律または倫理違反であるならば、公益目的は否定される。法律違反の活動を行う団体は、「金は臭わない」（*pecunia non olet*）というウェスパシアヌスの金言を援用することができない。これは、確かに現行租税法の基礎にもあるが（租税通則法四〇条）、租税優遇の条件ではなく、課税物件に係るものである。これについて、*Claßen*, Besteuerung des Unrechts. Das Wirklichkeitsprinzip des §40 AO im Licht der Einheit der Rechtsordnung, Diss. Bonn 1981, bes. S. 147ff.

(28) 参照、BFH, BStBl. II 1985, S. 106; 一九八七年九月二四日租税通則法適用通達（BStBl. I 1987, S. 664）五二条六号。

(29) 参照、*Kirchhof* (Fn. 23), F 78ff. 現行租税法における多様な租税優遇の類型および理論について、*Hermann-Wilfried Bayer*, Die verfassungsrechtlichen Grundlagen der Wirtschaftslenkung durch Steuerbefreiungen, StuW 1972, 149ff.; *Tipke* (Fn. 21), S. 560ff.; *ders.* (Fn. 1), S. 272ff.

(30) 用語法として、*Zacher*, Verwaltung durch Subventionen, VVDStRL 25 (1967), 308, 317.

(31) 類型案として、*Isensee/Knobbe-Keuk* (Fn. 2), S. 350ff.

(32) *Georg Jellinek*, Allgemeine Staatslehre, 3. Aufl. 1914, S. 255.

(33) *Isensee*, Gemeinwohl und Staatsaufgaben im Verfassungsstaat, in: Isensee/Kirchhof (Hrsg.), Handbuch des Staatsrechts der Bundesrepublik Deutschland, Bd. III, 1988, S. 3, 68f.

(34) この理由により、租税通則法五二条二項一号において同五四条と区分して掲げられている宗教の促進は固有の意義を持つ。租税通則法五二条および五三条にいう公益目的および慈善目的と教会の関係について、*Axer*, Die Steuervergünstigungen für die Kirchen im Staat des Grundgesetzes, ArchkathKR 156 (1987), S: 460, 461ff.; *Weides*, Die Religionsgemeinschaften im Steuerrecht, in: FS der Rechtswissenschaftlichen Fakultät zur 600-Jahr-Feier der Universität zu Köln, 1988, S. 885, 906ff., 917f.

(35)「私法上の教会」の構成員の負担において基本法三条一項および三項との抵触があるという見解として、*Tipke*, in: ders./Kruse, AO, 13. Aufl. 1988, §54 AO Anm. 1.

(36) 消費税の免除に係る適切な判断として、BVerfGE 19, 129, 133. 租税優遇を公法人という資格がある宗教団体に制限する憲法上の許容性について、*Axer* (Fn. 34), S. 461f.; *Weides* (Fn. 34), S. 887ff. 併せて参照、*Hollerbach*, Grundlagen des Staatskirchenrechts, in: Isensee/Kirchhof (Fn. 33), Bd. VI, 1989, S. 471, 538ff. 租税通則法五四条の正統性について、*Isensee/Knobbe-Keuk* (Fn. 2), S. 352f., 359ff.

(37) これについて、*Axer* (Fn. 34), S. 481ff. (Nachw.).

(38) 一九八七年九月二四日租税通則法適用通達五二条五号。法律は、「国家市民に係る特定の個別利益を追求し、または地方政治の領域に制限される」企てを公益性から明示的に除外する。

(39) 連邦憲法裁判所は、機会の厳格な形式的平等を国会政党助成について展開し（BVerfGE 8, 51, 64ff. 以来）、当初より慈善組織、学術組織、教会などに対する寄附課税は対象外としてきた（E 8, 51, 67f.）。近年、租税通則法五一条以下により租税優遇される諸団体が政治現象に立ち現れ、政党との競争関係にあるという事情は、政党と公益団体の課税上の取扱いを近づけるという議論として、連邦憲法裁判所により援用されている（BVerfGE 73, 40, 73f. 批判として、ベッケンフェルデ少数意見・同一〇八頁以下）。政治過程における機会の平等について、註とともに、*Pfilip Kunig*, Parteien, in *Isensee/Kirchhof* (Fn. 33), Bd. II, 1987, S. 103, 132ff., 136ff.

(40) 政党助成に係るカールスルーエ［訳注：連邦憲法裁判所］判例法の現状として、BVerfGE 73, 40ff.; 詳しい註として、*Kunig* (Fn. 39), S. 136ff.「連邦参議院政党」に係る課税上の取扱いについて、BVerfGE 78, 350ff.

(41) 職業団体は、法人税法五条一項五号における「労働組合特権」により法人税を免除されており、その限りで公益団体と同様である。会員および支援者の寄附は、特別支出控除を要することなく、事業支出または必要経費として控除できるため（参照、所得税法九条一項三文三号）、寄附に係る問題は生じない。

(42) 無私性および利他性について、後述する（第四節5）。

(43) 参照、BFH, BStBl. II 1984, S. 844. 併せて参照、租税通則法適用通達（Fn. 28）五二条五号。

(44) 公益性に係る法律上の規定には、内在的な矛盾がある。一方では、客観的意義における一般性の促進、すなわち一般的最善が目指されている（租税通則法五二条一項一文）。他方では、「一般性」は、優遇される人的範囲の規模により主観的に定義されている。法律は、一般的最善は、特段の事情では、最高の危険からの避難など、個人の福祉も含み得ることを見逃している。行政は、巧みである。社団が新しい会員に開かれていれば、社団の会員の利益で十分とされている。一般性という構想に対する批判として、*Kraft*, Die steuerrechtliche Gemeinnützigkeit, Vierteljahresschrift für Steuer- und Finanzrecht 1932, 315, 339ff.; *Felix*, Förderung der Allgemeinheit als Voraussetzung der Gemeinnützigkeit, Finanz-Rundschau 1961, 236, 237; Gutachten (Fn. 2), S. 81f. 客観的および主観的「一般性」の区別について、*Hasso Hofmann*, Das Postulat der Allgemeinheit des Gesetzes, in: Christian Starck (Hrsg.), Die Allgemeinheit des Gesetzes, 1987, S. 9, 15ff., 33ff.; *Isensee* (Fn. 33), S. 10ff.

(45) 独立専門委員会代替法案五六条、*Isensee/Knobbe-Keuk* (Fn. 2),

S. 418ff.

(46) 第六節2参照。

(47) 公益（das öffentliche Interesse）という公共の福祉の基本的部分は、デューリヒ教授のミュンヘン大学博士論文『公益』という概念の恒常的な諸条件」（一九四九年）における獅子の爪を知らせる文学的序曲の中心的な主題である。同論文では、人間の尊厳から自由権、平等保障および手続的正義へと展開する、デューリヒ教授における立憲国家の全体像の礎石が置かれている。デューリヒ教授の博士論文は、戦後の窮乏という外在的な条件により、タイプライターによる僅かな部数のみが存在しており、筆者の博士論文時代では、簡潔かつ膨大な脚註もなく、大きな問題に卓越したかたちで接近し、通常の博士論文を全て後塵に置く業績として、博士論文執筆者の間では秘密の知恵として知られていた。筆者は、この希少なミュンヘン大学の博士論文に喜びつつ接した。通常の書籍での公刊は行われていない。

(48) この点について、*Jellinek* (Fn. 32), S. 250ff. さらなる参照として、*Isensee* (Fn. 33), S. 73ff.

(49) 参照、*Isensee*, Demokratischer Rechtsstaat und staatsfreie Ethik, in: Essener Gespräche Bd. 11 (1977), S. 92ff.; *ders.*, Grundrechtliche Freiheit – republikanische Tugend, in: Erich E. Geißler (Hrsg.), Verantwortete politische Bildung, 1988, S. 65ff.; *ders.* (Fn. 33), S. 35ff.

(50) ムートランゲン判決（BVerfGE 73, 206, 257ff.）においてヘルムート・シモンにより言及されている結論とは無関係の裁判官グループの見解である。公共の福祉に係るこの歪んだパースペクティヴを再び改め、その憲法上および国家倫理上の諸条件を示した参照すべき判決として、BGH, NJW 1988, 1739, 1740.

(51) アダム・スミス『国富論』（第五版、一七八九年）第一篇第二章。

(52) *Joseph Schumpeter*, Die Krise des Steuerstaats (1918), Neudruck in: Rudolf Goldscheid/ders., Die Finazkrise des Steuerstaates, 1976, S. 329, 345f. 併せて参照、*Hensel*, Grundrechte und politische Weltanshauung, 1931, S. 32.

(53) これについて、*Isensee*, Steuerstaat als Staatsform, FS für Hans Peter Ipsen, 1977, S. 409, 321ff.

(54) 国家目的の実現という公職の理念と人格の発展という自由の理念を職人的に対置させるものとして、*Loschelder*, Vom besonderen Gewaltverhältnis zur öffentlich-rechtlichen Sonderbindung, 1982, S. 227ff.

(55) 同原則を確認する一つの例外は、公法上の法人による収益事業についてである（法人税法一条一項六号）。同事業は、私的企業と競争関係にあるため、競争中立性を図るという理由により一般的な納税義務を負う。そのため、同事業は、私的企業と同じ条件により、租税優遇を受けられる。このとき、公益性の正統性は、公的事業との実質的平等にある。この公益性の挿木的部分は、公共団体の経営する病院について、実務上重要である。この公益性の資格について、*Depenheuer*, Staatliche Finanzierung und Planung im Krankenhauswesen, 1986, S. 88, 89ff. und passim.

(56) 売上税の軽減税率（売上税法一二条二項八号）に係る納税義務に基づいて、同法一五条による仕入税額控除を利用する、地方領域団体の手法は、連邦財務大臣により否定された。ただし、その理由は、もちろん適切でない。Schreiben vom 22. 8. 1985 – IV A1 – S 7242 – 27/85 -, DB 1985, 1817. これについて詳しくは、*Isensee/Knobbe-Keuk* (Fn. 2), S. 404ff.

(57) 所得税法施行令四八条三項一号。ただし、この規定は、教会法人など、国家の外部にある公法上の法人に関する限り、無害である。

(58) 執行機関は、予算法律のみが決定すべき寄附金の使途について、証明する。実務では、直接の寄附は直接に、国家機関に対するものは間接に、しばしば「黒い金庫」に流入する。これは、汚職類似の効果をもたらすことがある。例えば、子供の進級に係る困難な決定が控えている場合において、学校に対し両親が行う寄附である。寄附により国家機関（国立大学および研究機関における機関を含む）を支援する正しい方途は、公益性について承認および監督されており、距離と透明性という要請において仲介者としての役務を保障することができる、法律上独立した私的支援団体を介するものである。

(59) 補完性原理の憲法上の意義に係る指針的な議論として、*Dürig*, Verfassung und Verwaltung im Wohlfahrtsstaat, JZ1953, 193, 198; *ders.*, Die Geltung der Grundrecht für den Staatsfiskus und sonstige Fiskalate, BayVBl. 1959, 201, 203; *ders.*, in: Maunz/Dürig, Grundgesetz, 1958, 1959 und 1977, Art. 1 Rdnr. 54, Art. 2 I Rdnr. 52, Art. 19 III Rdnr. 48.
　今日の議論として、いずれも註とともに、*Rupp*, Die Unterscheidung von Staat und Gesellschaft, in: Isensee/Kirchhof (Fn. 33), Bd. I, 1987, S. 1187, 1219ff.; *Isensee* (Fn. 33), S. 75ff.

(60) 文化に係る今日の理解として、例えば、*Fohrbeck/Wiesand*, Von der Industriegesellschaft zur Kulturgesellschaft?, 1989, S. 31ff., 82ff. und passim.「文化」という文化社会学上の学術的範疇について、*Stagl*, Zur Soziologie der Repräsentativkultur, in: Papalekas (Hrsg.), Kulturelle Integration und Kulturkonflikt in der technischen Zivilisation, 1989, S. 43ff. (Lit.).

(61) 租税の構成要件該当性について、*Jesch*, Gesetz und Verwaltung, 2. Aufl. 1968, S. 104ff., 113; *Kruse*, Gesetzmäßige Verwaltung, tatbestandsmäßige Besteuerung, in: Felix (Hrsg.), Vom Rechtsschutz im Steuerrecht, 1960, S. 93ff.; *Papier*, Die finanzrechtlichen Gesetzesvorbehalte und das grundgesetzliche Demokratieprinzip, 1973, S. 153ff.; *Brinkmann*, Tatbestandsmäßigkeit der Besteuerung und formeller Gesetzesbegriff, 1982; *Hahn*, Die Grundsätze der Gesetzesmäßigkeit der Besteuerung und der Tatbestandsmäßigkeit der Besteuerung in rechtsvergleichender Sicht, 1984.

(62) 租税通則法五五条二項一号により「文化」の支援が公益目的として承認されていることは、これと反しない。ここで税務行政は、文化という思考により蒼白となることなく、査察官にとって明白かつ操作可能である実務的な概念理解を発展させた。法律上の文化概念は、寄附に値する「文化目的」について所得税法適用通達一一一-一-四別表七において行政自律的な書換えが示されたことで、構成要件的輪郭を与えられた。現行法上の文化概念について、*Steiner*, Kulturauftrag im staatlichen Gemeinwesen, VVDStRL 42 (1984), 7, 8ff.

(63) 市場に流通する特定の形式による文化的作品またはマスメディアのみに係る租税優遇は、基本法三条一項、五条一項および同三項と整合的であり得る。付加価値税に係る優遇からレコードの売上が除外されていたという事案における「レコード判決」として、BVerfGE 36, 321, 330ff.
　租税優遇による補助が与えられ得ないところでも、租税通則法五一条以下と必ずしも符合しない諸目的による真正な補助は許容されたままであり得る。公共団体によるスポーツの支援は、地域的または全国的な威信、地方の経済的利益、ゲマインデの余暇施設または類似する諸目標のために行うことができる。スポーツの支援について、いずれも註とともに、*Steiner*, Kulturpflege, in: Isensee/Kirchhof (Fn. 33), S. 1235, 1257ff.; *Ferdinand Kirchhof*, Sport als Mittel der Förderung kommunaler Wirtschaftsstruktur, in: Burmeister (Hrsg.), Sport im kommunalen Wirkungskreis, 1988, S. 3ff.; *Burmeister*, Sport als Aufgabe kommunaler Selbstverwaltung?, ebda., S. 37ff.

(64) 公共的任務の実現における私的団体の財政的意義について、*Kirberger*, Staatsentlastung durch private Verbände, 1978 (Lit.).

(65) 私的メセナと公的支援の関係に係る実証研究として、*Fohrbeck/Wiesand* (Fn. 60), S. 53ff.

(66) 文化国家の理念と憲法について、古典的な研究として、*Ernst Rudolf Huber*, Zur Problematik des Kulturstaats, 1958. 包括的な註を含む近時の叙述として、*Udo Steiner* und *Dieter Grimm*,

Kulturauftrag im staatlichen Gemeinwesen, VVDStRL 42 (1984), S. 7ff., 46ff.; *Steiner* (Fn. 63), S. 1235ff.

(67) *Wilhelm von Humboldt*, Über die innere und äußere Organisation der höheren wissenschaftlichen Anstalten in Berlin (1810), in *ders.*, Werke, Bd. IV, 1964, S. 255, 260.

(68) 文化支援について例示するものとして、*Kneis*, Kunst und Recht, Bitburger Gespräche Jahrbuch 1977/78, S. 141, 154ff.; *Scheuner*, Die Bundesrepublik als Kulturstaat, ebda., S. 113ff.; *Heuer*, Die Besteuerung der Kunst, 2. Aufl. 1984, bes. S. 245ff.（租税通則法五二条１項について）; *Paul Kirchhof*, Die Garantie der Kunstfreiheit im Steuerstaat des Grundgesetzes, in: Robert Bosch Stiftung (Hrsg.), Kunstförderung – Steuerstaat und Ökonomie, 1987, S. 11, 28f.; *Heuer*, Das Steuerrecht als Instrument der Kunstförderung, ebda., S. 31ff.; *Isensee*, Kunstfreiheit durch Lastengleichheit, ebda., S. 45ff.; *Denninger*, Freiheit der Kunst, in: Isensee/Kirchhof (Fn. 33), Bd. VI, 1989, S. 847, 865ff.

(69) 楽観的な見解として、BVerfGE 8, 51, 67f.

(70) 前述（第三節４）。

(71) これについて、*Schlaich*, Neutralität als verfassungsrechtliches Prinzip, 1972, S. 215ff. und passim; *von Campenhausen*, Staatskirchenrecht, 2. Aufl. 1983, S. 177ff.; *ders.*, Religionsfreiheit, in: Isensee/Kirchhof (Fn. 33), Bd. VI, 1989, S. 369, 394, 396; *Hollerbach* (Fn. 36), S. 524 und passim.

(72) *Böckenförde*, Die Entstehung des Staates als Vorgang der Säkularisation (1967), in : ders., Staat – Gesellschaft – Freiheit, 1976, S. 42, 60.

(73) これについて、*Isensee* (Fn. 33), S. 35ff., 71ff., 77ff.; *Paul Kirchhof*, Mittel staatlichen Handelns, in: Isensee/Kirchhof (Fn. 33), S. 121, 122ff.

(74) ドイツ租税法による財団設立者の発意に対する事理に即しない障碍について、*Neuhoff*, Besteuerung und Philanthropie. Ein deutsch-amerikanischer Vergleich, in: Josef Becker (Hrsg.), Mäzenatentum in Vergangenheit und Gegenwart, 1988, S. 75, 84ff.; *Flämig*, Die Erhaltung der Leistungskraft von gemeinnützigen Stiftungen, 1984, S. 26ff. 改革の提案として、*Flämig*, ebda., S. 43ff.; *Isensee/Knobbe-Keuk* (Fn. 2). S. 432f., 490f.

[訳註]

(ⅰ) Körperschaft という言葉は、本章では財団を含むものとして用いられていることに留意すべきである（第二節１など）。もちろん、これは通常の用語法ではない。なお、公益性を承認される団体について、詳しくは、vgl. *Rainer Hüttemann*, Gemeinnützigkeits- und Spendenrecht, 3. Aufl., Köln 2012, §2.

(ⅱ) これは、四領域モデルと呼ばれるものであり、ドイツ法の基本的な構造をなすものである。詳しくは、vgl. *Hüttemann*, a.a.O., §6.

(ⅲ) これは、その後改正されており、現在両者の公益性は、原則として一致している。詳しくは、vgl. *Hüttemann*, a.a.O., §8.

(ⅳ) ドイツ詐欺会社撲滅センターは、一九七八年一月一日、贈収賄・経済犯罪対策協会と統合し、ドイツ経済犯罪保護協会と改称している。

(ⅴ) ドイツ吹奏楽団・民族音楽団連邦協会は、一九七八年、ドイツ民族音楽連盟から改称したものであり、さらに二〇〇一年、ドイツ音楽団体連邦協会へと改称している。

(ⅵ) 厳密には、公益団体による政治活動は禁止されている。本章第四節４のほか、関連する判例を含めて、vgl. *Hüttemann*, a.a.O., §3 Rn. 51ff.

(ⅶ) 山本桂一「人および市民の権利宣言」高木八尺＝末延三次＝宮沢俊義編『人権宣言集』（岩波文庫、一九五七年）一二八頁以下に従う。なお、高橋和之「人および市民の権利宣言」同編『新版

世界憲法集〔第二版〕』（岩波文庫、二〇一二年）三三七頁以下参照。

(viii) 沿革を含めて、詳しくは、vgl. *Rainer Hüttemann*, Der Steurstatus der politischen Parteien, in: Tipke/Seer/Hey/Englisch (Hrsg.), Festschrift für Joachim Lang: Gestaltung der Steuerrechtsordnung, Köln 2010, S. 321 m.w.N.

(ix) 先行する邦訳として、ウィルヘルム・フンボルト（梅根悟訳）「ベルリン高等学問施設の内的ならびに外的組織の理念」フィヒテほか『大学の自由と構想』（明治図書出版、一九七〇年）二〇九頁以下、二一五頁。

【訳者紹介】

田中啓之（たなか・ひろゆき）
1985年生まれ。東京大学大学院法学政治学研究科法曹養成専攻修了。同大学院助教・講師、北海道大学大学院法学研究科准教授などを経て、現在、北海道大学大学院公共政策学連携研究部准教授。主著として、「共同事業の形態と所得課税」法学協会雑誌135巻7～10号（2018年）、「公益と租税」金子宏監修『現代租税法講座　第2巻―家族・社会』（日本評論社・2017年）など。

西村裕一（にしむら・ゆういち）
1981年生まれ。東京大学法学部卒業。同大学大学院法学政治学研究科助手、首都大学東京都市教養学部法学系准教授などを経て、現在、北海道大学大学院法学研究科准教授。主著として、『憲法学再入門』（共著、有斐閣・2014年）、『憲法演習ノート』（共著、弘文堂・2015年）、「憲法改革・憲法変遷・解釈改憲―日本憲法学説史の観点から」駒村圭吾＝待鳥聡史編『「憲法改正」の比較政治学』（弘文堂・2016年）など。

藤川直樹（ふじかわ・なおき）
1987年生まれ。東京大学大学院法学政治学研究科修士課程修了。同大学院助教・特任講師などを経て、現在、神戸学院大学法学部講師。主著として、「ドイツ立憲君主政における王統と国家―ヘルマン・レームの公法学」国家学会雑誌126巻3・4号（2013年）、「一九世紀ドイツ公法学における『君侯法』（一）～（三）―王位継承法理論の展開を中心として」国家学会雑誌131巻7・8号、11・12号（2018年）、132巻3・4号（2019年）など。

【著　者】
ヨーゼフ・イーゼンゼー　ボン大学名誉教授

【訳　者】
田中 啓之　北海道大学大学院公共政策学連携研究部准教授
西村 裕一　北海道大学大学院法学研究科准教授
藤川 直樹　神戸学院大学法学部講師

国家・公共の福祉・基本権

2019（令和元）年9月15日　初版1刷発行

著　者　ヨーゼフ・イーゼンゼー
訳　者　田中啓之・西村裕一・藤川直樹
発行者　鯉渕　友南
発行所　株式会社　弘　文　堂　101-0062　東京都千代田区神田駿河台1の7
TEL 03(3294)4801　振替 00120-6-53909
http://www.koubundou.co.jp

装　幀　宇佐美純子
組　版　堀江制作
印　刷　三　陽　社
製　本　牧製本印刷

ISBN 978-4-335-35785-5